Stundenblätter
Rußland und die Sowjetunion 1905 bis 1990
– Zwischen Revolution und Reform –

Wolf-Rüdiger Größl / Harald Herrmann

Stundenblätter Rußland und die Sowjetunion 1905 bis 1990

– Zwischen Revolution und Reform –

Sekundarstufe II

Beilagen:
35 Seiten Stundenblätter
+ 17 Arbeitsblätter zum Kopieren

Ernst Klett Verlag für Wissen und Bildung
Stuttgart · Dresden

Die Stundenblätter Geschichte/Gemeinschaftskunde
werden herausgegeben
von Gerhart Maier und Hans Georg Müller

Bei diesem Heft handelt es sich um eine Neubearbeitung der Stundenblätter
„Die Russische Revolution und die innere Entwicklung der Sowjetunion bis zum XX. Parteitag", Klettnummer 927651.

CIP-Titelaufnahme der Deutschen Bibliothek

Größl, Wolf-Rüdiger:
Stundenblätter Rußland und die Sowjetunion 1905 bis 1990:
Zwischen Revolution und Reform; Sekundarstufe II /
Wolf-Rüdiger Größl; Harald Herrmann. – 1. Aufl. –
Stuttgart; Dresden: Klett, Verlag für Wissen und Bildung, 1991
  (Stundenblätter Geschichte, Gemeinschaftskunde)
  ISBN 3-12-927849-4

1. Auflage 1991
© Ernst Klett Verlag für Wissen und Bildung GmbH, Stuttgart 1991
Satz: Setzerei G. Müller, Heilbronn
Druck: W. Röck, Weinsberg
Einbandgestaltung: Zembsch' Werkstatt, München
ISBN 3-12-927849-4

Inhalt

Stalin und der Aufbau des „Sozialismus in einem Lande" (6 Stunden)

Die Sowjetunion nach Stalin: Zwischen Reform und Stagnation (4 Stunden)

Schematische Übersicht über die Gliederung der Unterrichtseinheit

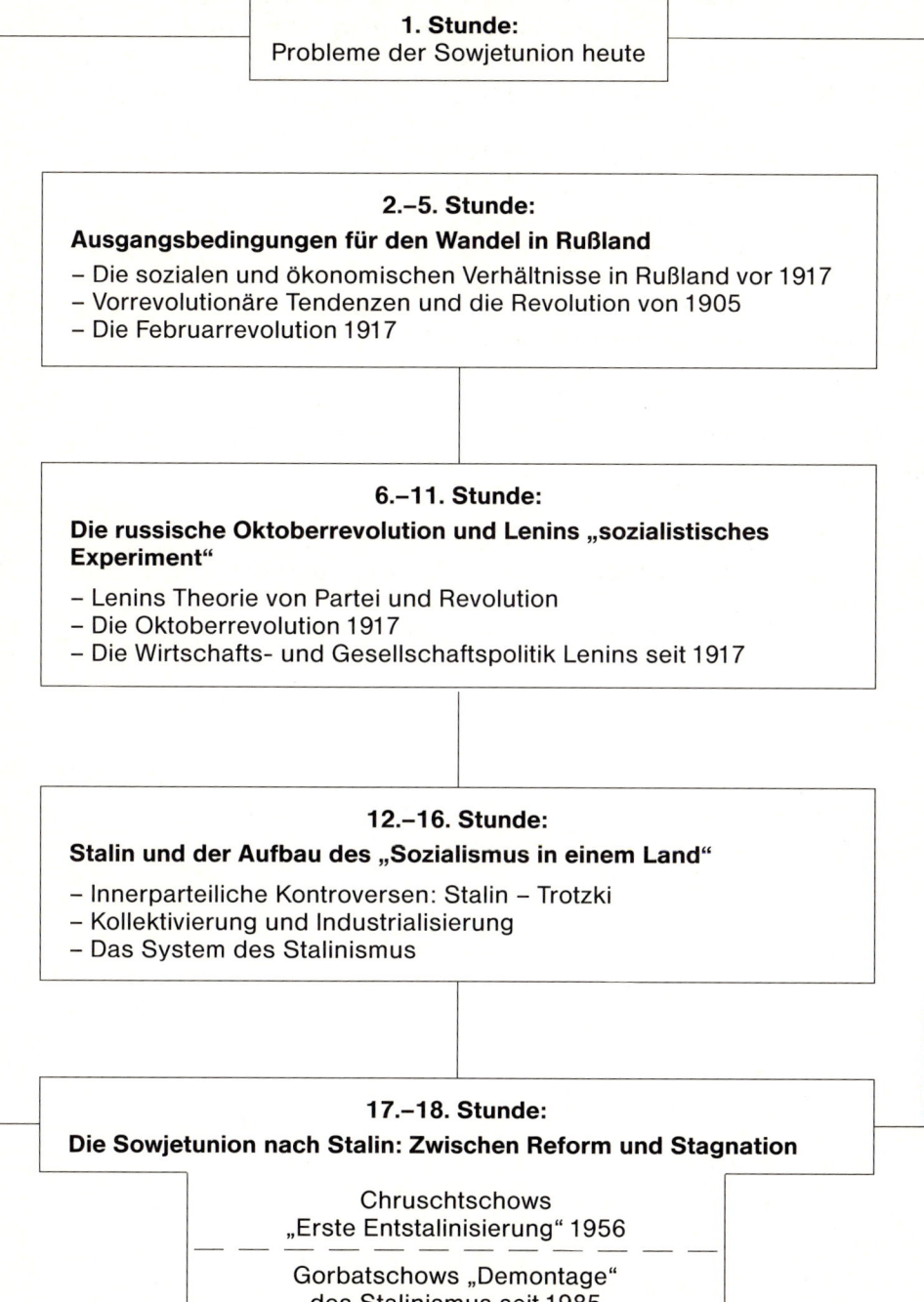

1. Stunde:
Probleme der Sowjetunion heute

2.–5. Stunde:

Ausgangsbedingungen für den Wandel in Rußland

– Die sozialen und ökonomischen Verhältnisse in Rußland vor 1917
– Vorrevolutionäre Tendenzen und die Revolution von 1905
– Die Februarrevolution 1917

6.–11. Stunde:

Die russische Oktoberrevolution und Lenins „sozialistisches Experiment"

– Lenins Theorie von Partei und Revolution
– Die Oktoberrevolution 1917
– Die Wirtschafts- und Gesellschaftspolitik Lenins seit 1917

12.–16. Stunde:

Stalin und der Aufbau des „Sozialismus in einem Land"

– Innerparteiliche Kontroversen: Stalin – Trotzki
– Kollektivierung und Industrialisierung
– Das System des Stalinismus

17.–18. Stunde:

Die Sowjetunion nach Stalin: Zwischen Reform und Stagnation

Chruschtschows
„Erste Entstalinisierung" 1956

Gorbatschows „Demontage"
des Stalinismus seit 1985

I. Allgemeine Vorbemerkung

1. Begründung des Themas

1989 schrieb Lutz Häfner in der Wochenzeitung „DIE ZEIT" (Nr. 19 vom 5.5.1989, S. 51):

„Fast 72 Jahre sind seit der russischen Revolution des Jahres 1917 vergangen, jenen Tagen, die „die Welt erschütterten", wie es der amerikanische Journalist John Reed formulierte. Nahezu genauso alt ist die Kontroverse über die Einschätzung dieses vielleicht größten Umwälzungsprozesses. Noch heute scheiden sich die Geister: Für die einen war die Oktoberrevolution eine kaltblütig inszenierte Verschwörung einer ebenso fanatischen wie entschlossenen Minderheit von Berufsrevolutionären, eine Katastrophe, totalitär, bedrohlich und verwerflich in ihrem Charakter, für die anderen war sie befreiend und verheißend, der Beginn einer neuen Menschheitsepoche."

Der Autor schrieb dies vor den revolutionären Vorgängen in der DDR, der CSSR und in Rumänien seit Herbst 1989.

Trotz dieser Umwälzungen im „Ostblock" bleibt die Oktoberrevolution ein zentrales Ereignis der Weltgeschichte; die Welt nach 1917 war eine andere als die davor. Die Oktoberrevolution und der von ihr ausgehende politische, soziale und ökonomische Wandel machten Rußland von einem „Objekt" der Geschichte zu einem „Subjekt", zur Führungsmacht eines der beiden Hauptblöcke und zu einer, v.a. militärischen, Supermacht des 20. Jahrhunderts. Der 1917 eingeleitete Wandel bedeutete aber auch den erstmaligen Versuch, die marxistische Theorie in die realpolitische Praxis umzuwandeln, mit allen daraus entstehenden Problemen.

Ein weiterer Aspekt sollte nicht übersehen werden: Gorbatschow erklärt, daß die notwendige Umgestaltung der Sowjetunion, „Perestroika", eine „Rückbesinnung auf Lenin" sei, auf die Wurzeln und die Ideale der Oktoberrevolution und der Umgestaltung Rußlands in der Lenin-Ära, die in den dreißiger und vierziger Jahren, aber auch danach „mit Füßen getreten worden" seien. Gorbatschow betonte 1987 in seinem Buch über „Perestroika", daß es gelte, die Oktoberrevolution fortzusetzen durch eine zweite „Revolution"; er berief sich dabei auf Lenin, der erklärt hat: „Niemals in der Geschichte gab es eine Revolution, nach deren Sieg man die Waffen niederlegen und sich auf seinen Lorbeeren ausruhen kann."

Um die Veränderung in den Staaten Osteuropas verstehen zu können, muß man also die Vorgeschichte, die Entwicklung Rußlands und der Sowjetunion v.a. in den zwanziger und dreißiger Jahren kennen. Und: die kritische Auseinandersetzung mit einem so andersartigen politischen und gesellschaftlichen System erleichtert es auch, das eigene besser zu erkennen, zu begreifen und auch kritisch zu beurteilen.

2. Wahl der Schwerpunkte

Für die Auswahl der Stundenthemen, die als Schwerpunkte in Frage kommen, bieten die Verfasser fünf Beispiele an:
1. die Behandlung der Ausgangsbedingungen, da hier gezeigt werden kann,

welche Ursachen für den Wandel in Rußland vorlagen, aber auch welche vielfältigen Schwierigkeiten das Modell einer „sozialistischen Umgestaltung" behinderten; belegt werden kann so die sog. Modernisierungstheorie, die in der Unfähigkeit der zaristischen Autokratie, durch notwendige Reformen der Instabilität des Regimes zu begegnen, eine entscheidende Ursache für den Ausbruch der Revolution von 1917 sieht;

2. die Anpassung einer politischen, sozialen und ökonomischen Theorie an die gegebenen Verhältnisse in einem Staat und an deren fortlaufende Veränderung;

3. die Wirtschafts- und Gesellschaftspolitik Lenins als Versuch, die mannigfaltigen Probleme eines neu entstehenden politischen und sozioökonomischen Systems, das zudem von innen und außen bekämpft wurde, möglichst rasch zu lösen;

4. der Stalinismus als politisches, wirtschaftliches und theoretisches System, weil sich hier ein nahezu totaler Umbruch im gesellschaftlichen Bereich – starke Differenzierung in der sowjetischen Gesellschaftsstruktur –, im wirtschaftlichen Bereich – Kollektivierung und massive Industrialisierung (Aufgreifen der Formel „Einholen und Überholen") – und im politischen Bereich – Bürokratisierung, Polizeistaat, dogmatische Ideologie mit „demokratischem Zentralismus" – vollzog, der Auswirkungen für die gesamte Weltpolitik hatte;

5. die Überwindung des Stalinismus durch Gorbatschow seit 1986, die eine „Revolution" in Ost- und Südosteuropa auslöste.

Unter Gorbatschow verliert der bislang so allmächtige Apparat, die Nomenklatura der KPdSU, immer mehr an Bedeutung, denn der alte Parteiapparat hat in einer sowjetischen Marktwirtschaft keinen Platz.

Der bislang nach dem Prinzip des „demokratischen Zentralismus" regierte Einheitsstaat zerbröckelt; vielleicht muß „das Sowjetreich [...] zerbrechen, damit es seinen Menschen besser geht" (A. Pork, in: DIE ZEIT Nr. 22 / 25. Mai 1990, S. 50).

Die „erste Entstalinisierung" unter Nikita S. Chruschtschow wird ebenso behandelt, während die Breschnew-Ära, die positiv begann, dann aber in Resignation und Stagnation endete, nicht ausführlich besprochen werden kann.

3. Einsatzmöglichkeiten der Unterrichtsreihe

Den Verfassern erscheint es wichtig, darauf hinzuweisen, daß das vorliegende Unterrichtsmodell als Ganzes nicht nur für die Gestaltung des Unterrichts in der Sekundarstufe II Anwendung finden kann – zumal auch hier je nach den Forderungen der Lehrpläne Kürzungen vorgenommen werden müssen –, vielmehr kann das Modell bei geeigneter Umstrukturierung der Texte und der Problemstellungen auch zur Richtschnur für den Unterricht in der Mittelstufe dienen. Ferner erscheint es möglich, das Modell – wenn auch erweitert – im Leistungskurs zu verwenden.

II. Literaturverzeichnis

Quellen

Altrichter, A. (Hrsg.): Die Sowjetunion. Von der Oktoberrevolution bis zu Stalins Tod. Band 1: Staat und Partei. dtv doc 2948, München 1986

Altrichter, A./Haumann, H. (Hrsg.): Die Sowjetunion. Von der Oktoberrevolution bis zu Stalins Tod. Band 2: Wirtschaft und Gesellschaft. dtv doc 2949, München 1987

Anweiler, O. (Hrsg.): Die russische Revolution 1905–1921, Klett Verlag Stuttgart 3/1977

Behschnitt, W. D. (Hrsg.): Die Russische Revolution 1917–1929. Quellen und Darstellungen; in: *Polit. Bildung 20 (1987) Sozialwissenschaftliche Materialien Heft 2*

Borowsky, O. (Hrsg.): Die Sowjetunion 1917–1982, Zeiten und Menschen, Ausgabe Q, Quellen, Schöningh/Schroedel, Paderborn 1986

Breit, G./Merz, H.-G. (Hrsg.): Sowjetunion, Wochenschau 38 (1987) Nr. 2 SII

Ehrhardt, H. (Hrsg.): Die Sowjetunion, Wochenschau 27 (1976) Nr. 7/8 SII

Fetscher, I. (Hrsg.): Von Marx zur Sowjetideologie. Darstellung, Kritik und Dokumentation des sowjetischen, jugoslawischen und chinesischen Marxismus, Diesterweg Verlag Frankfurt/Main 21/1981

Gorbatschow, Michail. Perestroika. Die 2. russische Revolution. Droemer Knaur Verlag München 1987

Grohmann, M./Haumann, H./Rappmann, G. (Hrsg.): Wirtschaft und Gesellschaft in der Sowjetunion. Oktoberrevolution, Stalinismus und Gegenwart, Schroedel Verlag Hannover 1979

Haseloff, W./Tent, W./Mitter, W. (Hrsg.): Die Union der Sozialistischen Sowjetrepuliken, Diesterweg Verlag Frankfurt 5/1975, neu 1989

Krapp, B. (Hrsg.): Bauernnot in Rußland und bolschewistische Revolution, Klett Verlag Stuttgart 3/1976

Renz, R./Schrötter, D. v./Vollmer, H.-J. (Hrsg.): USA und UdSSR. Entstehung und Entwicklung der Weltmächte, Schroedel Verlag Hannover 1986

Ripper, W. u. a. (Hrsg.): Weltgeschichte im Aufriß Bd. 3/1, Diesterweg Verlag Frankfurt 1976

Thomas, R. (Hrsg.): Marxismus und Sowjetkommunismus. Kontinuität und Wandlung. Teil II: Sowjetkommunismus, Klett Verlag Stuttgart 1978

Darstellungen für die Unterrichtsvorbereitung

1. Bundeszentrale für politische Bildung (Hrsg.): Informationen zur politischen Bildung (verschiedene Hefte)

2. Allgemeine Literatur

Aganbegjan, A.: Ökonomie und Perestroika. Gorbatschows Wirtschaftsstrategien, Hamburg 1989

Antonow-Owssejenko, A.: Stalin. Portrait einer Tyrannei, München 2/1984

Bergmann, Th./Schäfer, G.: „Liebling der Partei". Nikolai Bucharin – Theoretiker und Praktiker des Sozialismus, Hamburg 1989

Bötticher, M.: Industrialisierungspolitik und Verteidigungskonzeption der UdSSR 1926–1930. Herausbildung des Stalinismus und „äußere Bedrohung", Düsseldorf 1979

Bonwetsch, B.: Lenin und die Revolution in Rußland. Rückständigkeit und revolutionäre Entschlossenheit; in: Politische Bildung 20 (1987) H2, S. 22–34

Brahm, H.: Der XXVII. Parteitag der KPdSU – eine Wendemarke; in: Aus Politik und Zeitgeschichte. Beilage zur Wochenzeitschrift „Das Parlament", B 35/86

Bütow, H. G. (Hrsg.): Länderbericht Sowjetunion. Schriftenreihe der Bundeszentrale für politische Bildung Nr. 230, Bonn 2/1988

Bundesinstitut für ostwissenschaftliche und internationale Studien (Hrsg.): Sowjetunion 1988/89. Perestroika in der Krise?, München 1989

Carmichael, J.: Die Russische Revolution. Von der Volkserhebung zum bolschewistischen Sieg. Februar – Oktober 1917, Reinbek 1967 (rde 2837284)

Conquest, R.: Ernte des Todes. Stalins Holocaust in der Ukraine 1929–1933, München 1988

Crankshaw, E.: Winterpalast. Rußland auf dem Weg zur Revolution 1825–1917, München 1980

Dietz, B. (Hrsg.): Zukunftsperspektiven der Sowjetunion. Programm und Wirklichkeit, BSR 271, München 1984

Erler, G./Süß, W. (Hrsg.): Stalinismus. Probleme der Sowjetgesellschaft zwischen Kollektivierung und Weltkrieg, Frankfurt 1982

Geyer, D.: Die Russische Revolution. Historische Probleme und Perspektiven, Stuttgart 1968, 3. Auflage neu Göttingen 1980 (zit. als: Geyer I)

ders.: Oktoberrevolution. in: Revolution und Gesellschaft. Theorie der Systemveränderung. Hg. Th. Schieder, Freiburg 1973 (Herder Tb 462), S. 117 ff.; ferner in: C. D. Kernig (Hrsg.), Marxismus im Systemvergleich, Geschichte 3 (zit. als: Geyer II)

ders. (Hrsg.): Wirtschaft und Gesellschaft im vorrevolutionären Rußland, Königstein/Ts 1975

Heller, M./Nekrich, A.: Geschichte der Sowjetunion. Bd. 1: 1914–1939, Bd. 2: 1940–1980, Fischer Tb 4346, 4347, Frankfurt 1985

Hellmann, M./Goehrke, C./Lorenz, R./Scheibert, P.: Rußland. Fischer Weltgeschichte Bd. 31, Frankfurt 1972

Hildermeier, M.: Die Russische Revolution 1905–1921, edition suhrkamp 1534, Frankfurt/Main 1989

Hilscher, C.: Glasnost bringt es an den Tag; in: Politische Bildung 22 (1989) H1, S. 68–80

Höhmann, H.-H.: Wirtschaft und Politik in der Perestroika. Reformwirklichkeit des sowjetischen Systems; in: Politische Bildung 22 (1989) H1, S. 6–16

Kernig, C. D. (Hrsg.): Marxismus im Systemvergleich. Geschichte, 5 Bde. Herder, Freiburg 1974

Laqueur, W.: Der lange Weg zur Freiheit. Rußland unter Gorbatschow, Berlin 1989

ders.: Stalin. Abrechnung im Zeichen von Glasnost, München 1990

Lorenz, R.: Sozialgeschichte der Sowjetunion 1: 1917–1945, edition suhrkamp 654, Frankfurt 3/1981

Lorenz, R.: Vom Oktoberumsturz zum Stalin-Regime. Die Kontinuität der frühen sowjetischen Geschichte; in: Politische Bildung 20 (1987) H2, S. 3–21

Mandel, E.: Das Gorbatschow-Experiment, Frankfurt 1989

Meissner, B.: Die Sowjetunion im Umbruch. Historische Hintergründe, Ziele und Grenzen der Reformpolitik Gorbatschows, Stuttgart 1988

Merl, St.: Der Agrarmarkt und die Neue Ökonomische Politik. Die Anfänge staatlicher Lenkung der Landwirtschaft in der Sowjetunion 1925–1928, München/Wien 1981

ders.: Die Revolution von oben: Industrialisierungs- und Kollektivierungspolitik; in: Politische Bildung 20 (1987) H2, S. 50–64

Mommsen-Reindl, W.: Die Oktoberrevolution von 1917 – eine proletarische Revolution, in: politische Bildung 10 (1977) H3, S. 18 ff.

Oberländer, E.: Sowjetpatriotismus: Legitimation, Motivation, Integration; in: Politische Bildung 20 (1987) H2, S. 65–76

Pankov, V.: Rußland zwischen Marx und Markt, Frankfurt 1989

Pipes, R.: Rußland vor der Revolution. Staat und Gesellschaft im Zarenreich, dtv 4423, München 1984

Robel, G.: Osteuropa unter der Herrschaft Stalins; in: W. Benz/H. Graml (Hrsg.), Europa nach dem Zweiten Weltkrieg 1945–1982, Fischer Weltgeschichte 35: Das Zwanzigste Jahrhundert II, S. 225 ff.

ders.: Vom Tode Stalins zur Ära Breschnew. Die RGW-Staaten seit 1953; in: Fischer Weltgeschichte 35: Das Zwanzigste Jahrhundert II, S. 351 ff.

Ruffmann, K.-H.: Sowjetrußland, dtv-Weltgeschichte des 20. Jahrhunderts Bd. 8, dtv 4008 München 5/1975

ders.: Fragen an die sowjetische Geschichte. Von Lenin bis Gorbatschow, dtv 10762, München 1987

Ruge, G.: Michael Gorbatschow, Frankfurt 1990

Saslawskaja, T.: Die Gorbatschow-Strategie. Wirtschafts- und Sozialpolitik in der UdSSR, Wien 1989

Schröder, H.-H.: Die Lehre vom Aufbau des Sozialismus in einem Lande; in: Politische Bildung 20 (1987) H2, S. 35–49

Segbers, K.: Der sowjetische Systemwandel, edition suhrkamp 1561, Frankfurt 1989

Voslensky, M. S.: Nomenklatura. Die herrschende Klasse der Sowjetunion, Wien 1980

Weber, H.: Stalinismus; in: Aus Politik und Zeitgeschichte, Beilage zur Wochenzeitschrift DAS PARLAMENT, Hg. Bundeszentrale für politische Bildung, Nr. 4/1977

Wolkogonow, D.: Stalin. Triumph und Tragödie. Ein politisches Portrait, Düsseldorf 1989

Zaubermann, A.: Rußland und Ostmitteleuropa 1920–1970; in: C. M. Cipolla/K. Borchardt (Hrsg.), Europäische Wirtschaftsgeschichte Band 5, UTB 1369, Stuttgart 1986, S. 213–244

3. Unterrichtsmodelle

Behschnitt, Wolf D.: Die Russische Revolution (1917–1929). Unterrichtsmodell für die Sekundarstufe II; in: Politische Bildung 20 (1987) H2, S. 89–104

Landeszentrale für politische Bildung Baden-Württemberg (Hrsg.): Sowjetunion; in: Politik und Unterricht 15 (1989) H4 (mit Materialien)

Breit, G./Merz, H.-G.: Wandel in der Sowjetunion? Didaktische Planung für die SII und Weiterbildung; in: Politische Bildung 22 (1989) H1, S. 81–98

Breit, G./ Merz, H.-G.: Materialien für den Unterricht; in: Politische Bildung 22 (1989) H1, S. 99–112

Nitsche, D. u. a.: Perestroika und Glasnost. Wandel in der Sowjetunion; in: Politik betrifft uns, Heft 3/1988 (mit Materialien)

Swolek, I.: Russische Revolution, I. Verlauf und Ereignisse bis Februar 1917; in: Geschichte betrifft uns, Heft 10/1987 (mit Materialien)

dies.: Russische Revolution, II. 1917; in: Geschichte betrifft uns, Heft 12/87 (mit Materialien)

dies.: Die Neue Ökonomische Politik der Sowjetunion 1921–1928; in: Geschichte betrifft uns, Heft 4/1989 (mit Materialien)

Tiemann, D.: Stalinismus; in: Geschichte betrifft uns, Heft 6/1990 (mit Materialien)

4. Medien (der Landesbildstellen)

1. Zur Geschichte der UdSSR: Der Untergang des Zarenreiches (1900–1917), FWU 1969, sw-Film, 21 Min.

2. Zur Geschichte der UdSSR: Rußland unter Lenin und Trotzki (1917–1924), FWU 1969, sw-Film, 22 Min.

3. Im Schatten der Weltrevolution:
   I.   Im Schatten der Roten Garden (1917–1921), BPB 1969, sw-Film, 42 Min.
   II. Die Rapallo-Ära (1922–1929), BPB 1969, sw-Film, 53 Min.
   III. Hakenkreuz und Sowjetstern (1922–1938), BPB 1969, sw-Film, 54 Min.
   IV. Lebensraum im Osten (1939–1945), BPB 1969, sw-Film, 50 Min.

4. Rußland. Von Nikolaus II. bis Stalin, FWU 1962, sw-Film, 46 Min.

5. Vom Zaren bis Stalin, GDI 1967, sw-Film, 90 Min.

6. Zur Geschichte der UdSSR 1924–1941, FWU 1976, sw-Film, 23 Min.

Beschreibung der Einzelstunden

1. Stunde:
Probleme der Sowjetunion und des Sozialismus heute

– kein Stundenblatt –

Vorbemerkung

Die gegenwärtige schwierige Situation in der UdSSR und die politischen und wirtschaftlichen Probleme, mit denen die sowjetische Führung und die Bevölkerung zu kämpfen haben, bieten es an, in die Unterrichtseinheit über die Entwicklung Rußlands und der Sowjetunion mit einer Stunde über eben diese aktuellen Probleme in das Thema einzusteigen.
Karikaturen und eine Collage dienen der Visualisierung der Problemstellung und erleichtern den Zugang zum Thema.
Schwerpunkt der Stunde bildet die Auseinandersetzung mit der Frage, ob die Ereignisse des Jahres 1990 in den ehemaligen sozialistischen Staaten Europas und in der Sowjetunion die Idee des Sozialismus endgültig als Irrweg ausgewiesen haben.

Ziele der Stunde

Die Schüler erarbeiten
– wesentliche Probleme des Sowjetsystems heute;
– anhand eines fachwissenschaftlichen Textes Fragen zur Idee des Sozialismus.

Die Schüler erkennen
– Probleme des sozialistischen Weges und die Krise des Kommunismus.

Unterrichtsschritt 1:
Sowjetunion heute

Anhand einer Collage und von Karikaturen werden die wesentlichen Probleme der UdSSR angesprochen; siehe Vorschläge für Folien. (Die vorgeschlagenen Materialien können leicht durch aktualisierte Folien ergänzt oder ersetzt werden.)
Die Schüler sollen die Vorlagen aufgrund ihrer Kenntnisse erläutern und weitere Probleme benennen.

Die im Unterrichtsgespräch gewonnenen Ergebnisse werden im Tafelbild festgehalten:
– Nationalitätenfrage
– Frage nach dem weiteren Bestand der Sowjetunion
– wirtschaftliche Probleme, Zerfall der Sowjetwirtschaft
– mangelhafte Versorgung der Bevölkerung
– Umweltprobleme
– innerparteiliche Kontroversen
– Verlust des Machtmonopols der KPdSU
– „Last der Geschichte":
  Auseinandersetzung um die Person Stalins, jetzt auch um die Lenins; Hitler-Stalin-Pakt
– Ergebnisse des Zweiten Weltkriegs und Außenpolitik der Perestroika, z. B. Haltung zur Vereinigung Deutschlands.

Vorschlag für eine Folie (Unterrichtsschritt 1)

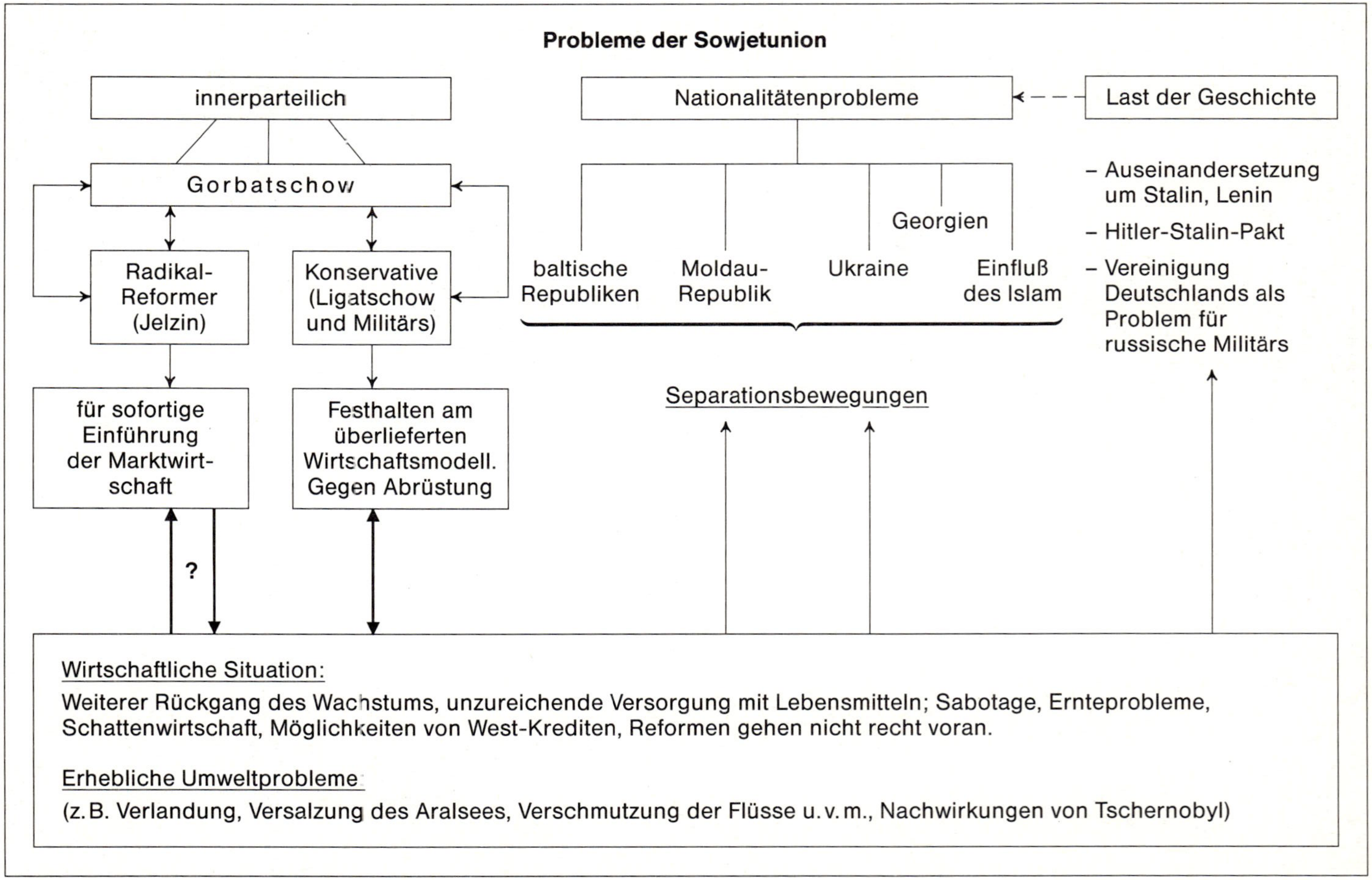

Probleme der Sowjetunion

Nationalitätenprobleme — — → Last der Geschichte

– Auseinandersetzung um Stalin, Lenin
– Hitler-Stalin-Pakt
– Vereinigung Deutschlands als Problem für russische Militärs

baltische Republiken · Moldau-Republik · Ukraine · Georgien · Einfluß des Islam

Separationsbewegungen

innerparteilich

Gorbatschow

Radikal-Reformer (Jelzin) ↔ Konservative (Ligatschow und Militärs)

für sofortige Einführung der Marktwirtschaft

Festhalten am überlieferten Wirtschaftsmodell. Gegen Abrüstung

?

Wirtschaftliche Situation:
Weiterer Rückgang des Wachstums, unzureichende Versorgung mit Lebensmitteln; Sabotage, Ernteprobleme, Schattenwirtschaft, Möglichkeiten von West-Krediten, Reformen gehen nicht recht voran.

Erhebliche Umweltprobleme
(z. B. Verlandung, Versalzung des Aralsees, Verschmutzung der Flüsse u. v. m., Nachwirkungen von Tschernobyl)

16

Vorschlag für eine Folie (Unterrichtsschritt 1, Exkurs)

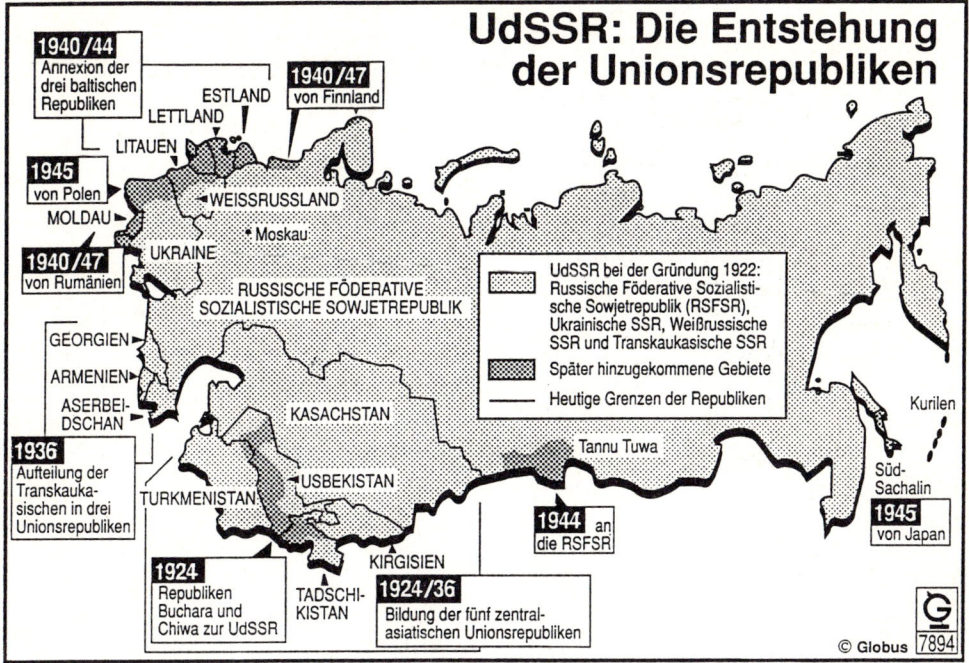

UdSSR: Die Entstehung der Unionsrepubliken

1940/44 Annexion der drei baltischen Republiken

ESTLAND
LETTLAND
LITAUEN

1940/47 von Finnland

1945 von Polen

MOLDAU

WEISSRUSSLAND

• Moskau

UKRAINE

1940/47 von Rumänien

RUSSISCHE FÖDERATIVE SOZIALISTISCHE SOWJETREPUBLIK

GEORGIEN
ARMENIEN
ASERBEI- DSCHAN

KASACHSTAN

1936 Aufteilung der Transkauka- sischen in drei Unionsrepubliken

TURKMENISTAN

USBEKISTAN

Tannu Tuwa

Kurilen

Süd- Sachalin

1945 von Japan

1944 an die RSFSR

KIRGISIEN

1924 Republiken Buchara und Chiwa zur UdSSR

TADSCHI- KISTAN

1924/36 Bildung der fünf zentral- asiatischen Unionsrepubliken

UdSSR bei der Gründung 1922: Russische Föderative Sozialisti- sche Sowjetrepublik (RSFSR), Ukrainische SSR, Weißrussische SSR und Transkaukasische SSR

Später hinzugekommene Gebiete

Heutige Grenzen der Republiken

© Globus
7894

Nationalitätenfrage

Vorschlag für eine Folie (Unterrichtsschritt 1, Exkurs)

F. Behrendt

Nationalitätenproblem

(aus: FAZ, Nr. 109, 11. 5. 1990)

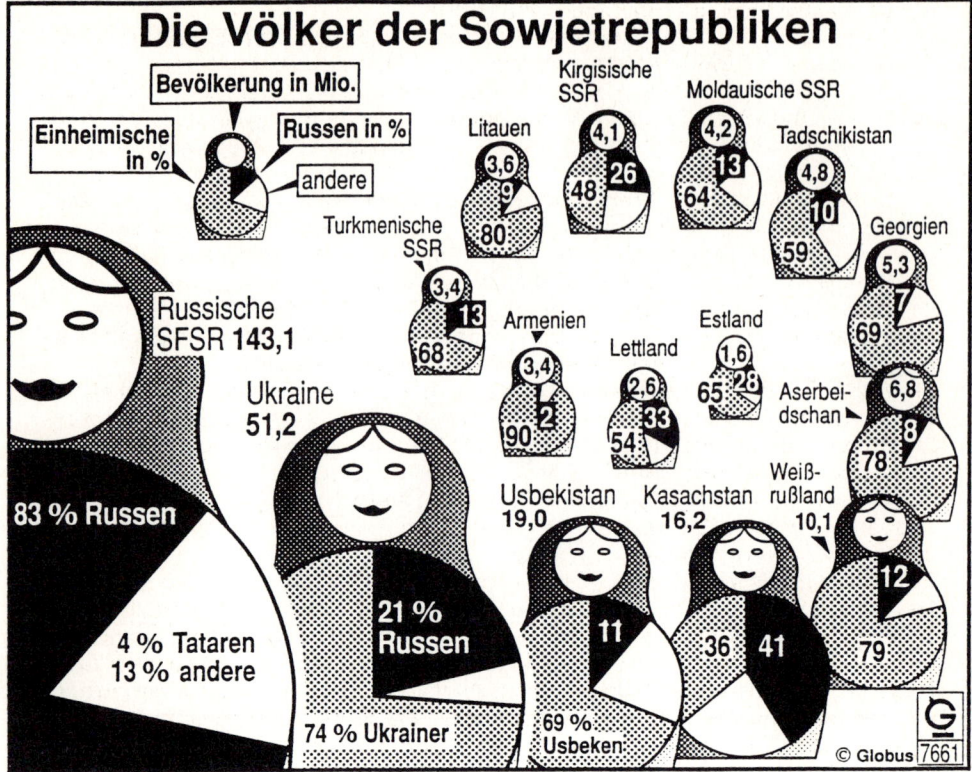

Nationalitätenproblem

Vorschlag für ein Arbeitsblatt (Unterrichtsschritt 2)

Iring Fetscher (Prof. für Politologie, Frankfurt):

„Wenn es so etwas wie ein sinnvolles Erbe des demokratischen Sozialismus gibt, muß er über den Wohlfahrtsstaat hinaus und in Richtung auf die Herstellung von solchen Verhältnissen gehen, daß die Menschen in ihrer Alltagsarbeit und ihren gesellschaftlichen Beziehungen Anerkennung und Befriedigung finden, aber nicht die Kompensation durch hoffnungserfüllt erhöhten Konsum in der Zukunft brauchen.

Der Sozialismus besagte: In einer Gesellschaft, in der es mehrere Klassen gibt, sind notwendigerweise mehrere Parteien. Aber das Ziel ist, durch Herstellung einer homogenen Gesellschaft letztlich die Notwendigkeit der Pluralität von Parteien zu überwinden. Die Partei, die dieses Ziel hat, hat damit auch den Anspruch erhoben, im Namen der künftig vollständig homogenen Gesellschaft den Willen der Bevölkerung zum Ausdruck zu bringen. Dies, scheint mir, ist ein Grundirrtum. Es gibt keine solche homogene Gesellschaft. Sie ist auch nicht herstellbar.

Ein Wort von Gorbatschow kann ich als eine theoretische Innovation ansehen: Es gibt kein legitimes Monopol einer Partei auf Wahrheit, das heißt, auch keines auf politische Wahrheit. – Wenn das aber so ist, kann sinnvollerweise Demokratie nicht ohne eine Pluralität von Parteien gedacht werden; nicht nur, weil es unterschiedliche Personengruppen mit notwendigerweise unterschiedlichen Interessen gibt, sondern auch, weil es unterschiedliche Interpretationen gibt, die legitim miteinander konkurrieren müssen.

Es gibt zumindest zwei große Probleme, die mit einer reinen, politisch unkorrigierten Marktökonomie nicht gelöst werden können. Das ist das ökologische Problem und das der Verhältnisse der Metropolen zur Dritten Welt. Man kann nur hoffen, daß durch den Zusammenbruch des real existierenden Sozialismus nicht der Verdacht aufkommt, man brauche in dieser Hinsicht keine Anstrengungen zu unternehmen. Ich stelle immer mit Freude fest, daß Marx drei kritische Gedanken gegen den Kapitalismus hatte, aber nur einer zur Kenntnis genommen wird.

Der erste bestand in dem Glauben – und das war falsch –, daß der Kapitalismus seine Dynamik erschöpft und ihn daher der Sozialismus ablösen werde, um eine höhere Produktivität zu erzeugen. Das Gegenteil ist der Fall; er ist so produktiv, daß er sogar destruktiv produktiv wirkt.

Der zweite und dritte Gedanke, der nicht genügend zur Kenntnis genommen wird, steht in Band I des „Kapital": daß die ungebremste Dynamik der industriekapitalistischen Produktion die beiden Grundlagen allen Wohlstands, nämlich die Erde und den Menschen, zerstört. Daß der Mensch dabei zerstört wird, ist durch die massenhafte Arbeiterbewegung, durch die Gegenkraft der Gewerkschaften und der Arbeiterparteien kompensiert worden. Das hat schon Marx beobachtet, indem er davon sprach, daß die Zehn-Stunden-Bill der Sieg des Prinzips der Ökonomie der Arbeiterklasse über die Ökonomie des Kapitals ist.

Der dritte Gesichtspunkt, die Zerstörung der Erde, ist völlig unter den Tisch gefallen – mit der Konsequenz, daß die real existierenden sozialistischen Länder ein einziges Mal die kapitalistischen wirklich übertroffen haben: auf dem Gebiet der Umweltzerstörung."

(Die Zeit. Zeitsymposium. Nr. 1 vom 29. 12. 1989. „Ende des Kommunismus – und was nun?")

Fragen:
1. Was versteht Fetscher als „sinnvolles Erbe" des Sozialismus?
2. Worin bestand nach Meinung des Autors der Grundirrtum des Sozialismus?
3. Wie wird die Marxsche Geschichtsauffassung beurteilt?
4. Welche vorrangigen Probleme sieht der Autor über die Systemgrenzen hinweg?
5. Was sollte Ihrer Meinung nach vom Sozialismus überleben?

In Moskau Entwurf für neues Parteistatut vorgelegt

KP-Führung soll geteilt werden

Konservative wollen Vorsitzenden und Ersten ZK-Sekretär

Gorbatschow vor dem ZK-Plenum:

Gesellschaft am Wendepunkt

Markt steht nicht im Gegensatz zum Sozialismus

Ernterückstand nicht aufzuholen

Sowjetischer Agrarexperte befürchtet Versorgungskrise

Gorbatschows konservative Kritiker:

„Die Perestrojka hat uns in die Krise geführt"

Das Ende der Politbürokratie

Der Moskauer Parteitag dokumentiert den Bedeutungsverlust des Machtzentrums der KP

Volksdeputierte stärken
Gorbatschows Macht

Pläne wächst
Unionsvertrag in Frage

Moskauer Kongreß stimmt für Präsidialsystem

gegen G

ment – Auch Usb

chow und seine Politik

ber erlaubten Umzugs ausgepfiffen
dern den Rücktritt des Politbüros

*Kann Jelzin das Trommelfeuer seiner
Gegner überstehen? Wie geschlossen ist
die Haltung von Militär und Armeespitze?
Die Sowjetunion steht vor
schicksalhaften Entwicklungen.*

eml unter Beschuß

ug der Sowjettruppen aus Deutschland

äre Hilfe
für die Sowjetunion

ne.

die Blo

Bann über
Gorbatschow

Droht ein
politisches
Tschernobyl?

minister Schewardnadse
urückgetreten

egen das Herannahen einer Diktatur"

tschow / Der Präsident nicht unterrichtet

**Immer mehr Gefährten setzen sich von
Gorbatschow ab**

Exkurs: Nationalitätenproblem

Mit Hilfe zweier Folien (siehe jeweils Vorschlag für eine Folie) wird näher auf das Nationalitätenproblem im Zusammenhang mit der Entstehung der Unionsrepubliken eingegangen. Folgende Fragen erschließen das Thema:
Welche Probleme ergeben sich aus der ethnischen Vielfalt und den Ereignissen des Anschlusses an die Sowjetunion? Folgende Aspekte werden im Lehrervortrag angesprochen:
Viele der über 100 Völker der UdSSR fühlen sich bevormundet durch Russen und durch ihre Nachbarvölker. Forderungen nach Autonomie, nach Anerkennung ihrer Sprache, ihrer Religion und Kultur werden immer heftiger. Ziele sind auch wirtschaftliche Selbstbestimmung und wahrheitsgetreue Darstellung ihrer Geschichte – mit dem Ziel, diese zurückzudrehen. Die Prädominanz der Zentrale wird kritisiert und führt verstärkt zu Autonomiebestrebungen. Glasnost machte diese Kritik erst möglich; vor der Partei und der russischen Vorherrschaft schreckt die Kritik nicht zurück. Dadurch rückt die Geschichte der einzelnen Völker, ihre oft gewaltsame Eingliederung immer mehr ins Bewußtsein der Völker und führt oft zu überhitzten Reaktionen. Im Konflikt mit der Zentrale, die die Probleme auf verfassungsmäßige Weise lösen will, wird die Neigung, Gewalt anzuwenden, größer. Sprache und Ökologie sind bei der Auseinandersetzung wesentliche Problemfelder; dabei wird die russische Sprache als Amtssprache sinnbildlich als „absolute Herrschaft", als „Terror der Vergangenheit" und Ursache für gegenwärtige Probleme empfunden.

Vorschlag für ein Schüler-Referat
Als Schüler-Referat bietet sich die Darstellung der Geschichte der baltischen Staaten an. Ausgangspunkt dafür ist die Gründung der baltischen Staaten nach dem 1. Weltkrieg, Schwerpunkt das „Geheime Zusatzprotokoll" zum Hitler-Stalin-Pakt.
(Als notwendige Grundlagen für das Referat bieten sich die Darstellungen in den gängigen Lehrbüchern und die Karten in historischen Atlanten an.)

Anreiz zur Diskussion: Nach Ende des 1. Weltkriegs überlegten Freud und Einstein, wie zukünftig Kriege vermieden werden könnten. Einen Ansatz sahen sie in der Herstellung größerer staatlicher Einheiten und verwiesen auf Beispiele aus der Geschichte, z.B. auf Frankreich.

Wie sind unter diesem Aspekt die Forderungen der Nationalitäten – nicht nur in der UdSSR – nach Selbständigkeit zu beurteilen?

Unterrichtsschritt 2:
Ende der Idee des Sozialismus?

In Kursen, die Kenntnisse über die politischen und gesellschaftlichen Vorstellungen von Karl Marx besitzen, bietet sich eine Gegenüberstellung der Ziele des Marxismus mit der gegenwärtigen Wirklichkeit in der Sowjetunion an.

Im Unterrichtsgespräch sollten u.a. folgende Aspekte genannt werden:
– „Freie Assoziation freier Individuen"
– „Jeder nach seinen Fähigkeiten, jedem nach seinen Bedürfnissen"
– keine Ausbeutung des Menschen durch den Menschen
– Errichtung einer klassenlosen Gesellschaft
– Abbau aller staatlichen Institutionen
– Demokratisierung aller Lebensbereiche
– hohe Produktivität der Arbeit.

Alternativ kann von der wirtschaftlichen Situation in den neuen Bundesländern ausgegangen werden, die ein Erbe 40jähriger „realsozialistischer" Politik in der DDR darstellt.

Mit Hilfe eines Textes aus der wissenschaftlichen Literatur soll nun die Frage erörtert werden, ob angesichts dieser Fakten das Ende der sozialistischen Idee festzustellen ist.

Folgende Fragestellungen bieten sich an:
1. Was versteht Fetscher als „sinnvolles Erbe" des Sozialismus?
2. Worin bestand nach Meinung des Autors der Grundirrtum des Sozialismus?
3. Wie wird die Marxsche Geschichtsauffassung beurteilt?
4. Welche vorrangigen Probleme sieht der Autor über die Systemgrenzen hinweg?

5. Was sollte nach Ihrer Meinung vom Sozialismus überleben?

Folgende Ergebnisse sind zu erwarten:

1. Gesellschaftliches Miteinander; Aufhebung der Entfremdung; keine Kompensation gesellschaftlicher und privater Probleme im Konsum.
2. Eine homogene Gesellschaft ist nicht herstellbar; Hinweise auf derartige Versuche in der Geschichte und auf ihr Fehlschlagen (z. B. Frankreich während der Revolution 1793/94, Kulturrevolution in China); Aufgabe des Anspruchs auf Wahrheit (durch die Partei), daraus Herleitung des Pluralismus und des pluralistischen Parteiensystems.
3. Der Kapitalismus lebt weiter – trotz aller Krisen –, wirkt aber auch zerstörerisch; Übergang zum klassischen Sozialismus erscheint fragwürdig.
4. Probleme der Dritten Welt und Zerstörung der Umwelt; Auseinandersetzung der Systeme hat diese Bereiche eher zurückgedrängt.
   Frage: Sind Neuansätze erkennbar?
5. Beispielsweise die Idee der sozialen Gerechtigkeit innerhalb einer Gesellschaft.

Ausgangsbedingungen für den Wandel in Rußland
(4 Stunden)

2. und 3. Stunde:
Soziale und ökonomische Verhältnisse in Rußland vor 1917

Vorbemerkung

Die nächsten Stunden dieser Unterrichtseinheit zeigen die Verhältnisse im zaristischen Rußland und veranlassen damit zu Vermutungen, ob bereits im wirtschaftlichen und im sozialen Bereich Ursachen für die Revolutionen von 1917 zu finden sind; andererseits werden Probleme angedeutet – etwa Lenins Umformung der Marxschen Revolutionstheorie oder die Frage, was passieren mußte, damit aus dem rückständigen, agrarischen Rußland der Zarenzeit die Supermacht „Sowjetunion" wurde.

Damit sind die Schwerpunkte der beiden Stunden vorgegeben:

– Sie liegen auf der Tatsache, daß die Wirtschafts- und Gesellschaftsordnung des zaristischen Rußland im Vergleich zu den westlichen Staaten Europas rückständig war, d. h. auf der „Modernisierungsthese", nach der Rußland ökonomisch, sozial und politisch derart rückständig und daher instabil war, daß nur eine totale Reform den Zaren hätte retten können;

– und auf der Problematisierung der Marxschen Revolutionstheorie; wobei auf die „Lösung" des gefundenen Problems durch Lenins theoretische Umformung (siehe Stunden 5 und 6) vorausgedeutet wird.

Selbstverständlich stellen die vorgeschlagenen Materialien – wie auch in den übrigen Stunden der Unterrichtseinheit – eine Auswahl dar, die jederzeit ergänzbar ist. Die Materialien sind aber durch die Probleme, die im Unterricht thematisiert werden, vorbestimmt.

2. Stunde:
Bauernbefreiung und Aufbau der Gesellschaft im zaristischen Rußland

Vorbemerkung

Im Mittelpunkt dieser Stunde stehen die Gesellschaftsstruktur Rußlands vor der Revolution 1917 und die sozialen und volkswirtschaftlichen Folgen der „Bauernbefreiung" von 1861. Hierbei wird gezeigt, daß die Gesellschaft des zaristischen Rußland am Beginn des 20. Jahrhunderts im Gegensatz zu den westeuropäischen Staaten „die soziale Struktur einer spätfeudalen Gesellschaft" aufwies (M. Hiller, in: Telekolleg II: Geschichte, S. 126), in der die Bauern, die etwa 80% der Gesamtgesellschaft ausmachten, sich in der totalen Knechtschaft eines den gesellschaftlichen Reichtum besitzenden Adels befand, der, zumeist weitab von den Bauern, in den großen Städten lebte, von Ökonomie fast gar nichts verstand und seine Leibeigenen nur als Ausbeutungsobjekte ansah; nur der Adlige war im modernen Sinne „Staatsbürger", sein Grundeigentum uneinziehbarer Privatbesitz (vgl. P. Scheibert, in: C. Goehrke / M. Hellmann / R. Lorenz / P. Scheibert, Rußland, FWG 31, Frankfurt 1976, S. 203 f.), wozu eben auch „die Bauern als Teil des Inventars" gehörten (P. Scheibert, Rußland, S. 204). Dennoch war die rechtliche Stellung der Bauern unterschiedlich, denn innerhalb der Leibeigenschaft gab es Unterschiede, je nach geographischer Lage. „In den fruchtbaren Gebieten Rußlands […] waren die Grundbesitzer auf die Bewirtschaftung großer Landflächen für den Getreideexport angewiesen und zogen deshalb ihre Leibeigenen zum Frondienst […] heran; im Norden mit seinen kärgeren Böden konnte der Grundbesitzer einen größeren Profit erzielen, wenn er von seinen Bauern Leibzins […] einforderte" (H. Lemberg, Geschichte Rußlands und der Sowjetunion. Informationen zur politischen Bildung, Nr. 151, S. 9). Wichtig erscheint es, darauf hinzuweisen, daß bis zur Reform 1861 Dienste und Naturalabgaben der Bauern, die „ökonomisch auf der Stufe des Holzpfluges" lebten (W. Kampmann, Die Ursprünge der russischen Revolution, in: GWU 16 [1961] H4, S. 228), die Basis aller Macht und Besitzverhältnisse darstellten.

Inwieweit der Lehrer auf die spezifische Form der sog. Fabrikleibeigenschaft hinweisen will, sei ihm überlassen; hier genüge der Hinweis zur Erläuterung: ein Unternehmer kaufte „oft mit dem Grund und Boden ein ganzes Dorf samt seinen [Einwohnern]", die dann seine Leibeigenen wurden.

Diese alte Agrarverfassung, die ja in Rußland noch bestand, als sich im Westen Europas die „Agrarrevolution" längst vollzogen und die Industrielle Revolution eingesetzt hatte und – wenn auch regional unterschiedlich – bereits im Gange war, bewirkte die Rückständigkeit Rußlands, zumal ein „Kapitalismus westeuropäischer Prä-

gung […] erst spät nach Rußland kam" (J. Carmichael, Die Russische Revolution, Reinbek, 1967, S. 10) und die Produktionsmethoden in der russischen Landwirtschaft total veraltet waren. „Das Schlagwort von der Verarmung – ursprünglich nicht für die Bauern, sondern für den Adel geprägt – kennzeichnet die Lage der gesamten russischen Landwirtschaft um die Mitte des 19. Jahrhunderts" (R. Renz, D. v. Schröter, H.-J. Vollmer, USA und UdSSR, Hannover 1986, S. 66). Die Produktivitätsrate lag unter der Großbritanniens um 1750. Die Fruchtwechselmethode war in Rußland von nicht einmal 3 % der landwirtschaftlichen Betriebe eingeführt worden; die Zwei- oder Dreifelderwirtschaft überwog noch immer. Noch immer orientierte man sich bei der Bewertung von Gütern nicht an der Produktivität, sondern an der Zahl ihrer Leibeigenen. Die meisten Großgrundbesitzer waren tief verschuldet, weil ihr generöser Lebensstil in den Städten nicht der Ertragslage ihrer Güter entsprach. 1859 waren so etwa „66 % aller männlichen Leibeigenen" – das waren fast 7,1 Mio. – verpfändet (vgl. R. Renz u. a., USA und UdSSR, S. 67).

In den Städten fehlte eine liberale, ökonomisch potente, auf wirtschaftliches Wachstum zielende Bourgeoisie fast völlig. Daraus wird deutlich:

Wollte Rußland den Anschluß an den Westen finden – was ja seit der Niederlage im Krimkrieg (1853 – 1856) notwendig erschien –, dann mußte die Bauernfrage gelöst werden, denn die Leibeigenschaft erwies sich als äußerst unproduktiv und hemmte jeden Fortschritt.

Nicht die Tatsache, daß die Bauern immer wieder rebellierten war der entscheidende Grund für die Reformen von 1861 – die Furcht vor sozialen Umwälzungen gehörte natürlich dazu –, denn nach P. Scheibert gab es keine eigentlich revolutionäre Situation, die, wie Lenin meinte, die Regierung zu Reformen gezwungen hätte (vgl. P. Scheibert, in: Rußland, S. 222), vielmehr war es die ökonomische Einsicht, daß die Rückständigkeit „in erster Linie auf die paralysierende Institution der Leibeigenschaft zurückzuführen sei" (J. Carmichael, Russische Revolution, S. 8).

Dadurch wird die Notwendigkeit der Besprechung der Bauernbefreiung von 1861 im Unterricht deutlich, denn ihre Unzulänglichkeit, das Beharren auf der Mir-Ordnung und der obscina und den sich daraus ergebenden Problemen, erleichtert das Verständnis der russischen Revolutionen.

Ziele der Stunde

Die Schüler erkennen
– die Gesellschaftsstruktur des zaristischen Rußland als agrarisch bestimmt und als spätfeudal;
– die Ursachen der „Bauernbefreiung" 1861 im verlorenen Krimkrieg und in der Erkenntnis, daß die Agrarverfassung mit einer dünnen, meist landfremden adligen Oberschicht und leibeigenen Bauern und die geringe Produktivität Ursache der Rückständigkeit war;
– die untergeordnete Rolle des Bürgertums in Rußland und damit das „West-Ost-Gefälle" in der Entwicklung einer liberalen, kapitalkräftigen, modernistischen Bourgeoisie.

Die Schüler erarbeiten
– anhand von Quellen und einer Hektographie die wesentlichen Merkmale der Gesellschaftsstruktur des zaristischen Rußland
– und vergleichen diese mit anderen Staaten.

Die Schüler beurteilen
– die Bauernbefreiung anhand ihrer volkswirtschaftlichen und sozialen Folgen und hinterfragen den Begriff „Bauernbefreiung" kritisch;
– die Mir-Verfassung als fortschrittshemmend und die neue Freiheit einschränkend.

Verlaufsskizze

Unterrichtsschritt 1:
Bildbetrachtung: Russische Gesellschaft

Anhand eines anonymen Flugblattes über den Gesellschaftsaufbau des zaristischen Rußlands aus dem Jahre 1900 werden die Schüler aufgefordert, die dargestellte Gesellschaftsstruktur zu beschreiben und ein vorläufiges Urteil darüber abzugeben.

Die Darstellung findet sich in vielen Unterrichtswerken der Mittel- und Oberstufe:

Gezeigt wird eine „Gesellschaftspyramide", an deren Spitze unter dem Doppeladler – Symbol des Zarentums – das Zarenpaar thront. Um den Thron herum stehen die Vertreter des Adels; darüber und am Rand steht „Wir sind die Herrschaft über euch", „Wir lenken euch". Gestützt wird diese Herrschaft durch die orthodoxe Kirche, die seit Peter dem Großen (1689 – 1725) eng mit dem Staat verbunden war. Ihre Rolle im Staat wird durch die Beschriftung verdeutlicht: „Wir streuen euch Sand in die Augen." Zarenpaar, Adel und der orthodoxe Klerus ruhen auf der Armee, die sich immer mehr zu einem innenpolitischen Machtmittel entwickelt hatte und die mit Peitsche, Säbel und Gewehren die bestehende Ordnung in Staat und Gesellschaft garantierte. Eine Stufe tiefer findet sich die Bourgeoisie bei einem üppigen Gelage. „Wir essen für euch", hat der anonyme Verfasser hinzugefügt. Das Ganze aber wird im wahrsten Sinne des Wortes getragen von der arbeitenden Bevölkerung, den Bauern (rechts) und den Arbeitern (links). „Wir arbeiten für euch" und „Wir ernähren euch" verdeutlichen ihre Rolle als die ökonomische Basis. Doch bei den Arbeitern recken sich Fäuste, ragt eine Fahne,

Anzeichen drohender Unruhen. Und darunter steht geschrieben: „Es wird die Zeit kommen, wo das Volk sich erheben wird, und es wird seine Ausbeuter auseinanderjagen."

Es handelt sich um ein Flugblatt, das um 1900 in einer geheimen Druckerei hergestellt wurde und das sich in karikierender Weise kritisch mit der zaristischen Gesellschaft auseinandersetzt und den Arbeitern und den Bauern zeigen will, daß alle Macht allein von ihnen abhängt und daß daher sie diese Macht auch zerstören können.

Als Erschließungsfragen bieten sich an:
1. Was zeigt dieses Flugblatt?
2. Erläutern Sie Ihre Deutung durch Verbalisierung des Inhalts.
3. Zeigen Sie, welche politische Intention hinter dieser Darstellung steckt, und begründen Sie Ihre Meinung.

Die Analyse macht das ungeheure soziale Mißverhältnis in der Gesellschaft und zum andern auch die Unterdrückung und Ausbeutung der arbeitenden Schichten deutlich. Klar wird aber auch, daß der zaristische Staat sich im wesentlichen auf die Armee und die Polizei stützte, die die wahren Garanten für das zaristische Regime und die ungerechte Sozialordnung waren. Die Schüler erkennen, daß es daher wesentlich auf die Haltung der Armee ankam, ob eine Revolution Erfolg hatte oder nicht.

Unterrichtsschritt 2:
Die sozialen Verhältnisse im zaristischen Rußland

In Partnerarbeit werten die Schüler Statistiken und Quellentexte aus, erkennen so den Aufbau der Gesellschaft Rußlands vor der Oktoberrevolution und beurteilen die sozialen Verhältnisse im Zarenreich.

Aufgaben:
1. Wie sieht die Zusammensetzung der Gesellschaft um 1897, wie um 1913 aus?

2. Beschreiben Sie anhand der Texte die Stellung der Bauern in der Gesellschaft.
3. Erläutern Sie die russische Gutsherrschaft, und zeigen Sie die Stellung des Adels.
4. Beurteilen Sie die These, die Lage der russischen Bauern könne man mit der der amerikanischen Sklaven vergleichen.

zu 1:
Die Schüler beschreiben Rußland als sozial rückständiges Land, das zu Beginn des 20. Jahrhunderts die soziale Struktur einer spätfeudalen Gesellschaft aufwies, in der rd. 80% der Einwohner auf dem Lande lebten, und dies in nahezu totaler Knechtschaft.

Der Lehrer ergänzt zur Erläuterung die Quote der Bauern in einigen westeuropäischen Ländern um 1897:
Großbritannien: rd. 23%, Deutschland rd. 45%. Mit Hilfe einer Folie (siehe Vorschlag für eine Folie) wird die soziale Schichtung der russischen Gesellschaft graphisch dargestellt.
Dabei betont der Lehrer, daß die Zahlenangaben nicht genau sind, da es genaue Volkszählungen in Rußland vor 1917 nicht gab.

zu 2–4:
Da die Textinhalte so eindeutig sind, kann hier auf einen Erwartungshorizont verzichtet werden.
Ergänzend erklärt der Lehrer, daß der Zar der größte Grundbesitzer war; er besaß etwa 2,5 Mio. ha Land als „Leibbesitz"; das waren mehr als die Hälfte der Gesamtfläche des bebauten Landes; er und rund 30 000 Großgrundbesitzer besaßen rd. 90% des bebauten Landes.
Der Lehrer ergänzt in einem kurzen Vortrag die Rolle des Bürgertums in Rußland: Er weist darauf hin, daß eine politisch und

Vorschlag für eine Folie (Unterrichtsschritt 2)

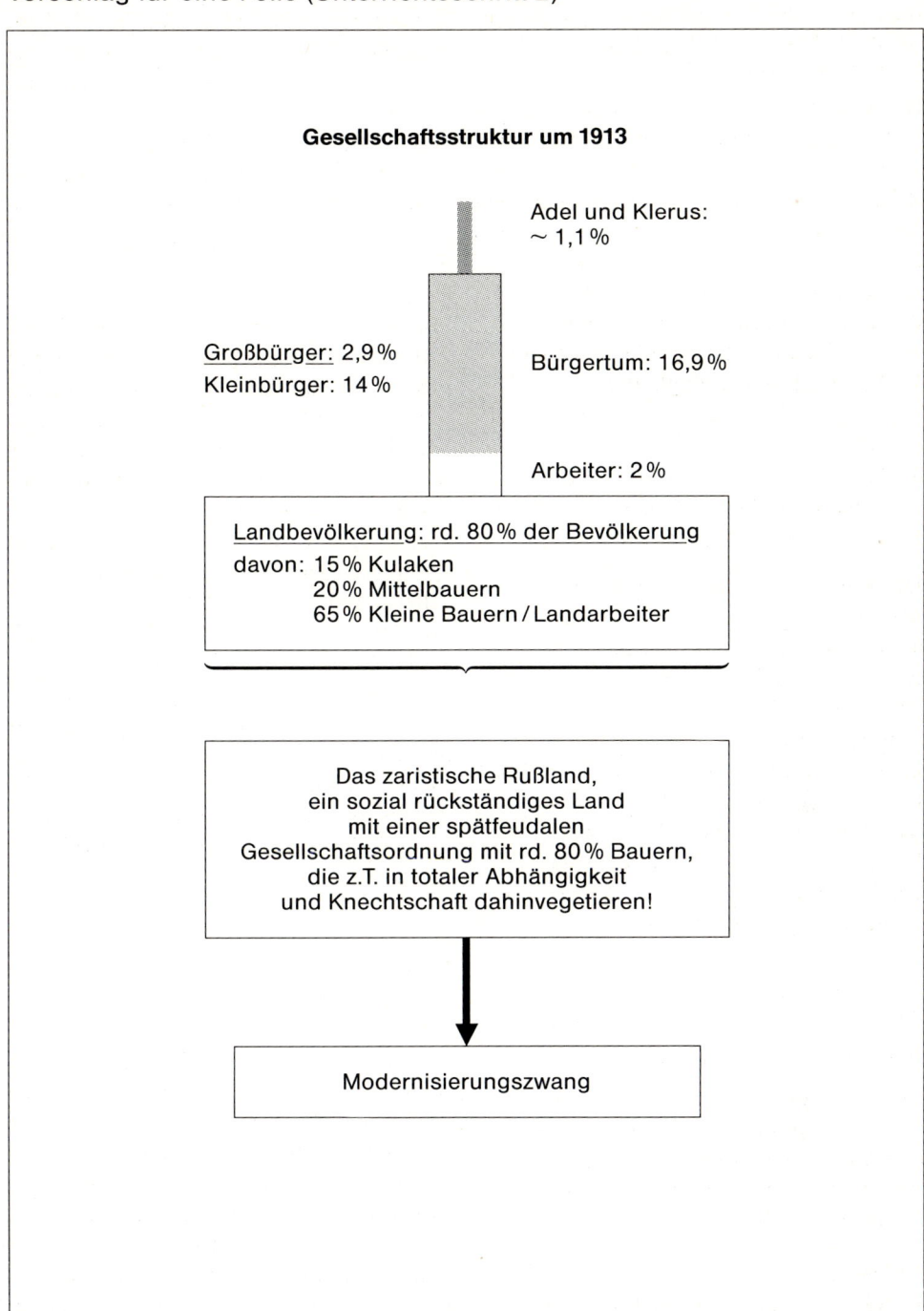

Gesellschaftsstruktur um 1913

Adel und Klerus:
~ 1,1 %

Großbürger: 2,9 %
Kleinbürger: 14 %

Bürgertum: 16,9 %

Arbeiter: 2 %

Landbevölkerung: rd. 80 % der Bevölkerung
davon: 15 % Kulaken
      20 % Mittelbauern
      65 % Kleine Bauern / Landarbeiter

Das zaristische Rußland,
ein sozial rückständiges Land
mit einer spätfeudalen
Gesellschaftsordnung mit rd. 80 % Bauern,
die z.T. in totaler Abhängigkeit
und Knechtschaft dahinvegetieren!

Modernisierungszwang

wirtschaftlich aktive liberale, auf Modernisierung von Staat und Gesellschaft drängende Bourgeoisie in Rußland nur sehr schwach entwickelt war und das Bürgertum als Schicht höchstens 18% ausmachte, wobei die Mehrheit aus Kleinbürgern bestand. Ein liberales oder wachstumsorientiertes Bewußtsein besaß das russische Bürgertum kaum.

Erweiterung:

An dieser Stelle bietet sich ein Vergleich mit der Gesellschaft der Sowjetunion an, deren Schema mittels einer Folie den Schülern vorgestellt wird. Ein Vorschlag für eine solche Folie findet sich in Stunde 15 (Unterrichtsschritt 2).
Die Schüler sollen so auf Veränderungen aufmerksam werden. Ferner können sie hier zu Vermutungen angeregt werden, wodurch sich diese Veränderungen erklären lassen können. Gleichzeitig kann der Begriff der „klassenlosen Gesellschaft" problematisiert werden.

Unterrichtsschritt 3:
Die „Bauernbefreiung"

Zunächst wird im Lehrervortrag der Modernisierungszwang in Rußland gezeigt: Es ging im Verlauf des 19. Jahrhunderts dem Zaren darum, die Großmachtstellung Rußlands zu behaupten und seine Rolle als „Polizist Europas" im Sinne des monarchischen Prinzips zu festigen. Gleichzeitig wollte der Zar das Reich und seinen Einfluß in Asien und auf dem Balkan vergrößern. Den drängenden innenpolitischen, v. a. ökonomischen und sozialen Problemen stand die zaristische Regierung passiv gegenüber. Da wirkte die Niederlage im Krimkrieg (1853–1856) wie ein Schock. Sie zeigte deutlich, daß Rußland ein „Koloß auf tönernen Füßen" war – ein Begriff, der damals aufkam –, ein Land, das weder militärisch noch ökonomisch noch geistig mit den übrigen Großmächten konkurrieren konnte. Die Kosten für eine aktive Großmachtpolitik überstiegen die Kräfte

des Landes bei weitem. So entstand ein Zwang zur Modernisierung, die aber nur halbherzig angegangen wurde, da man darunter nur die Modernisierung der Ökonomie, der Verwaltung und der Armee verstand, nicht aber die der Gesellschaft. Das notwendige Geld konnte zunächst nur aus der Landwirtschaft kommen. Doch die war durch die Leibeigenschaft und die noch nicht vollzogene Umstellung auf die Fruchtwechselmethode äußerst unproduktiv. Die Produktivitätsrate lag unter der Großbritanniens 1750, und die meisten Güter waren hoch verschuldet, da die Ausgaben ihrer zumeist adligen Besitzer in den Städten die Einnahmen bei weitem überstiegen. Etwa zwei Drittel aller Leibeigenen waren verpfändet, d. h. eine Modernisierung konnte nur durch Freisetzung der ökonomischen Energien der Bauern erreicht werden. Die Militärs forderten die Aufhebung der Leibeigenschaft, da Leibeigene schlechte Soldaten seien, die nicht wüßten, wofür sie eigentlich kämpften. Nur die Beseitigung der Leibeigenschaft mache eine allgemeine Wehrpflicht sinnvoll und wirksam.

Erweiterung:

Im Anschluß an den Vortrag trägt ein Schüler Verlauf und Regelungen der „Bauernbefreiung" von 1861 vor (Lehrbuch als Basis).

Im Tafelbild werden die wichtigsten Fakten festgehalten:
Am 19. 2. 1861 (3. 3. 1861) wurde die Befreiung der Bauern in Rußland durch Alexander II. Gesetz:
– die früher leibeigenen Bauern wurden persönlich frei und rechtsfähig;
– sie bekamen das Wahlrecht für die lokalen Selbstverwaltungsorgane;
– zunächst wurde der Frondienst zeitlich eingeschränkt und der Bodenzins auf 8 bis 12 Rubel begrenzt;

Vergleichende Synopse der Entwicklungen in England, Frankreich, Deutschland und Rußland

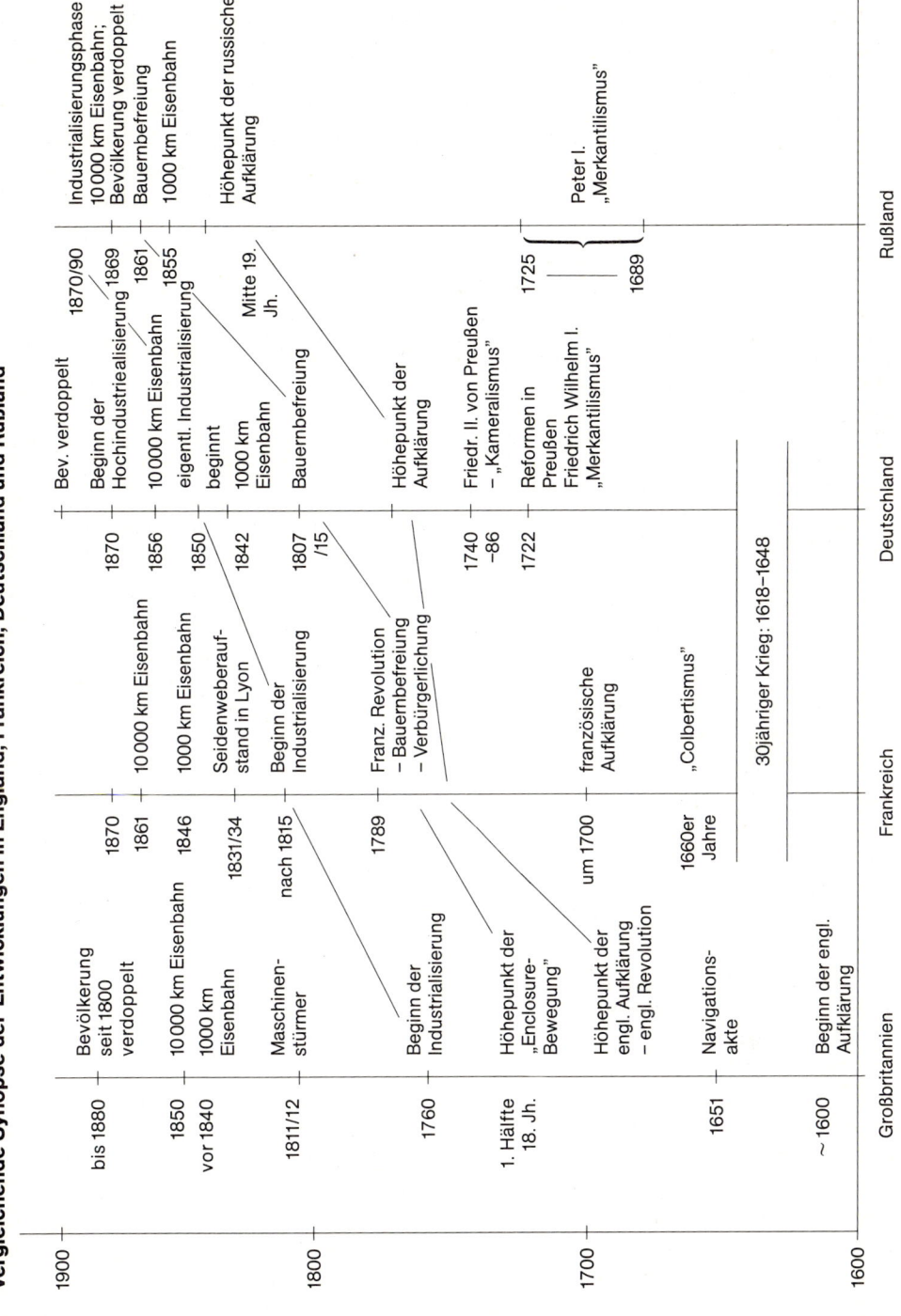

erst in einem späteren Schritt erfolgte die eigentliche Befreiung, die Ablösung und die Ausstattung der Bauern mit Land;
– dafür mußten sie die Grundbesitzer entschädigen.

Unterrichtsschritt 4:
Die Folgen der Bauernbefreiung

Im Unterrichtsgespräch wird untersucht, welche Folgen die Bauernbefreiung
a. für die Grundbesitzer,
b. für die Bauern,
c. für den Staat
hatte. Das Ergebnis wird in einem Tafelbild festgehalten.

Grundlage des Gesprächs ist wiederum das Lehrbuch oder die Nr. 151 der Reihe „Informationen zur politischen Bildung: Geschichte Rußlands und der Sowjetunion" der Bundeszentrale für politische Bildung Bonn, das dort im Klassensatz bestellt werden kann.

Den Schülern soll es so ermöglicht werden, die Agrarreform zu problematisieren und kritisch zu hinterfragen. Dabei gilt es, deutlich zu machen, daß eine „Befriedigung der ländlichen Verhältnisse nicht erreicht" wurde, denn die Bauern konnten nur einen Teil des von ihnen bewirtschafteten Landes erwerben.

Der Lehrer ergänzt die Schülerantworten: „Damit verringerte sich das Bauernland nicht unbeträchtlich, im Gouvernement Saratow z. B. um 42,4%" (R. Renz u. a., USA – UdSSR, S. 67). Auch der „befreite" Bauer blieb an die Scholle gebunden, nun nicht mehr an die des alten Grundherrn, sondern an die „Dorfgemeinde", „Mir", die „obcina" und deren kollektive Steuerhaftung. Der „Mir" wollte daher keine Bauern als Arbeitskräfte und „Steuerzahler" verlieren. Auch waren die Ablösezahlungen äußerst hoch; zwar wurden sie z. T. vom Staat vorfinanziert, aber der Bauer

mußte sie an den Staat mit 6% Zinsen zurückzahlen, und das rd. 49 Jahre lang. Bereits 1881 verzichtete der Staat auf die Hälfte der Summe, und 1907 wurde die Rückzahlung ganz aufgehoben, da der ländliche Kapitalmangel zu groß geworden war. Die meisten Bauern waren nur zu Eignern von „Bettelanteilen" geworden, wodurch sie in neue Abhängigkeiten, in Schuldknechtschaft gerieten. Durch die Reform wurde auch die ungleiche Verteilung des Bodens nicht beseitigt. „1892 wurde geschätzt, daß 60% der Landadligen nicht mehr von ihren Gütern leben konnten, während sich 71% des Gutslandes bei nur etwa 8,4% der Gutsbesitzer konzentrierte; 40 Millionen Hektar Land gehörten zu nur 9500 Gütern" (R. Renz u. a. USA – UdSSR, S. 67). Die Masse der russischen Bauern, ob adlige Grundherren oder einfache Muschiks, besaßen nicht genügend Land, um ein einträgliches Leben zu führen. Ein deutscher Historiker beurteilt die Lage auf dem Lande so:

„Was sich spätestens seit den neunziger Jahren in Rußland darbot, war eine agrarische Dauerkrise, die sich in wiederkehrenden Katastrophen entlud, in […] Hungerepidemien, in Massenelend von so gewaltigen Dimensionen, daß den gesitteten Zeitungsleser damals schon jenes Schaudern überkam, das so manche von uns empfinden mögen, wenn Berichte vom Massensterben in Indien kommen" (D. Geyer, Die Russische Revolution, Göttingen 4/1985, S. 24).

Hinweisen kann der Lehrer auch darauf, daß Lenin in den neunziger Jahren eine solche Hungersnot in Samara, dem heutigen Kubyschew, mitgemacht hat. Damals sagte er:

„Diese Hungersnot ist das unmittelbare Ergebnis der Organisation der Gesellschaft, und so lange die Dinge so bleiben, wie sie sind, wird es immer wieder Hungersnöte geben. Doch sie bringen die Bauern dazu, sich über die Gegebenheiten unserer kapitalistischen Gesellschaft

Gedanken zu machen, und dann beginnen sie, der sozialen Ordnung die Schuld an ihrer Notlage zu geben. Ihr Vertrauen in den Zaren und den Zarismus wird zerstört."

Erweiterung:

Zur Vertiefung der enormen Agrarprobleme in Rußland auch nach der Agrarreform Zar Alexanders II. kann die Bedeutung der sog. Mir, der Dorfgemeinde, und der „Obcina", der Agrarverfassung, herangezogen werden. Danach war nicht der einzelne Bauer der Eigentümer des Landes, sondern der Mir. Jedes Mitglied hatte das gleiche Recht der Nutzung. Dazu teilte man das Ackerland in regelmäßigen Abständen – meist 10–15 Jahre – unter die männlichen Gemeindemitglieder auf. Der Mir haftete kollektiv für die Steuerzahlungen und die Ablösegelder. Die Gemeinde wählte sich einen Ältesten (Starosten), entschied aber alle Dinge gemeinschaftlich. Nachteilig am Mir waren:
– die fleißigen Mitglieder mußten die faulen „mitschleppen", wodurch rasch die Privatinitiative erlahmte;
– die hemmungslose Ausbeutung des überlassenen Landes wurde gefördert; der Bauer legte keinen Wert auf Bodenverbesserung, da er das Land weder behalten noch vererben konnte;
– er förderte das Bevölkerungswachstum auf dem Lande, da auch Armut nicht vererbbar war, Kinder Arbeitskräfte waren und die Anteile am Steueraufkommen bei der Neuverteilung sich verringerten.
Der Mir verhinderte so eine zukunftsorientierte Agrarpolitik.

3. Stunde
Die 1. Industrialisierung in Rußland und die Entstehung eines Proletariats

Vorbemerkung

Vor allem im Hinblick auf die Umformung der Marxschen Revolutionstheorie durch Lenin erscheint es wichtig, den Zeitraum, den Umfang und die Bedeutung der Industrialisierung in Rußland und die Stellung des Industrieproletariats in der Gesellschaft des zaristischen Rußland zu zeigen. (Ergänzung des Tafelbildes aus der ersten Stunde!)

Natürlich kann dabei im Zusammenhang dieser Unterrichtseinheit, in der diesem Thema ja nur eine Stunde gewidmet ist, nicht bis ins 18. Jahrhundert oder gar ins Mittelalter zurückgegangen werden, in eine Zeit also, als etwa im europäischen Westen durch Kapitalbildung und Entwicklung von Arbeitsformen Denkweisen entwickelt wurden, „die eine Entfaltung der volkswirtschaftlichen Kräfte ermöglichten, hinter der Rußland weit zurückblieb" (A. Karger, Sowjetunion, S. 98). Wesentlich ist es vielmehr zu zeigen, daß West- und Osteuropa unterschiedliche „Startpositionen" für eine Industrialisierung besaßen:
– die unterschiedliche Ausdehnung des Raumes,
– die unterschiedliche Siedlungsgeschichte (die rohstoffreichen Gebiete Ural, Donezgebiet lagen in dünnbesiedelten Räumen weitab von natürlichen Verkehrswegen),
– die unterschiedlichen klimatischen Bedingungen,
– die Tatsache, daß im Westen das Handelskapital in den volkswirtschaftlichen Kreislauf eingebracht wurde, in Rußland dagegen Zar, Kirche und vor allem der Adel diesem das Kapital entzogen.
– Daraus entstand ein permanenter Kapitalmangel, der Rußland von ausländischem Kapital abhängig machte, zumal die Landwirtschaft infolge ihrer geringen Produktivität kaum zur Kapitalbildung beitragen konnte, das zur Industrialisierung allein aus eigener Kraft notwendig gewesen wäre.
Mit Karger (Sowjetunion, S. 100) ist es daher nur eine Folge der Abhängigkeit von

ausländischem Kapital, daß „die industriellen Ansätze auf wenige Gebiete beschränkt (waren): auf das mittlere Rußland im Umkreis von Moskau, die Hauptstadt St. Petersburg, den Ural und auf das ukrainische Industriegebiet", jene Gebiete, die eine schnelle Rendite erwarten ließen.

„Die Arbeiterfrage war (...), im Vergleich zu den Dimensionen des bäuerlichen Elends, ein „Minderheitenproblem" (nur etwa 2 % der Gesamtbevölkerung waren 1913 Industriearbeiter), das seine explosive Kraft aber durch die „Konzentration an wenigen Zentren des Reiches" erhielt (M. Hiller, UdSSR. Die russische Revolution, in: Telekolleg II Geschichte, München 1972, S. 127).

Ziele der Stunde

Die Schüler erarbeiten
– anhand von Statistiken wesentliche Merkmale der russischen Industrialisierung.

Die Schüler vergleichen
– diese Entwicklung mit der in Großbritannien und in Deutschland.

Die Schüler erkennen
– die Rückständigkeit der russischen Wirtschaft und ihre möglichen Gründe:
 a) Raum- und Siedlungsfrage
 b) klimatische Bedingungen
 c) Kapitalmangel
 d) systemimmanente Gründe (fehlende Einsicht in die Notwendigkeit zum Wandel durch Fehlen eines liberalen, wachstumsorientierten Bürgertums);
– die Abhängigkeit von ausländischem Kapital;
– die wichtigsten Industriezentren.

Die Schüler beurteilen,
– ob demnach eine Revolution nach den

Lehren von Karl Marx hätte überhaupt stattfinden dürfen;
– die Lage Rußlands vor 1914 als ein Land mit typischen Merkmalen eines Entwicklungslandes.

Verlaufsskizze

Unterrichtsschritt 1:
Rolle der Arbeiter (Lenin)

Am Beginn der Stunde steht ein Leninzitat über die Rolle der Arbeiterschaft, das die Schüler für das Stundenthema motivieren soll, das aber gleichzeitig, indem es am Schluß der Stunde kritisch hinterfragt wird, auf Lenins Theorie, auf seine Erweiterung der Marxschen Revolutionslehre hinführt:

„Den russischen Arbeitern ist die Ehre und das Glück zuteil geworden, als erste die Revolution, das heißt den großen Krieg der Unterdrückten, den legitimen und gerechten Krieg zu beginnen."

(Zit. aus: W. I. Lenin, Werke, Bd. 23, Berlin-Ost, 1968, S. 363)
Als überleitende und zugleich problematisierende Frage empfiehlt sich:
Inwieweit gab es in Rußland vor 1917 ein Industrieproletariat, das Träger einer Revolution hätte werden können?
Das Zitat bietet aber auch die Möglichkeit einer Vorausdeutung auf die sowjetische Außenpolitik, die im Rahmen dieser Arbeit nicht behandelt wird, nämlich auf Lenins Verständnis vom Krieg und seiner sozialen Notwendigkeit, da für Lenin nur der Krieg gegen Ausbeuter und Unterdrücker legitim war.

Unterrichtsschritt 2:
Die russische Industrie vor dem Ersten Weltkrieg

Die Schüler werten in Partnerarbeit Zahlenmaterial über den Zeitpunkt, den Umfang der Industrialisierung und die Herkunft des Investitionskapitals aus (siehe Arbeitsblatt 2).
Als Gesprächsimpulse dienen folgende Aufgaben:
1. Erläutern Sie die vorgelegten Zahlen.
2. Zeigen Sie, woher das in Rußland benötigte Kapital kam, und geben Sie dafür eine mögliche Begründung.
3. Nennen Sie Auswirkungen dieser Entwicklung.

Die Ergebnisse werden im Tafelbild festgehalten.

Zu 1: Da die Zahlen nicht alle Sachverhalte deutlich zeigen, ergänzt der Lehrer die erarbeiteten Ergebnisse:
Die Zahlen beschreiben Rußland als rückständiges Land ohne nennenswerte Industrie und mit einem sehr niedrigen Volkseinkommen. Die Produktivitätsrate war die niedrigste in Europa; ein deutscher Arbeiter produzierte damals etwa 13mal so viel wie ein russischer. Auch das Lohnniveau war in Rußland sehr niedrig; ein russischer Arbeiter verdiente im Jahre 1880 nur rd. 25 % dessen, was ein englischer Arbeiter verdiente.
Auch die Zahlen über die Entwicklung des Eisenbahnnetzes, eines der Leitsektoren der Industrialisierung, belegen die enorme Rückständigkeit des Landes. Sie zeigen zudem die erheblichen Transportprobleme, was Folgen für die Versorgungslage in den Städten und auf dem Lande hatte; regionale Hungersnöte konnten nur unzureichend gelindert werden.

Zu 2 (mit Ergänzungen durch den Lehrer):
Die Entwicklung der Industrie wurde stark beeinträchtigt durch den Kapitalmangel. Dieser Mangel war einmal eine Folge des hohen Kapitalbedarfs des Staates für Armee, Bürokratie, Polizei und Hofhaltung, andererseits lag viel Kapital brach. Besonders die riesigen Schätze der Klöster und Kirchen konnten für die Modernisierung und den Aufbau der Industrie nicht genutzt werden. Reiche Kaufleute legten zudem ihr Geld lieber in Grundbesitz an als in der Industrie; die Adligen, die Land verkauften oder die von ihren Bauern „Ablösegelder" erhielten, transferierten das Geld allzuoft ins Ausland oder schafften sich Luxuswaren hauptsächlich aus dem Ausland an. (Unter diesem Aspekt der Kapitalnot kann man auch den Verkauf von Alaska 1867 für 7,2 Mio. Dollar an die USA besser verstehen; die Kosten der Agrarreform waren hoch.).
Rußland brauchte daher ausländisches Kapital, das um so lieber nach Rußland floß, als das Lohnniveau sehr niedrig und Rußland als außenpolitischer Partner sehr begehrt war.
Der Aufschwung der russischen Wirtschaft vollzog sich v. a. im Bereich der Schwerindustrie; hier war auch der ausländische Kapitalanteil besonders hoch. Er betrug z. B. bei der Eisenerzeugung in Südrußland etwa 88 %, bei der Platingewinnung rd. 90 % und im Kohlerevier des Donezbeckens über 70 %.
Dennoch wies Rußland vor dem Ersten Weltkrieg wesentliche Merkmale der Hochindustrialisierung auf:
- hohe Produktionssteigerungen
- starke Kapitalkonzentration bei wenigen Großunternehmen.

Das Losungswort vom „Einholen und Überholen" (v. a. unter Stalin und Chruschtschow dominierend) wurde hier in der Anfangsphase der Industrialisierung (sog. 1. Industrialisierung) vorprogrammiert.

Zu 3:
Aber diese Abhängigkeit von ausländischen Investitionen machte Rußland zu einem „halbkolonialen Land" (Lenin), und die industrielle Entwicklung war von außen „aufgepropft". Daraus ergaben sich Probleme, da die ausländischen Kapitalgeber auch über Ort und Zweck der Investitionen maßgeblich mitentschieden. Hinzu kam, daß die russische Industrie auf den Export angewiesen war, da der eigene Binnenmarkt infolge der Armut der Bevölkerung und der Vorliebe der Reichen für westeuropäische Ware sehr begrenzt war. Doch der russischen Exportoffensive zwischen 1890 und 1900 begegneten viele Staaten mit Handelsbeschränkungen, so daß die russische Wirtschaft um 1900 in eine Depression geriet. Betriebe wurden stillgelegt, viele Arbeiter entlassen, anderen die ohnehin schon niedrigen Löhne gekürzt. So kam zu dem Elend auf dem Lande das Elend in den Industriegebieten, und wer vom Lande in die Stadt abwanderte, tauschte zumeist ein Elend durch das andere ein. Streiks und Unruhen in den Industriegebieten waren die Folge.
Anhand einer Karte – Wandkarte, Atlas oder Karte X in „Informationen zur politischen Bildung" Nr. 151: „Geschichte Rußlands und der Sowjetunion" – werden dann die wichtigsten Industriezentren in Rußland gezeigt und auf die Konzentration der Industrie in wenigen Ballungszentren hingewiesen (Petersburg war um die Jahrhundertwende die am stärksten wachsende Industriestadt Europas).
Im Lehrervortrag werden wichtige Informationen über die russische Industrie ergänzt:

Die Konsumgüterindustrie wurde zugunsten der Schwer- und Rüstungsindustrie vernachlässigt.
1908 wurde fast 43 % des Roheisens von nur fünf Großbetrieben erzeugt. Was fehlte, war die Basis aus gesunden kleinen und mittelständischen Unternehmen. Typisch für die russische Industrie war die Aktiengesellschaft; große Unternehmerpersönlichkeiten fehlten, wenn man von wenigen Männern wie dem Ingenieur N. I. Putilow absieht, der eine ehemals staatliche Eisengießerei in St. Petersburg aufkaufte und zu einem der größten eisenverarbeitenden Betriebe Rußlands ausbaute.
Eine entscheidende Rolle spielten die Großbanken, die die Investitionspolitik kontrollierten. Gerade bei ihnen war der Einfluß ausländischer Kapitalgeber sehr groß.

Möglicher Exkurs (siehe Vorschlag für eine Folie/Hektographie):
Mit Hilfe eines vom Lehrer vorbereiteten Informationsblattes, das eine vergleichende Entwicklung in England, Deutschland und Rußland beinhaltet (Graphik) wird gefragt, warum es die z. T. großen Unterschiede in der Entwicklung gab.

Unterrichtsschritt 3:
Die russische Arbeiterschaft

Die Schüler erarbeiten die Entwicklung der Industriearbeiterschaft im vorrevolutionären Rußland (siehe Arbeitsblatt 2). Dabei wird das Leninzitat aus Unterrichtsschritt 1 problematisiert.
Hierzu werden folgende Aufgaben gestellt:
1. Beschreiben Sie anhand der Zahlen die Entwicklung und Verteilung der russischen Arbeiterschaft.
2. Hätte dann nach Marx in Rußland eine sozialistische Revolution ausbrechen dürfen?

3. Woher nahm Lenin seinen Optimismus in Hinblick auf eine revolutionäre Umgestaltung des Landes?

Zu 1:
Im Vergleich zur Gesamtbevölkerung bildete die Arbeiterschaft nur eine Minderheit, deren explosive Sprengkraft aber von der Ballung an wenigen Industriezentren herrührte.

Arbeitsmäßig dominierte die Textilindustrie, der traditionelle „Startsektor" der Industrialisierung auch in Westeuropa; Metallindustrie und Nahrungsmittelindustrie folgten.

Ergänzend fügt der Lehrer hinzu, daß in Rußland z. B. 1895 rd. 45 % der Arbeiter in Betrieben mit mehr als 500 Beschäftigten arbeiteten; in Deutschland waren es damals gerade 15 %; und 1914 arbeitete etwa die Hälfte der Arbeiter in Betrieben mit mehr als 1000 Beschäftigten (in den USA waren es damals gerade knapp 18 %).

Zu 2:
Für Marx war Rußland ein Staat, der noch nicht reif für eine Revolution war, da er die Bauern als konservativ und nicht revolutionär einstufte. In Rußland aber fehlte das für eine Revolution vorauszusetzende Proletariat weitgehend.

Zu 3 (mit Ergänzungen durch den Lehrer):
Lenin hielt eine Revolution in Rußland für möglich. Einmal sah er die Landwirtschaft in Rußland für „kapitalisiert" an, zum anderen dachte er, daß die Hungersnöte die Bauern dazu bringen würden, eine Revolution zu beginnen, wobei sie sich mit dem Industrieproletariat verbünden würden. In den Folgen der Depression, die 1900 begann und in deren Verlauf mehr als 3000 Betriebe ihre Pforte schließen mußten und mehr als 100 000 Arbeiter entlassen wurden, erblickte Lenin dafür Anzeichen. 1902 und 1903 kam es zu einer Welle von Streiks, die von Unruhen auf dem Lande infolge erneuter Mißernte begleitet waren. Gerade die Ballung der Industriearbeiter an wenigen Zentren, v. a. in St. Petersburg barg eine ungeheure Sprengkraft, wodurch die geringe Zahl der Arbeiter aufgewogen wurde. Sie erst machte die sozioökonomischen Widersprüche zu einem wirklich revolutionären Potential, das nur darauf wartete, sich zu entladen.

Erweiterung:
Hier bietet sich ein Vergleich mit modernen Entwicklungsländern an, wobei eine wünschenswerte Verknüpfung von Themen der Geographie mit der Geschichte erreicht wird. Folgende Merkmale, die auch auf Rußland vor der Oktoberrevolution zutreffen, sollten gefunden und festgehalten werden:
1. niedriges Pro-Kopf-Einkommen der Bevölkerung;
2. rasche Zunahme des Bevölkerungswachstums vornehmlich auf dem Lande mit wachsender Verelendung der Landbevölkerung, „d. h. agrarische Überbevölkerung Rußlands";
3. „Analphabetentum";
4. die Abhängigkeit von ausländischem Kapital und damit von den Interessen der ausländischen Geldgeber.

Hausaufgabe:
– Vorbereitende Lehrbucharbeit über die Revolution von 1905
– Analyse der „Petition Petersburger Arbeiter vom 9. 2. 1905" (s. Arbeitsblatt 3)
Fragen zum Text:
– Welche Forderungen werden erhoben?
– Wie lassen sich diese ideologisch einordnen?

4. Stunde:
Vorrevolutionäre Tendenzen und die Revolution von 1905

Vorbemerkung

Der Schwerpunkt dieser Stunde liegt auf der Revolution von 1905, ihren Ursachen und den Gründen ihres Scheiterns. Dabei muß deutlich gemacht werden, daß es bereits vor der „Entladung" des Jahres 1905 revolutionäre Bewegungen gegeben hat, die alle geboren wurden aus der Unzufriedenheit mit der veralteten sozialen und politischen Realität des autokratisch beherrschten, vom Adel ausgesaugten Rußland.

Die „Bauernbefreiung" hatte nicht den erhofften Wandel gebracht, und die Industrialisierung, so klein sie war, setzte eine dynamische Entwicklung in Gang, die vor allem die junge „Intelligenz" „zur radikalen geistigen und politischen Aktion" reizte (G. Stökl, Russische Geschichte, Stuttgart 1965, S. 567), zumal die Unruhe dieser neuen Entwicklung, die „Wendung der russischen Gesellschaft zur kapitalistischen Formation (…), die Reform der inneren Verhältnisse noch dringlicher" machte (P. Scheibert, in: Rußland, S. 246). Nicht nur, daß ein neues, wenn auch zahlenmäßig schwaches Bürgertum entstanden war, das auf Grund seines „Wirtschaftens" Mitbestimmung im Staat anstrebte – Zarenhof und höhere Beamtenschaft haben nicht verstanden, daß der Industrialisierung eine neue politische Struktur entsprechen mußte (P. Scheibert, in: Rußland S. 247) –, sondern die alten revolutionären Ideen und Tendenzen fanden besonders bei der gebildeten Jugend neue Anhänger.

Alle Strömungen der Zeit vor 1905 können nicht ausführlich behandelt werden. Denkbar wäre allerdings, daß mehrere Schüler diesen Vergleich in Form von Referaten durchführen und den Mitschülern ein Thesenblatt vorgelegt wird, das in den Unterricht eingebaut wird.

Die Stunde erfüllt zwei wichtige Aufgaben:
1. sie dient der Wiederholung der bestehenden Probleme in Rußland;
2. sie zeigt die Reformunfähigkeit der herrschenden Gruppen in Rußland vor 1917.

Ziele der Stunde

Die Schüler erkennen
– die wichtigsten Ursachen der Revolution von 1905;
– die wesentliche Kritik am Zarismus;
– die Bedeutung der außenpolitischen Lage für den Ausbruch der Revolution;
– die Gruppen und die Methoden der Revolution 1905.

Die Schüler beurteilen
– den Mißerfolg der Revolution durch Aufzeigen von Gründen ihres Scheiterns.

Verlaufsskizze

Unterrichtsschritt 1:
Die revolutionäre Lage in Rußland

In einem Gespräch, das die Ergebnisse der vorangegangenen Stunden zusammenfassen soll, erläutern die Schüler die gesellschaftlichen und wirtschaftlichen Probleme, wie sie sich seit den Reformen seit 1861 ergeben hatten und die eine Revolution bewirkt oder zumindest erleichtert haben könnten.

Die Frage nach den möglichen Ursachen revolutionärer Bewegungen führt zu folgenden Ergebnissen:

- die gescheiterten Agrarreformen
- die Verelendung der Bauern (95% waren verarmt)
- die regelmäßigen regionalen Hungerkatastrophen
- der daraus resultierende Haß auf die adligen Großgrundbesitzer
- die forcierte Industrialisierung bei einer rückständigen, spätfeudalen Sozialstruktur mit bürokratischem Staatsapparat und fehlender sozialer Sicherheit der Arbeiter
- die Unfreiheit und Rechtsunsicherheit.

Ein Zitat aus dem Jahr 1902, dem Jahr großer Bauernunruhen, soll die Lage auf dem Land charakterisieren:
„Wir haben keinen Boden, man soll uns zu essen geben, sonst holen wir es uns selbst. Man gebe jedem fünf Pud Brot und fünf Desjatinen Land." (zit. in: V. Gitermann, Geschichte Rußlands, Bd. 3, S. 378).
(Zur Erläuterung: 1 Pud = 16,381 kg, 1 Desjatine = 1,093 ha).
Die Teuerungsrate lag im Jahre 1904 zwischen 20 und 40 Prozent, während sich die Löhne nur um etwa 3 % erhöhten.

Unterrichtsschritt 2:
Vorrevolutionäre Tendenzen in Rußland

Mit Hilfe einer Folie (siehe Vorschlag für eine Folie/Hektographie) wird deutlich gemacht, daß am Beginn des 20. Jahrhunderts der Marxismus nicht die einzige mehr oder weniger organisierte Oppositionsbewegung darstellte, sondern daß eine Vielzahl von oppositionellen Gruppen die autokratische Herrschaft des Zaren und die verkrusteten Sozialstrukturen bedrohten.
Neben Marxisten gab es die Dekabristen, Slawophile, Westler, Narodniki, Nihilisten, Sozialrevolutionäre u. a.:

Während des ganzen 19. Jahrhunderts beschäftigte die russischen Intellektuellen hauptsächlich das Thema, wie sich Rußland entwickeln würde. Angesichts der Französischen Revolution und der Politik Napoleons war ihnen der deutliche Unterschied zwischen der westlichen Kultur und Wirtschaft und der russischen Entwicklung klargeworden. Sie mußten den raschen Wandel im Westen und die eigene Stagnation erkennen. Für sie stellte sich aber auch die Frage, ob man sich weiterhin an Westeuropa orientieren sollte, nachdem dort das alte aristokratisch geprägte System abgedankt hatte.

- Dezember 1825: in St. Petersburg Aufstand junger Gardeoffiziere („Dekabristen", von russ. dekabr = Dezember);
  Forderungen u. a.:
  - bürgerlich-liberale Reformen nach Vorbild der europäischen Aufklärung;
  - eine Verfassung, die Gleichheit vor dem Gesetz, eine Volksvertretung zur Kontrolle der Exekutive, bürgerliche Freiheiten wie Pressefreiheit, freie Berufswahl gewährleisten sollte;
  die Erhebung scheiterte am Mangel eines zielstrebigen revolutionären Vorgehens;
- zentrales Thema der Diskussion um den weiteren Weg Rußlands war die Mir, die alte Dorfgemeinde;
- Slawophile:
  - bäuerlicher Gemeinsinn der Mir als soziales Leitbild gegen die Verelendung der Arbeiter im Westen;
- orthodoxe Staatskirche: Ablehnung jeglicher Modernisierung;
- Panslawisten; Zusammenfassung aller Slawen unter russischer Führung als „russische Mission" (Dostojewski, Danilewski);
- Anarchisten: allgemeiner Bauernaufstand als legitime Selbsthilfe, um gerechte Landreform zu erreichen;
  für die Abschaffung des Staates als „Zwangsorganisation"; für den Aufbau einer neuen Gesellschaft, die sich an der Mir orientieren sollte;
  freie Produktionsgemeinschaft mit kollektivem Eigentum;
- Bakunin, Krapotkin, Narodniki (Volkstümler oder Volksfreunde, z. B. Alexander Herzen): Umgestaltung der russischen Gesellschaft auf der Basis der Mir;
  Ablehnung des westlichen Kapitalismus, des zaristischen Autokratismus und der Leibeigenschaft;

Vorschlag für eine Folie / eine Hektographie (Unterrichtsschritt 2)

Vorrevolutionäre Tendenzen in Rußland

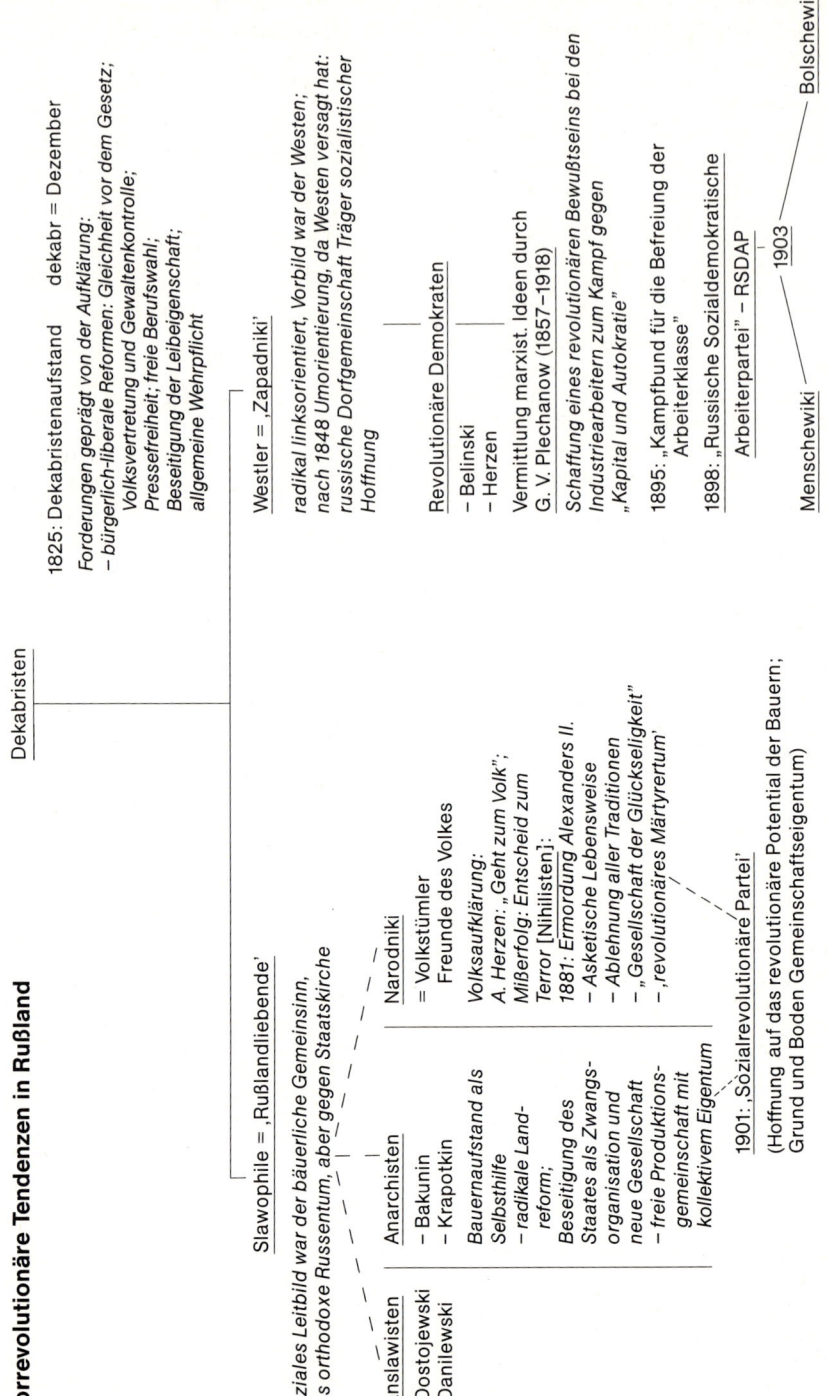

Dekabristen

1825: Dekabristenaufstand   dekabr = Dezember
Forderungen geprägt von der Aufklärung:
– bürgerlich-liberale Reformen: Gleichheit vor dem Gesetz;
Volksvertretung und Gewaltenkontrolle;
Pressefreiheit; freie Berufswahl;
Beseitigung der Leibeigenschaft;
allgemeine Wehrpflicht

Westler = „Zapadniki'
radikal linksorientiert, Vorbild war der Westen;
nach 1848 Umorientierung, da Westen versagt hat:
russische Dorfgemeinschaft Träger sozialistischer
Hoffnung

Revolutionäre Demokraten
– Belinski
– Herzen

Vermittlung marxist. Ideen durch
G. V. Plechanow (1857–1918)
Schaffung eines revolutionären Bewußtseins bei den
Industriearbeitern zum Kampf gegen
„Kapital und Autokratie"

1895: „Kampfbund für die Befreiung der
Arbeiterklasse"
1898: „Russische Sozialdemokratische
Arbeiterpartei" – RSDAP
1903
Menschewiki   Bolschewiki

Slawophile = „Rußlandliebende'
soziales Leitbild war der bäuerliche Gemeinsinn,
das orthodoxe Russentum, aber gegen Staatskirche

Panslawisten
– Dostojewski
– Danilewski

Anarchisten
– Bakunin
– Krapotkin
Bauernaufstand als
Selbsthilfe
– radikale Land-
reform;
Beseitigung des
Staates als Zwangs-
organisation und
neue Gesellschaft
– freie Produktions-
gemeinschaft mit
kollektivem Eigentum

Narodniki
= Volkstümler
Freunde des Volkes
Volksaufklärung:
A. Herzen: „Geht zum Volk";
Mißerfolg: Entscheid zum
Terror [Nihilisten]:
1881: Ermordung Alexanders II.
– Asketische Lebensweise
– Ablehnung aller Traditionen
– „Gesellschaft der Glückseligkeit"
– „revolutionäres Märtyrertum'

1901: „Sozialrevolutionäre Partei'
(Hoffnung auf das revolutionäre Potential der Bauern;
Grund und Boden Gemeinschaftseigentum)

Das hier *kursiv* Angeführte soll vom Schüler während des Vortrags eingetragen werden.

38

Verherrlichung der „slawischen Urgemeinde" und ihrer „Meinungsfreiheit";
für Gewaltanwendung (1881: Ermordnung Zar Alexanders II.); hauptsächlich junge Intellektuelle mit asketischer Lebensweise;
Doch die Bauern erwiesen sich als wenig revolutionsbereit.

- Sozialrevolutionäre Partei (ehemalige Narodniki), gegründet 1901:
Forderung nach Gemeinschaftseigentum an Grund und Boden.
- „Westler" (Zapadniki)
Sie orientierten sich bis zum Scheitern der bürgerlichen Revolutionen am europäischen Westen; danach erfolgte bei vielen eine Umorientierung (Mir als Träger sozialistischer Hoffnungen, z. B. Alexander Herzen); andere wandten sich dem Marxismus zu:
Paul Axelrod u.a. gründeten 1883 in Genf die erste marxistische Partei Rußlands;
Georgi Valentinowitsch Plechanow (1857–1918) vertrat den Marxismus gegen die Narodniki:
die Mir sei kein wirksamer Schutz gegen den Kapitalismus, da die Bauernschaft gespalten sei in Dorfarmut, Dorfproletariat und Kulakentum,
die Bauern seien nicht wirklich revolutionär, sondern eher bereit, den als „heilig" verehrten Zaren zu stützen;
erst die Entfaltung des Kapitalismus werde das autokratische Zarentum stürzen, eine bürgerliche Demokratie erzwingen, die dann durch das Proletariat überwunden werde;
nicht den Bauern müsse man sich zuwenden, sondern den Arbeitern, ihr politisches Bewußtsein schaffen;
- 1895: „Kampfbund zur Befreiung der Arbeiterklasse",
- 1898: „Russische Sozialdemokratische Arbeiterpartei", die sich 1903 auf ihrem 2. Kongreß in „Menschewiki" und „Bolschewiki" spaltete.

Alternative:
Schülerreferate über die oppositionellen Gruppen in Rußland. Grundlagen dafür – neben dem Lehrbuchtext –:
V. Gitermann, Geschichte Rußlands, Band 2, 6. Teil, Kap. 14 und Band 3, 7. Teil, Kap. 6; 8. Teil, Kap. 2 und 7. Die Folie mit einem vorstrukturierten Arbeitsblatt (s. Vorschlag für eine Folie/Hektographie) begleitet den Vortrag.

Unterrichtsschritt 3:
Die Revolution von 1905

Auswerten einer Quelle:
Trotzki über das Scheitern der Revolution von 1905 (siehe Arbeitsblatt 3).
Fragestellung:
1. Welchen Stellenwert hatte für Trotzki die russische Revolution von 1905?
2. Wie begründet er ihr Scheitern?

Erwartete Antworten:
Zu 1:
Trotzki bezeichnet die Revolution von 1905 als „Prolog", denn sie habe wesentliche Elemente der Revolutionen von 1917 besessen. So habe die Bourgeoisie dem Zaren Zugeständnisse entlockt, das Regime also geschwächt. Dazu zeigt der Text die Gruppen, die in der Revolution von 1905 eine Rolle spielten und erläutert deren wichtigste Ziele:
- die liberale Bourgeoisie als Opposition verlangte politische Rechte
- die Arbeiterschaft bildete Räte, Sowjets
- die Bauern verlangten Boden und standen zu den Sowjets.

Zu 2:
Für Trotzki sind die Liberalen am Scheitern der Revolution schuld, da sie aus Angst, ihre eigene Stellung zu verlieren, vor der Beseitigung des Zarismus zurückgeschreckt seien. Dies habe es dem Zaren wesentlich erleichtert, die eigentliche Stütze seines Regimes, die Armee, gegen die Arbeiter und Bauern einzusetzen.
Die Forderungen der revolutionären Gruppen werden durch die Auswertung der Hausaufgabe ergänzt (siehe Arbeitsblatt 3).

Aufgaben:
1. Erläutern Sie die Forderungen, die in den beiden Texten erhoben werden.

2. Versuchen Sie, die Texte ideologisch einzuordnen.
3. Beschreiben Sie das Vorgehen der Arbeiter.

Ergebnisse:

Zu 1:
- Rechtsstaatlichkeit, persönliche Freiheit, Glaubensfreiheit, Amnestie
- Beendigung des Krieges mit Japan
- Menschenrechte und Schutz der Arbeiterinteressen
- Beseitigung der Willkür der Grundbesitzer und der Fabrikherren
- Abschaffung der menschenfeindlichen Bürokratie, die sich zwischen Volk und Zar gestellt habe
- eine Volksvertretung, damit das Volk mit dem Zaren regieren könne
- Arbeiterschutzgesetzen:
  Achtstundentag, Arbeitervertretungen in den Betrieben, Mitspracherecht bei der Höhe der Löhne und bei Entlassungen, verbesserte sanitäre Einrichtungen, Abschaffung von Überstunden oder doppelter Lohn
- Festlegung eines Minimallohnes.

Zu 2:
Die von Gapon wesentlich mitgestalteten Petitionen sind konstitutionell-demokratisch und sozialistisch geprägt, ohne aber marxistisch zu sein. Die Arbeiter wollten Reformen mit dem Zaren, nicht gegen ihn; an die Abschaffung des Zarismus dachten sie noch nicht; sie wollten aber Mitbestimmung des Volkes an der Herrschaft.

Zu 3:
Die Arbeiter verfaßten eine Bittschrift an den Zaren, um mit ihm die bürokratische Willkür, den ungerechten Adel und die Ausbeutung durch die Industriellen zu bekämpfen.
Sie streikten und demonstrierten friedlich, mit Ikonen und Bildern des Zaren.

Im Lehrervortrag werden die Ereignisse der Revolution von 1905 kurz geschildert: Am Beginn der Revolution standen Protestaktionen der Liberalen und der Intelligenz gegen den Krieg und die zaristische Autokratie. Wegen des Versammlungsverbots traf man sich bei privaten Einladungen; gefordert wurden u. a. demokratische Wahlen, eine Verfassung mit Ministerverantwortlichkeit und eine Bodenreform.
Sprengkraft bekam dieses Programm durch die Streikbewegung der Arbeiter; an jenem „Blutsonntag" zogen mehr als 140 000 Männer, Frauen und Kinder zum Winterpalais, um dem Zaren eine Bittschrift zu übergeben. Der Zar war aber abwesend, und die Regierung ließ in die Menge schießen. Mehr als 1000 Tote und fast 2000 Verwundete waren das Ergebnis; selbst auf unbeteiligte Kinder, die von Bäumen den Zug beobachteten, wurde geschossen.
Überall kam es zu Streiks, und in St. Petersburg bildete sich ein „Rat der Arbeiterdeputierten", ein „Sowjet", der die Streiks koordinierte und sich zu einem Vertretungsorgan der Arbeiter entwickelte; auf dem Lande bildeten sich ebenfalls Sowjets.
Die Bauern erhoben sich gegen die Grundherren, zündeten Gutshöfe an, nahmen Äcker, Wiesen und Waldstücke in Besitz. Hatte der Zar das Massaker vom 5. Januar noch bedauert, gab er nun angesichts der explosionsartigen Ausweitung der Unruhen den Befehl, mit Waffengewalt die Umtriebe zu beenden; er sah seine Herrschaft unmittelbar bedroht.
Im Dezember 1905 brach der Aufstand in Petersburg, dann der in Moskau zusammen; die Unruhen auf dem Lande schwelten noch bis 1907.
Aber der „Blutsonntag" zerstörte das Vertrauen der Bevölkerung in den Zaren („Wir haben keinen Zaren mehr!") und in seine Herrschaft.

Ergänzung:

Die Rolle des Krieges für den Ausbruch der Revolution von 1905

Aus dem Lehrbuch soll die Bedeutung des russisch-japanischen Krieges für den Ausbruch der Revolution erarbeitet werden. Die Schüler sollen erkennen, daß die außenpolitische Niederlage für den Zarismus negative innenpolitische Folgen hatte, denn in aller Offenheit hatte sich das Regime als nicht so stark erwiesen, wie man es gedacht und wie es selbst dem Volk und den anderen Staaten glauben gemacht hatte. Auch war die eigentliche Stütze des Regimes, die Armee, wenn auch nicht demoralisiert wie 1917, so doch verunsichert und geschwächt.

Verdeutlicht wird den Schülern auch, daß die russischen Revolutionen, anders als die Französische Revolution 1789, durch außenpolitische Niederlagen angefacht wurden.

Unterrichtsschritt 4:
Ergebnis der Revolution: Der Scheinkonstitutionalismus

Anhand einer Folie wird der Frage nachgegangen: Welches waren die wichtigsten Ergebnisse der Revolution? Die Besprechung führt zu folgenden Ergebnissen:

Die zaristische Regierung konnte nicht einfach zur Tagesordnung übergehen, denn in der Bevölkerung war ein neues politisches Bewußtsein entstanden, das u. a. zur Gründung von Parteien geführt hatte. Daher versprach der Zar in seinem „Oktobermanifest" vom 17. (30.) 10. 1905 bürgerliche Freiheiten (Unantastbarkeit der Person, Gewissens- und Glaubensfreiheit, Versammlungs- und Vereinsfreiheit, „Freiheit des Wortes"), Wahlen zu einer Versammlung der „Reichs-Duma" sowie Gesetzgebung nur noch mit Zustimmung dieser Duma.

Die Verfassung wurde oktroyiert und war alles andere als demokratisch. (s. Vorschlag für eine Folie.) Es gab de facto keine Presse-, Versammlungs- und Koalitionsfreiheit; die Parteien unterlagen einer strengen Kontrolle; die Immunität der Dumaabgeordneten war nicht garantiert; fast $^2/_3$ aller Staatsangelegenheiten, v. a. Militär und Außenpolitik, waren dem Einfluß der Duma entzogen; eine wirksame Kontrolle der Regierung gab es nicht; Militärgerichte fällten willkürliche Urteile.

Das Problem des Wahlrechts wird vom Lehrer ergänzt:

Das 1907 geänderte Wahlrecht war ein Staatsstreich; es bevorzugte die Russen gegenüber den nationalen Minderheiten, und die Besitzenden. Frauen und Soldaten waren ebenso ohne Wahlrecht wie die übrigen Männer unter 25 Jahren:

1 Wahlmann pro	230 Gutsbesitzer
1 Wahlmann pro	1 000 reiche Bürger
1 Wahlmann pro	15 000 Kleinbürger
1 Wahlmann pro	60 000 Bauern
1 Wahlmann pro	125 000 Arbeiter

(vgl.: H. Cronert, Der Kommunismus in der Sowjetunion, Frankfurt 1971, S. 19; andere Zahlen bei V. Gitermann, Geschichte Rußlands, Bd. 3, S. 423: Verhältnis Wahlmann zu Wählern bei Gutsbesitzern = 1: 2000; bei Städtern = 1: 7000; bei den Bauern auf dem Lande = 1: 30000; bei den Arbeitern = 1: 90000).

Zwei Zitate sollen die Absicht des Zaren erläutern:

„Ich werde an den Grundsätzen der Selbstherrschaft so unerschütterlich festhalten wie mein unvergeßlicher verstorbener Vater. Diejenigen, welche glauben, an der Herrschaft teilhaben zu können, geben sich sinnlosen Träumen hin." (1894) Die Zarin bestärkte ihn in seiner Ansicht: „Wir haben den Thron aus Gottes Hand empfangen. Wir haben ihn zu erhalten und unversehrt an unseren Sohn weiterzugeben. Und wieviel leichter ist es, ein autokratischer Herrscher zu sein als einer, der auf eine Verfassung eingeschworen ist. Hören Sie auf mich, mein Geliebter."

Vorschlag für eine Folie (Unterrichtsschritt 4)

Die russische Verfassung, verkündet am 10. Mai 1906 durch den Zaren

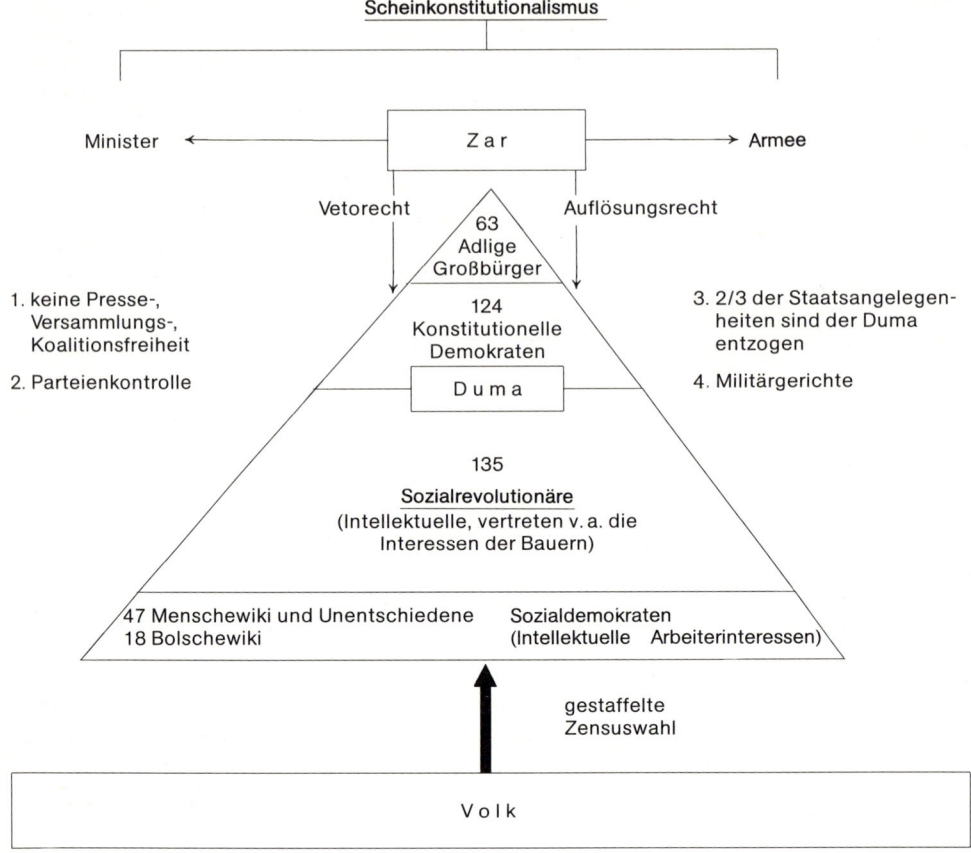

Unterrichtsschritt 5:
Das Scheitern der Revolution von 1905

In einem Unterrichtsgespräch werden abschließend Ursachen für das Scheitern der Revolution von 1905 erarbeitet:
– zu spezifische Gruppeninteressen
– das Fehlen einer einheitlichen Führung
– der zu schwache Liberalismus
– die Regimetreue der Armee
– die Reformunfähigkeit des Zaren und der dominierenden gesellschaftlichen Gruppen.
(Siehe Tafelbild)

In einem kurzen Lehrervortrag wird gezeigt, daß sich die Lage in Rußland nicht beruhigte. Die Lunte am Pulverfaß glomm weiter, wie z. B. der große Streik in den Goldgruben an der Lena 1912 zeigte; auch dieser Streik wurde mit Waffengewalt beendet.

Was aber würde passieren, wenn die Armee als Stütze des Regimes wegfiel? Durch die Frage, inwiefern diese Revolution nun Prolog der Revolutionen von 1917 war, wird auf den Text Trotzkis in Unterrichtsschritt 1 zurückverwiesen:

Die Revolution war im wesentlichen gescheitert. Doch Lenin, der zur Beteiligung an der Revolution aufgerufen hatte, zog aus ihrem Scheitern Konsequenzen. Insofern war sie, wie Trotzki meinte, „Prolog der beiden Revolutionen von 1917".

Erweiterung:
Auseinandersetzung mit einer Beurteilung der Revolution von 1905 in der fachwissenschaftlichen Literatur

„Woran scheiterte das konstitutionelle Experiment in Rußland?
Versucht man diese schwierige Frage zu beantworten, so muß man von der Tatsache ausgehen, daß die „Verfassung" und Duma das Ergebnis der Revolution waren. Die revolutionäre Volksbewegung hatte dem Zarismus das Oktobermanifest mit dem Versprechen einer Verfassung und eines Parlaments abgerungen. In dem Maße aber, wie [...] die Kräfte der Revolution schwächer wurden, konnte die zaristische Regierung darangehen, die Versprechungen Stück für Stück zurückzunehmen und hinter der Fassade des „Scheinkonstitutionalismus" (Max Weber) Rußland in alter Weise zu regieren. Der Zar und seine Ratgeber waren der Meinung, Rußland sei nicht „reif" für eine konstitutionelle Monarchie mit einer parlamentarischen Regierung und könne nur durch die starke Hand eines Alleinherrschers geführt werden. Die Probe auf diese Behauptung [...] wurde nicht gemacht. Da aber der Zarismus den gemäßigten Kräften der russischen Gesellschaft nicht entgegenkam, verpaßten diese ihre geschichtliche Chance, Rußland in politisch-verfassungsrechtlicher Hinsicht an „Europa anzugleichen", wie das auf wirtschaftlichem Gebiet durch die Industrialisierung und Auflösung der alten Agrarordnung zu tun im Begriff stand. Der russische Liberalismus, zahlenmäßig ohnehin viel schwächer als sein westeuropäischer Bruder, kam nicht zum Zuge und blieb außerhalb der staatlichen Verantwortung in Opposition [...], während von unten schon radikale soziale und politische Kräfte nachdrängten. [...] Auch die Stolypinschen Reformen [– Beseitigung des Kollektiveigentums der Mir –...] konnten den grundlegenden Widerspruch zwischen Staatsform und Gesellschaftsentwicklung nicht aufheben. Unter den Schlägen des Weltkrieges brach das zaristische System im Innern fast kampflos zusammen. Die neue Revolution des Jahres 1917 schritt alsbald über den Gedanken der demokratisch-parlamentarischen Volksvertretung hinweg, den im Bewußtsein des russischen Volkes zu verankern es auf Grund der Versäumnisse der Revolution von 1905 nicht gelang." aus: O. Anweiler, Die russische Revolution von 1905. in: Jahrbücher für Geschichte Osteuropas. Neue Folge Bd. 3 (1955), S. 182 f.

Hausaufgabe:
Vorbereitende Quellenarbeit:
„Befehl Nr. 1 des Petrograder Sowjets" und „Deklaration der Provisorischen Regierung"
(Aufgaben siehe Arbeitsblatt 4)

5. Stunde:
Die Februarrevolution 1917

Vorbemerkung

In dieser Stunde soll der Zusammenbruch des Zarismus und die Entstehung der „Notstandsdemokratie", der „Doppelherrschaft" von Provisorischer Regierung und Räteorganen den Schülern vermittelt und in ihrer Problematik nahegebracht werden.
Die Periode des „Scheinkonstitutionalismus" soll nur soweit behandelt werden, wie die ihn prägenden Kräfte für den Ausbruch der Revolution verantwortlich waren.
Der Kurs der Innenpolitik der Jahre 1907–14 läßt sich als „repressive Pazifizierungsstrategie" (D. Geyer, Revolution und Gesellschaft, S. 124) verstehen, „die zur Anpassung an den sozialökonomischen Wandel oder zur Transformation des bürokratischen Polizeistaates nicht mehr fähig war".
Daraus läßt sich ableiten, daß der Krieg die sich verschärfende soziale Krisensituation

Vorschlag für eine Zeittafel (zur 5. sowie zur 8. und 9. Stunde)

Rußland im 1. Weltkrieg

1914	Der 1. Weltkrieg beginnt – Tannenberg-Schlacht: Niederlage einer russischen Armee
1915	Mai – Oktober: Verlust Polens, Litauens, Kurlands
1917	3. Kriegswinter – bis Februar 8 Mill. Gefallene, Vermißte und Verwundete. Monatlich rücken ca. 300 000 schlecht ausgebildete Soldaten nach. 1. März: „Befehl Nr. 1" des Petrograder Arbeiter-und Soldatenrates. 18.4.: Außenminister Miljukow für Fortsetzung des Krieges – Protestdemonstrationen. Juni/Juli: Anfangserfolge und Scheitern der Kerenskij-Offensive
2.7.	Protest kriegsmüder Soldaten und Arbeiter gegen die von der Provisorischen Regierung begonnene Offensive
6.7.	Kerenskij-Offensive bricht total zusammen
18. – 20.8.	Die Deutschen durchbrechen die russische Nordfront und besetzen Riga; Petrograd in Gefahr. General Kornilow setzt seine Truppen
28. – 30.8.	gegen Petrograd in Marsch – Vormarsch bricht zusammen, da Arbeiter den Vormarsch sabotieren und Truppen desertieren

Februarrevolution und Provisorische Regierung

18.2.1917 19.2.	Arbeiter der Putilow-Werke in Petrograd treten in den Streik. – Brotknappheit
23.2. 24.2.	„Internationaler Frauentag" (soz. Feiertag) – Versammlungen, Frauen treten in Streik, schicken Delegierte zu Metallarbeitern, Marsch ins Zentrum Petrograds: „Nieder mit der Autarkie!" und „Nieder mit dem Krieg!" (Arbeiter, Mittelschicht, Studenten – Kosaken halten sich zurück).
25.2.	240 000 Arbeiter im Streik; Polizei eröffnet das Feuer: 3 Tote, 10 Verletzte.
26.2.	Meuterei im Regiment Pawlow. Kontakte zwischen Arbeitern und Soldaten werden enger. Wendepunkt: Soldaten schießen auf Polizei
28.2.	Nur noch wenige Einheiten auf seiten des bisher herrschenden Regimes; Verhaftungen ehemaliger Minister, Polizisten, Mitgliedern der Geheimpolizei – Regierungsapparat des Zarismus bricht zusammen
1.3.	Errichtung der Provisorischen Regierung
2.3.	Zar dankt ab – Sieg der Februarrevolution
5.5.	Umbildung der Provisorischen Regierung: Kerenskij Kriegsminister; 2 Sozialrevolutionäre, 2 Menschewiki im Kabinett: Koalition zwischen „bürgerlicher und revolutionärer Demokratie"
7.7.	Kerenskij bildet als Ministerpräsident eine „Regierung zur Rettung der Revolution"
24.10.	Provisorische Regierung verkündet den Ausnahmezustand, trifft gesetzliche Maßnahmen gegen das „Militärrevolutionäre Komitee" und die bolschewistische Presse, ordnet Verlegung loyaler Truppen in die Hauptstadt an – diese Anordnungen werden nicht mehr ausgeführt.

Februarrevolution und Sowjets

1914	Bolschewistische Deputierte in der Staats-Duma nach Sibiren verbannt
1917	28.2. Bildung des Arbeiter- und Soldatenrats (Sozialrevolutionäre, Menschewiki, Bolschewiki)
1.3.	„Befehl Nr. 1" des Petrograder Arbeiter- und Soldatenrats
14.3.	Der Sowjet richtet über Funk einen Appell „An alle Völker der Welt" und fordert einen Frieden „ohne Annexionen und Kontributionen"
3.4.	Ankunft Lenins in Petrograd – 4.4.: „Aprilthesen" verkündet
3.6.	I. Allrussischer Sowjetkongreß: 105 Delegierten der Bolschewiki stehen 285 Sozialrevolutionäre und 248 Menschewiki gegenüber. Die Mehrheit billigt die Kriegspolitik der Regierung
18.6.	Eine von den Menschewiki und Sozialrevolutionären veranstaltete Demonstration wird zu einer pro-bolschewistischen umfunktioniert: „Nieder mit den 10 kapitalistischen Ministern!", „Alle Macht den Räten!", „Schluß mit dem Krieg!", „Brot, Friede, Freiheit!"
9.9.	Petersburg: Septemberwahlen für die Arbeitersowjets – Bolschewiki 13 Sitze, Sozialrevolutionäre 6, Menschewiki 3; für die Soldatensowjets: Bolschewiki 9, Sozialrevolutionäre 10, Menschewiki 3 Sitze
9.10.	Der Petrograder Sowjet beschließt die Bildung eines „Militärrevolutionären Komitees"
10.10. 13.10.	Lenin erzwingt in der Sitzung des Zentralkomitees den Beschluß zum bewaffneten Aufstand. – Der Petrograder Sowjet beschließt die Übertragung aller militärischen Befugnisse auf das „Militärrevolutionäre Komitee"
22.10.	Massenversammlungen in Petrograd; Vorbereitungen zum Aufstand
24.10.	Lenin: „Unter Aufbietung aller Kräfte bemühe ich mich, die Genossen davon zu überzeugen, daß jetzt alles an einem Haar hängt, daß auf der Tagesordnung Fragen stehen, die nicht durch Konferenzen, nicht durch Kongresse … entschieden werden, sondern ausschließlich durch die Völker, durch die Masse, durch den Kampf der bewaffneten Massen."
25.10.	Bewaffneter Aufstand beginnt um 2 Uhr morgens. Gegen Mittag wird Vorparlament durch Truppen aufgelöst. Um 21 Uhr beginnen militärische Operationen gegen Winterpalais (Sitz der Provisorischen Regierung). Um 23 Uhr wird der II. Allrussische Sowjetkongreß im Smolny-Institut eröffnet. Winterpalais erstürmt.
26.10.	Mitglieder der Provisorischen Regierung verhaftet. Der II. Allrussische Sowjetkongreß verabschiedet grundlegende Dekrete über Frieden und Landbesitz; er etabliert eine neue Regierung, den „Rat der Volkskommissare" (= bolschewistische Schöpfung)

zeitweilig zurückgedrängt hat (der Ausbruch des Krieges schmiedete für kurze Zeit ein Band um Herrscher und große Teile des Volkes; vgl. auch „Streikbewegung 1903–17"), aber dann nach drei Kriegswintern und zunehmenden wirtschaftlichen Schwierigkeiten eine „spontane Massenbewegung" entfacht hat, an deren Ende der rasche Kollaps der Zarenmonarchie stand. Der Krieg wirkte somit als „Beschleuniger im Dekompositionsprozeß" (D. Geyer, Die russische Revolution, S. 55) des Zarismus. Die aus der Februarrevolution hervorgegangene „Doppelherrschaft" und die darin weiterbestehenden Probleme lernen die Schüler durch den Vergleich zweier Deklarationen – der Provisorischen Regierung und der Petrograder Räte – kennen.

Anhand der Februarrevolution ist es möglich, das Thema Krieg und Revolution ausführlicher zu diskutieren. Es bietet sich an, die Situation der Februarrevolution mit der der Revolution von 1905 zu vergleichen.

Die 5. sowie die 8. und 9. Stunde begleitet eine Zeittafel, die die notwendige faktische Übersicht über die revolutionären Ereignisse liefert (s. Vorschlag für eine Zeittafel, S. 44/45).

Ziele der Stunde

Die Schüler erkennen,
– daß der innenpolitische Kurs der Regierung von 1907–14 als „repressive Pazifizierungsstrategie" verstanden werden kann;
– daß die permanente Agrarkrise und die Instabilität der Industrie wesentliche Faktoren beim Ausbruch der Februarrevolution waren;
– daß der Krieg als „Beschleuniger im Dekompositionsprozeß" wirkte;

– daß die Februarrevolution eine spontane Massenbewegung war;
– daß als vorläufiges Ergebnis eine Doppelherrschaft von Provisorischer Regierung und Räteorganen herauskam.

Die Schüler erarbeiten
– aus einer Zeittafel die politische Situation vor dem Ausbruch der Revolution;
– aus einer Statistik und einem Text die wirtschaftlich-soziale Situation vor Ausbruch der Revolution;
– Begriffe zu der jeweiligen politischen Lage.

Die Schüler antizipieren:
– Probleme, die sich aus der Doppelherrschaft ergeben könnten.

Verlaufsskizze

Unterrichtsschritt 1:
Der „Scheinkonstitutionalismus"
(Max Weber)

Der Einstieg erfolgt durch Rückgriff auf die 4. Stunde als Wiederholung im Unterrichtsgespräch. Dabei werden zwei Aspekte hervorgehoben: der Scheinkonstitutionalismus und die Agrarreform von Stolypin. Beim Scheinkonstitutionalismus soll die parlamentarisch verbrämte Form dieser „Verfassung" erkannt werden (s. 4. Stunde).

Erwartete Ergebnisse:
– gestaffeltes Zensuswahlrecht
– Zar ernennt Regierung
– Zar hat Vetorecht
– Zar kann Notstandsmaßnahmen ergreifen und Ausnahmezustand erklären
– Minister dem Zaren verantwortlich
– Zar kann Gesetze aufheben (außer über Reichsduma, Reichsrat und Wahlordnung)

– Zar kann Duma auflösen
– Mitwirkung der Duma bei Gesetzgebung
– Interpellations- und Budgetrecht der Duma
– von oben erlassene oktroyierte Verfassung.

Erweiterung:
Vergleich mit der Verfassung des deutschen Reiches von 1871.
Folgendes Ergebnis könnte stichwortartig festgehalten werden:
– Kaiser ernennt und entläßt Reichskanzler;
– Reichskanzler stellt eine Regierung, die dem Reichstag nicht verantwortlich ist;
– kein Mißtrauensvotum;
– Reichskanzler ist gleichzeitig Ministerpräsident des stärksten Landes Preußen;
– in Preußen noch 3-Klassenwahlrecht;
– Reichstag und Bundesrat gemeinsam an der Gesetzgebung beteiligt;
– ungerechtes Wahlrecht (ungleich große Wahlkreise benachteiligen Arbeitergebiete und bevorzugen konservative Regionen);
– keine Grund- und Menschenrechte;
– von oben erlassene Verfassung.

Unterrichtsschritt 2:
Reformmaßnahmen und wirtschaftliche Instabilität

Neben dem „Scheinkonstitutionalismus" sollte die Stolypinsche Reform der Bedrohung von innen begegnen. Eine leistungsfähige Landwirtschaft sollte geschaffen werden, die nicht nur krisenfest, sondern so strukturiert werden sollte, daß durch Exporte der Landwirtschaft die Industriepolitik gestützt werden könnte.
Im Lehrervortrag lernen die Schüler die Reformmaßnahmen kennen:
– Bauern können mit ihrem Landanteil aus dem Mir ausscheiden und in Eigenverantwortung wirtschaften
– Gewährung von Krediten zur Abwanderung aus übervölkerten Gebieten und zum Ankauf von Land

Ergebnis: langsames Entstehen einer wohlhabenden bäuerlichen Mittelschicht, der Kulaken.
Die Instabilität des Verhältnisses von Landwirtschaft und Industrie erarbeiten die Schüler mit Hilfe von Zahlenmaterialien (siehe Vorschlag für ein Arbeitsblatt).
Um die Notlage der Bevölkerung während des Krieges ermessen zu können, muß auf das Verhältnis von Reallohn und Preissteigerung aufmerksam gemacht werden. Die durch staatliche Intervention gestützte Rüstungsindustrie verzeichnete gewaltige Produktionssteigerungen, die Konsumgüterindustrie aber wurde vernachlässigt, worauf die Bauern weniger für den Markt lieferten, was zu Preissteigerungen führte.
Als weitere Information ergänzt der Lehrer, daß erschwerend hinzukam, daß arbeitsfähige Bauern in die Armee eingezogen wurden, so daß Arbeitskräfte fehlten. Weiter verschärften sich soziale Probleme dadurch, daß Frauen und Jugendliche in der Industrie eingesetzt wurden.
Erkannt werden soll die enorme Preissteigerung von Grundnahrungsmitteln und Waren, die für das tägliche Leben wesentlich sind. Dagegen hinken die Löhne erheblich zurück, was soziale Probleme entstehen läßt.
Ein Tafelanschrieb faßt die politischen, wirtschaftlichen und sozialen Probleme zusammen (s. Stundenblatt).

Unterrichtsschritt 3:
Krieg und Revolution

Die Schüler erkennen an einer Folie über die Kriegskosten (siehe Vorschlag für eine Folie) die Bedeutung des Krieges für den Ausbruch der Februarrevolution. Als Ergebnis wird festgehalten:
wachsende Anforderungen an Heer, Wirtschaft und Technik; enorme Zunahme der

Vorschlag für ein Arbeitsblatt (Unterrichtsschritt 2)
Preise und Löhne 1914–1917

Lebensmittelpreise (in Rubel und Kopeken):

	August 1914	August 1917	proz. Erhöhung
Schwarzbrot (Pfund)	0,02	0,12	330
Weißbrot (Pfund)	0,05	0,20	300
Rindfleich (Pfund)	0,22	1,10	400
Kalbfleisch (Pfund)	0,26	2,15	727
Schweinefleisch (Pfund)	0,23	2,00	770
Hering (Pfund)	0,06	0,52	767
Käse (Pfund)	0,40	3,50	754
Butter (Pfund)	0,48	3,20	557
Eier (Dutzend)	0,30	1,60	443
Milch (Krug)	0,07	0,40	471

Preise für Gebrauchsgüter (in Rubel und Kopeken):

	August 1914	August 1917	proz. Erhöhung
Baumwollstoff (Arschin)	0,15	2,00	1233
Kleiderstoff (Arschin)	2,00	40,00	1900
Herrenschuhe (Paar)	12,00	144,00	1097
Überschuhe (Paar)	2,50	15,00	500
Herrenanzug	40,00	400–455,00	900–1109
Tee (Pfund)	4,50	18,00	300
Zündhölzer (Karton)	0,10	50,00	400
Seife (Pud)	4,50	40,00	730
Kerzen (Pud)	8,50	100,00	1076
Brennholz (Fuhre)	10,00	120,00	1100
Holzkohle	0,80	13,00	1525

Tageslöhne (in Rubel):

Berufe	Juli 1914	Juli 1916	August 1917
Tischler und Zimmerleute	1,60–2,00	4,00–6,00	8,50
Maurer und Stukkateure	1,70–2,35	4,00–6,00	8,00
Maler, Polsterer	1,80–2,20	3,00–5,50	8,00
Schmiede	1,00–2,25	4,00–5,00	8,50
Schlosser	0,90–2,00	3,50–6,00	9,00
Hilfsarbeiter	1,00–1,50	2,50–4,50	8,00

Zit. nach Richard Lorenz, Anfänge der bolschewistischen Industriepolitik, Köln 1965, S. 28 f.

Arschin = altrussisches Längenmaß = 71,1 cm
Pud   = altrussisches Gewicht   = 16,38 kg

Aufgaben:
1. Vergleichen Sie die Preise 1914 mit denen von 1917. Beachten Sie dabei das Verhältnis zwischen Preissteigerungen und Reallöhnen.
2. Welche Probleme können durch diese Wirtschaftslage entstehen?

Vorschlag für eine Folie
(Unterrichtsschritt 3)

Zunahme der Kriegskosten:	
1914	1 234 Millionen Rubel
1915	1 820 Millionen Rubel
1916	14 573 Millionen Rubel
1917	22 471 Millionen Rubel

Kriegskosten – Rußland scheint überfordert!

Im Lehrervortrag werden folgende Fakten ergänzt: 8 Millionen Tote, Verwundete und Vermißte bis Februar 1917, Offizierskorps geschwächt, Truppen zunehmend schlechter ausgerüstet, Rohstoffmangel, Transport- und Versorgungsschwierigkeiten; dadurch wachsende soziale Probleme, psychologische Belastungen für Heer und Bevölkerung werden zu Risikofaktoren für den Staat.

Das Unterrichtsgespräch klärt die Fragen: Welche Bedeutung kann ein Krieg in einer revolutionären Situation haben?

Lassen sich Ansätze von Organisation beim Ausbruch der Februarrevolution erkennen? Mögliches Ergebnis: Der Krieg, anfangs als Ablenkung von innenpolitischen Problemen begrüßt, beschleunigte nun den Zerfall des Zarismus, womit sich die Regel bestätigt, daß gewonnene Kriege ein System festigen, verlorene Kriege ein System zerschlagen können. Die Februarrevolution wird erkannt als eine spontane Massenbewegung, von der auch die Bolschewiki überrascht wurden; sie war keine organisierte Revolution.

Unterrichtsschritt 4:
Die „Doppelherrschaft"

Durch zwei Quellentexte werden die beiden Kräfte, die eine „Doppelherrschaft" bildeten, vorgestellt (Arbeitsblatt 4).

Aufgabenstellung:
1. Welche Prinzipien stehen jeweils hinter diesen Forderungen?
2. Welche Ziele sollen damit erreicht werden?

Die als Hausaufgabe vorbereiteten Untersuchungen führen zu folgenden *Ergebnissen:*

1. Hinter den Forderungen des „Befehls Nr. 1" steht das „Sowjet-Prinzip", das Rätemodell. Im Lehrervortrag ist zu ergänzen:

Die Bauern-, Arbeiter- und Soldaten-Räte versammelten sich als „Provisorisches Exekutivkomitee" und schlossen bewußt „Bürgerliche" aus. Die Räte werden basisdemokratisch gewählt und besitzen ein imperatives Mandat (an Weisungen der Wähler gebunden). Man spricht bei diesen Sowjets vom „Identitätsprinzip", da Wähler und Gewählte als identisch angesehen werden.

Die Forderungen der Provisorischen Regierung entsprechen denen einer parlamentarischen Demokratie. Das Kabinett besteht aus Vertretern des Adels und des gehobenen Bürgertums; grundlegende gesellschaftliche Veränderungen sind nicht zu erwarten; Reformen eher aus taktischen Gründen vorgesehen. Basisdemokratische Ansätze („mit Unterstützung und Zustimmung der Truppen und der Bevölkerung", Wahl der „Volksmiliz") und „Amnestie" sind aus der Notsituation des Krieges zu erklären. Sonst finden sich „bürgerliche" Forderungen (2.–4., 6. und 8).

2. „Befehl Nr. 1" richtet sich vor allem an die Truppen, die Sowjets wollten die Revolution an die Front tragen. Die Demokratisierung der Armee hätte das Ende der bisherigen Armeekorps bedeutet: Jeder militärische Befehl war diskus-

sionswürdig und durfte nicht gegen die Prinzipien der Sowjets verstoßen.

Die Provisorische Regierung wollte den Krieg bis zum Sieg weiterführen, strebte jedoch an, nach diesem Krieg eine Demokratie zu errichten.

Unterrichtsschritt 5:
„Doppelherrschaft" als Problem

Im Unterrichtsgespräch soll abschließend geklärt werden:

1. Was haben Provisorische Regierung und Sowjets gemeinsam? Was trennt sie?
2. Welche Erfolgschancen hat diese „Doppelherrschaft" angesichts der Probleme in Rußland?
3. Inwiefern ist es berechtigt, diese Phase der Revolution als „bürgerliche Nachholrevolution" zu bezeichnen?

Mögliche Ergebnisse:

1. Beiden Seiten gemeinsam ist die Ablehnung der bisherigen Form des Zarismus oder – was die Sowjets betrifft – des Zarismus überhaupt. Einigung hätte wohl auch noch in der Anerkennung von Grund- und Menschenrechten erzielt werden können. Beide Seiten trennt aber die unterschiedliche Auffassung von „Demokratie"; einerseits: parlamentarische Demokratie – andererseits: Rätesystem.

2. Da die Provisorische Regierung an der Fortsetzung des Krieges festhalten will, die Sowjets aber nicht, ist eine längere Zusammenarbeit unmöglich, zumal ein gewonnener Krieg das bisherige Regime gestärkt hätte. Die Forderungen der Sowjets nach Aufteilung des Bodens und nach höheren Löhnen für Arbeiter trennt sie ebenfalls von der Provisorischen Regierung, die eher die Interessen des Bürgertums und des aufgeklärten Adels vertritt.

3. Im Vergleich zu anderen europäischen Staaten keine demokratische Entwicklung, gescheiterte Revolution von 1905 (vgl. Deutschland 1848), kein starkes Bürgertum, daß diese spontane Februarrevolution tragen kann. Bürgerliche „Nachholrevolution" wohl zu hoch gegriffen, sie wird weniger später von der „bolschewistischen" hinweggefegt.

Aufgabe:
Erörtern Sie die Zunahme der Kriegskosten. Beachten Sie dabei die wirtschaftlichen Verhältnisse.

2. Die russische Oktoberrevolution und Lenins „sozialistisches Experiment" (6 Stunden)

6./7. Stunde:
Lenins Theorie von Revolution und Partei im Vergleich zur Lehre von Karl Marx (Marxismus-Leninismus)

Vorbemerkung

Die zwei Stunden haben die durch Lenin vorgenommenen Veränderungen an der Lehre von Marx zum Inhalt, die für die Umgestaltung der bürgerlichen Revolution in die „proletarische" Revolution wesentlich sind. Die Schüler sollen daraus erkennen, daß nach Marx Revolutionen nur im Gefolge einer universellen ökonomischen Krise möglich sind, in der die antagonistischen Klassen einander gegenüberstehen, und daß dies Bedingungen sind, die nur in hochindustrialisierten kapitalistischen Ländern anzutreffen sind.

An Lenins Imperialismustheorie wird gezeigt, wie Lenin zu erklären versuchte, daß die Revolution in den am höchsten entwickelten Ländern nicht stattfand, aber im „unterentwickelten" Rußland möglich sei. Die Modifizierungen der Marxschen Theorie sollen erarbeitet werden, gleichzeitig aber auch die Wiederbelebung der Behauptung, daß die Revolution unvermeidlich sei. Ausgehend von der „Ungleichmäßigkeit" der kapitalistischen Entwicklung, von ihren Widersprüchen, die Lenin als „unbedingtes Gesetz des Kapitalismus" ansieht, soll die Revolutionstheorie vermittelt werden. Von einer Beschreibung der konkreten Situation in Rußland ausgehend, haben die Schüler die Möglichkeit, Lenins Umgang mit der Basis-Überbau-Theorie zu durchschauen.

In der zweiten Stunde lernen die Schüler das Instrument für eine siegreiche Revolution kennen: Lenins Typ der Partei, die den spontanen Aufschwung der Arbeiterschaft entfalten und vor allem organisieren soll. Neben der Partei-Theorie lernen die Schüler, vorwiegend durch Textarbeit, Lenins Vorstellung von der Diktatur des Proletariats kennen.

Ziele der Stunden

Die Schüler erkennen
- die Revolutionslehre von Marx;
- die Imperialismustheorie Lenins;
- die Bedeutung und Funktion, die Lenin der Organisation der Partei beimißt;
- die Organisationsform und Prinzipien der Partei Lenins;
- die Bedeutung der Massen für die Partei.

Die Schüler erarbeiten
- die Veränderungen, die Lenin gegenüber Marx vorgenommen hat;
- aus Quellen die Bedeutung der Leninschen Parteikonzeption.

Die Schüler beurteilen
- die von Lenin vorgenommene Umformung der Lehre von Marx;
- die Funktion der Partei für die politische Praxis, Legitimität und Partizipationsmöglichkeiten in Parteien.

6. Stunde

Verlaufsskizze

Unterrichtsschritt 1:
Die Revolutionstheorie von Karl Marx

Herausgearbeitet werden sollen im Unterrichtsgespräch die Aussagen von Marx zur Revolution. Dies kann mit folgenden Leitfragen geschehen:
1. Unter welchen Voraussetzungen ist nach Marx eine Revolution möglich?
2. Was sagt Marx über Dauer, Verlauf der Revolution, deren Träger und die Rolle der Partei?

Erwartete Antworten:
Die Revolution erfolgt in Ländern mit weit fortgeschrittener Industrialisierung und hoher Stufe des Kapitalismus. Sie ist nur von kurzer Dauer, da wenige Monopolkapitalisten enteignet werden müssen. Nach dieser kurzen Phase des Sozialismus beginnt der Übergang zum Kommunismus. Marx erkennt als revolutionäre Situationen nur solche an, in denen es bereits ein klassenbewußtes, einheitliches Proletariat gibt, das die antagonistische Struktur kapitalistischer Gesellschaftsformen begreift und deren Negation auf revolutionärem Weg zu leisten vermag. Die Partei versteht Marx lediglich als Vorhut der revolutionären Arbeiterklasse, als Massenorganisation mit demokratischer Ordnung. Die soziale, proletarische Revolution wird eine weltgeschichtliche sein, deren Entstehen jedoch abhängig ist von der vorherigen Analyse der jeweiligen ökonomischen, historischen, kulturellen und sozialen Vorbedingungen.
Da die Wiederholung der Marxschen Revolutionstheorie von den Voraussetzungen der jeweiligen Unterrichtsgruppe abhängt, bleibt es dem Lehrer überlassen, inwieweit er die Ergebnisse im Tafelbild festhält.

Unterrichtsschritt 2:
Lenins Imperialismustheorie

Aufgabe: Erarbeiten Sie die Merkmale der Leninschen Imperialismustheorie (Stillarbeit, s. Arbeitsblatt 5), vor allem im Hinblick auf die Zielsetzung.
Die Imperialismustheorie soll im Zusammenhang der Vorstellungen von Marx über die Entwicklung des Kapitalismus betrachtet werden. Man kann von Marx ausgehen, von der Entwicklung zur „Konzentration" (der Produktionsstätten des Kapitals); zu zeigen wäre hier, daß Lenin insofern von Marx abweicht, als bei ihm die Krise des kapitalistischen Systems nicht unmittelbar zur proletarischen Revolution führt, sondern der Kapitalismus im Imperialismus einen Ausweg sucht und erst der Imperialismus als „höchstes Stadium des Kapitalismus" zur proletarischen Revolution führt.

Erwartete Ergebnisse:
Lenin geht bei seiner Theorie von den Werken des Engländers Hobson und des Sozialdemokraten Hilferding aus. Ihm ging es unter anderem darum, zu zeigen, daß der Kapitalismus in den Monopolkapitalismus mit Kapitalexport umschlägt. Ohne Kapitalismus dürfe es keinen Imperialismus geben – Imperialismus, erweitert verstanden als Wirtschaftssystem – somit dann als „höchstes Stadium des Kapitalismus". Lenin erblickt im Finanz- und Monopolkapitalismus die Erfüllung der Marxschen Voraussage der Kapitalkonzentration, baut also die Tatsache des Finanzkapitals und des Imperialismus in Marx' Geschichtskonstruktion ein.

Exkurs:
Vergleich der Leninschen Theorie mit der Vorstellung Hobsons von der Entstehung des Imperialismus (Vorschlag für eine Folie).

Vorschlag für eine Folie (Unterrichtsschritt 2, Exkurs)

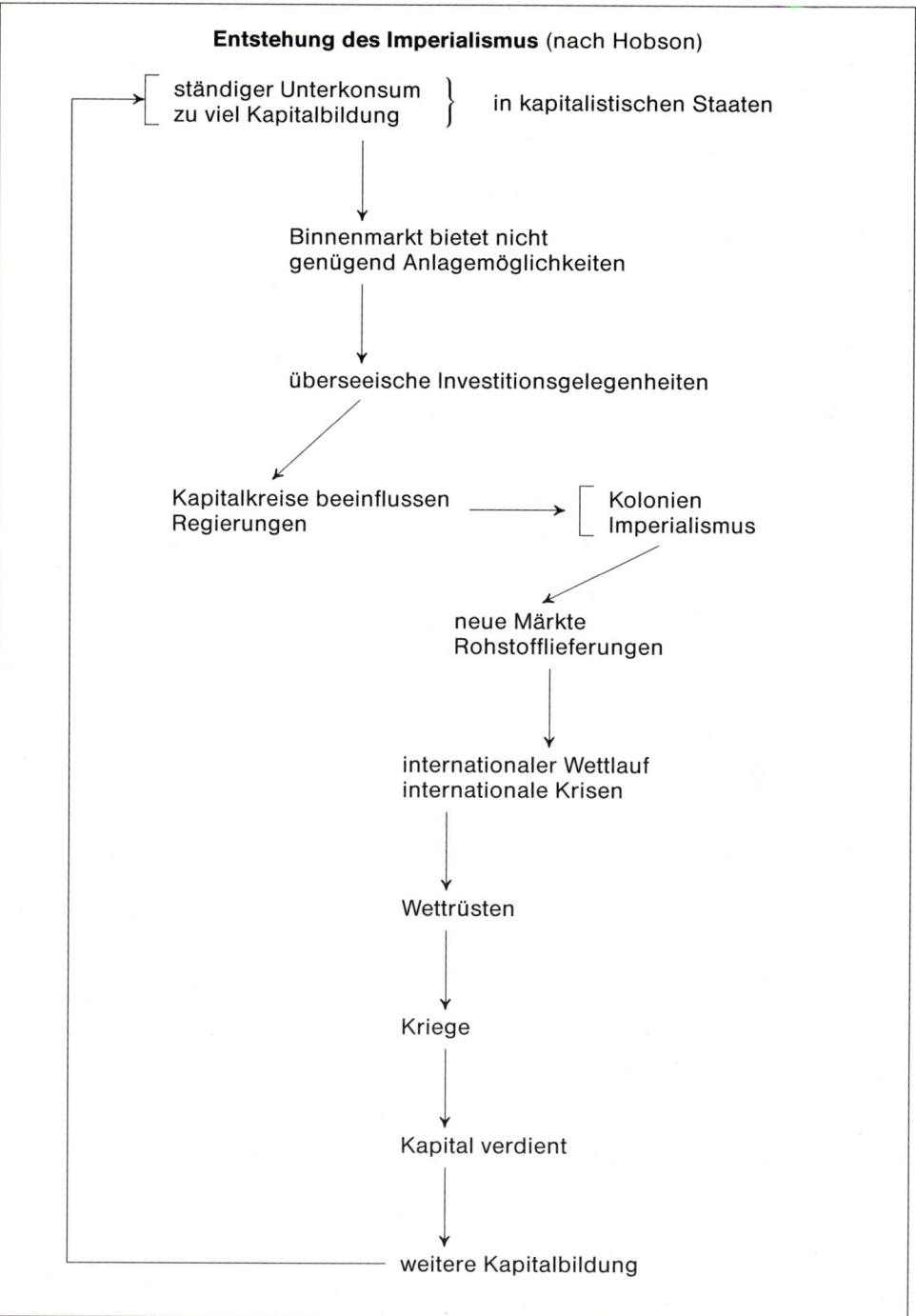

Entstehung des Imperialismus (nach Hobson)

ständiger Unterkonsum
zu viel Kapitalbildung } in kapitalistischen Staaten

↓

Binnenmarkt bietet nicht
genügend Anlagemöglichkeiten

↓

überseeische Investitionsgelegenheiten

↓

Kapitalkreise beeinflussen   →   Kolonien
Regierungen   Imperialismus

↓

neue Märkte
Rohstofflieferungen

↓

internationaler Wettlauf
internationale Krisen

↓

Wettrüsten

↓

Kriege

↓

Kapital verdient

↓

weitere Kapitalbildung

Unterrichtsschritt 3:
Imperialismustheorie und Revolution

Erarbeitung der Inhalte anhand des Arbeitsblatts 5.

Aufgabe: Stellen Sie zusammen, welche Schlüsse Lenin aus der Imperialismustheorie für die Situation in Rußland zieht. Herausgearbeitet werden soll, daß es innerhalb der kapitalistischen Welt nach Lenin zwei Gesellschaftstypen gibt, die sich durch den Stand der Kapitalisierung unterscheiden. Daraus sind die unterschiedlichen Auffassungen über die Möglichkeit einer Revolution, auf die auch Lenin im Text eingeht, abzuleiten. Ein für Lenin wesentlicher Grund für die Revolution in Rußland läßt sich am Text erarbeiten: Lenin hebt hervor, daß Rußland selbst eine imperialistische Macht sei. Der zweite, im Text nicht direkt angesprochene Grund muß im Unterrichtsgespräch unter Einbeziehung früherer Erkenntnisse gewonnen werden: nach Lenin war das in Rußland arbeitende Finanzkapital zu drei Vierteln in ausländischer Hand, Rußland selbst also ein „halbkolonialer" Staat. Ein Blick auf die „Sozialstruktur" (2. Stunde) läßt die Unterschiede zu Marx erkennen. Durch den letzten Abschnitt könnte bisher Erkanntes vertieft werden, denn Lenin formt das Basis-Überbaumodell um. Die Ergebnisse werden im Tafelbild festgehalten (s. Stundenblatt).

Erkannt werden soll, daß Lenin hierbei eine „Arbeiteraristokratie" erwähnt, die entstand, da Monopolprofite es ermöglichten, das Proletariat zu bestechen – der Revisionismus ist also entstanden durch die Bestechung der „Arbeiteraristokratie". Revisionisten sind somit bewußte oder unbewußte „Agenten der Bourgeoisie".
Nach Lenin könne an der Peripherie des ökonomischen Systems die „Kette des Weltkapitalismus" reißen, da Ungleichmäßigkeiten der Entwicklung und zu Kriegen anwachsende Widersprüche herrschten. Daraus schließt er, daß eine Revolution nicht nur in einem industriell fortschrittlichen Land, sondern auch in rückständigen Ländern, also auch in Rußland, möglich sei.

7. Stunde:
Lenins Parteikonzeption

Unterrichtsschritt 1:
Parteimitgliedschaft

Als Einstieg wird ein Sachcomic vorgelegt (siehe „Vorschlag für eine Folie") mit dem Thema: „1903: Der 2. Kongreß der Sozialdemokratischen Arbeiterpartei Rußlands". Dazu wird vom Lehrer erläutert, daß hier die Spaltung der Sozialdemokratischen Arbeiterpartei Rußlands, personalisiert durch Lenin und Martov, dargestellt wird.
Im Unterrichtsgespräch werden die beiden im Comic enthaltenen Formulierungen über Parteimitglieder verglichen. Folgendes sollte erkannt werden: Lenin zielte auf eine straff organisierte, zentralistisch geleitete konspirative Partei zu Berufsrevolutionären hin.
Martov stellte sich mehr eine lockere Parteiorganisation vor, in der alle revolutionär gesinnten Arbeiter und Intellektuellen tätig sein sollten. Vom Lehrer wird ergänzt, daß auf dem Parteitag von 1903, auf dem Lenins Gruppe die Mehrheit (Bolschinstwo) erlangte, die Namen „Bolschewiki" (Mehrheitler) und „Menschwiki" (Minderheitler) üblich geworden sind für beide Parteien.

Alternative:
Einstieg durch Darstellung und Erörterung des Lenin-Kults. (Beispiel: Lenin-Mausoleum, Lenin-Standbilder; Überleitung zur Bedeutung Lenins für die Partei-Theorie).

Vorschlag für eine Folie (Unterrichtsschritt 1)

1903: Der 2. Kongreß der Sozialdemokratischen Arbeiterpartei Rußlands in London

Unterrichtsschritt 2:
Lenins Parteikonzeption

In arbeitsteiliger Gruppenarbeit erarbeiten die Schüler Lenins Parteikonzeption (Arbeitsblatt 6). Drei Themen werden dabei behandelt:

I. Das „Revolutionäre Bewußtsein des Proletariats", womit auch die Funktion der Partei bestimmt werden soll.

II. Die „Notwendigkeit, Organisation und Aufgaben einer von Berufsrevolutionären geführten Partei", wobei die Rolle des Proletariats fixiert wird.

III. Die „Diktatur des Proletariats".

Aufgabenstellungen: s. Arbeitsblatt 6.

Die Ergebnisse werden dem Gesamtkurs vorgetragen; zusätzlich wird im Unterrichtsgespräch das Ergebnis an der Tafel strukturierend festgehalten (s. Stundenblatt).

Unterrichtsschritt 3:
Präsentation der Ergebnisse der Gruppe I: „Das revolutionäre Bewußtsein des Proletariats"

Folgende Ergebnisse sind zu erwarten:

– Der Arbeiter kann von sich aus nur gewerkschaftliches Bewußtsein entwickeln (z. B. für die Verbesserung seines Lebens innerhalb des bestehenden Systems eintreten)

– proletarisches Bewußtsein muß von außen herangebracht werden

– der Arbeiter hat keinen Überblick über die gesellschaftlichen Verhältnisse, da er vom direkten Klasseninteresse geleitet

wird und weder Zeit hat noch Bildung besitzt, die gesellschaftlichen Zusammenhänge zu erkennen
- Somit: Angehörige der Intelligenz als Führer der Arbeiterbewegung, führende Elite der Partei.

Als Erweiterung wird auf historische Parallelen hingewiesen, z. B. auf die Führer der Französischen Revolution.

Der Unterrichtsschritt wird abgeschlossen mit der Frage: Ist diese Position Lenins mit der von Marx vereinbar?

Im Unterrichtsgespräch wird geklärt:
- nach dem Historischen Materialismus entsteht Bewußtsein mit zeitlicher Verzögerung als ein Produkt der Produktionsverhältnisse (vgl. Basis-Überbau-Theorie);
- wenn die Produktionsverhältnisse fortschreiten, wird sich ein revolutionäres proletarisches Bewußtsein bilden;
- Marx sah zuerst die Gründung einer Partei als überflüssig an, sprach aber auch von einer Partei aller Proletarier; sein Appell „Proletarier aller Länder vereinigt Euch!" und die häufige Betonung des Kampfes läßt eventuell auch auf eine Organisationsform schließen.

Unterrichtsschritt 4:
Präsentation der Ergebnisse der Gruppe II:
„Notwendigkeit, Organisation und Aufgaben einer von Berufsrevolutionären geführten Partei"

Äußerungen Lenins zum Proletariat und zur Partei:
Lenin beabsichtigte, die Revolutionsbereitschaft der Arbeiterbewegung zu erhöhen; er sah allerdings im gewerkschaftlichen Bewußtsein nur die Keimform eines revolutionären Bewußtseins – dieser Keim kann sich nicht selbständig entwickeln,

muß also erzogen werden – eine Aufgabe, die die Intellektuellen als Arbeiterführer zu übernehmen hatten. Der revolutionäre Kampf muß nach Lenin von Berufsrevolutionären getragen werden; aus taktischen Gründen muß die Organisation als straff geführte Avantgarde des revolutionären Proletariats arbeiten. Im Gegensatz zu terroristischen Verschwörerorganisationen zielte Lenins Partei auf die Verbindung mit den parteilosen Massen, sie macht die Revolution also nicht allein, sondern gemeinsam mit dem Proletariat.

Unterrichtsschritt 5:
Präsentation der Ergebnisse der Gruppe III:
„Diktatur des Proletariats"

Folgende Ergebnisse werden erwartet:
- Lenin stellt die „Diktatur des Proletariats" in den Mittelpunkt seiner Lehre
- dagegen hatte sich Marx nie festgelegt, wie er sich diese Diktatur vorstellt. Er verstand sie vielmehr als „Periode der revolutionären Umwandlung", als Übergangsphase vom Kapitalismus zum Sozialismus
- das Rätesystem war eingebaut in diese Konzeption: Demokratie innerhalb des Proletariats bei Diktatur gegenüber anderen Klassen
- Lenin sieht die Diktatur des Proletariats als Notwendigkeit gewaltsamer Unterdrückungsmaßnahmen für die Sicherung und Weiterführung der Revolution an, der sich alles unterzuordnen hat
- die Diktatur des Proletariats sei notwendig, um den Widerstand der Bourgeoisie zu brechen
- Staatsmacht als „unmittelbar auf Gewalt begründete Herrschaft, die an keinerlei Gesetze gebunden ist".

Hausaufgabe:
„Lenins Aprilthesen" sind unter folgenden Fragestellungen vorzubereiten:
1. Wie sollte der neue Staat Lenins aussehen?
2. Welche Absicht steckt hinter der Parole: „Alle Macht den Räten!"?
(Arbeitsblatt 7.)

8. Stunde:
Lenins Aprilthesen und die Entwicklung zur Oktoberrevolution

Vorbemerkung

In dieser Stunde steht die Bedeutung der „Aprilthesen" für die Entwicklung zur bolschewistischen Revolution im Mittelpunkt. Dem Wechsel in der Taktik durch die Bolschewiki entspricht auf der anderen Seite die zunehmende Machtlosigkeit der Provisorischen Regierung. Der Schwerpunkt der Stunde liegt auf der Frage:
– Wie gelang es den Bolschewiki, die sich im März noch in der Minderheit befanden, die Provisorische Regierung „hinwegzufegen"?

Die „Aprilthesen" sollten als Hausaufgabe vorbereitet werden (Aufgabenstellung siehe „Arbeitsblatt 7").
Die Schüler sollen dabei erkennen, daß Lenin mit diesen „Thesen" einen Bruch mit der bisherigen Parteilinie vollzogen hat. So werden zunächst die Prämissen, von denen Lenin ausging, erörtert.
Die einzelnen Punkte sollen, als Forderungen formuliert, mit den Grundproblemen des russischen Volkes und der Politik der Provisorischen Regierung sowie der Sowjets verglichen werden. Die Ergebnisse sind im Tafelbild festzuhalten, wobei erkannt wird, wie Lenin jeden Vorteil gegen-

über den mit der Regierung verbundenen Parteien ausgenutzt hat.
Eine Informationsphase über Kriegsverlauf, wirtschaftlichen Zusammenbruch, neue Offensive, Aktivitäten und Erfolge der Bolschewiki zeigt, wie es letztlich den Bolschewiki leicht wurde, durch den Autoritätsverfall und die Handlungsunfähigkeit der Räte (Menschewiki und Sozialrevolutionäre) letztere zu beherrschen und die „Notstandsdemokratie" zu beseitigen.

Ziele der Stunde

Die Schüler erkennen,
– daß die soziale Kluft, die sich in der Doppelherrschaft ausdrückte, weiterbestand;
– daß die Kriegsfrage zu einem Problem wurde, das sowohl die Provisorische Regierung als auch besonders die Räte unglaubwürdig erscheinen ließ;
– daß durch die Bedingungen des Krieges das Hauptproblem, die umfassende Bodenreform, vertagt wurde;
– daß Versorgungskrisen, Rückgang der Produktion und dgl. den Ausbruch der Revolution begünstigten;
– daß bei Ausbruch der Revolution keine politische Macht fähig oder willens war, die Errungenschaften der Februarrevolution zu verteidigen.

Die Schüler erarbeiten
– aus Texten Problemkreise der russischen Revolution;
– aus einer Zeittafel politische Veränderungen.

Die Schüler erkennen
– Gründe für den Sieg der Bolschewiki;
– Gründe für das Scheitern der parlamentarischen Demokratie in Rußland.

Die Schüler antizipieren Probleme der neuen Machthaber.

Verlaufsskizze

Unterrichtsschritt 1:
Lenins Aprilthesen

Im Unterrichtsgespräch erfolgt eine Skizzierung des Ergebnisses der letzten Stunde an der Tafel: Doppelherrschaft und Probleme des russischen Volkes.
Besprechung der Hausaufgabe unter der Aufgabenstellung: „Arbeiten Sie heraus, inwiefern Lenins Aprilthesen einerseits seinen weiterreichenden Zielen dienen, andererseits aber gleichzeitig den Wünschen des russischen Volkes entgegenkommen." (Arbeitsblatt 7).

Erwartete Ergebnisse:
- Gefordert wird die proletarische Revolution, und somit nicht mehr die bürgerlich-parlamentarische Demokratie, sondern das Rätemodell. Die Provisorische Regierung wird als bürgerlich-imperialistisch-kapitalistische Regierung deklassiert, der es nicht möglich ist, den ersehnten Frieden zu schaffen.
- Lenin geht davon aus, daß die Februarrevolution nur die erste Etappe der russischen Revolution sei. Die Doppelherrschaft kennzeichne den Untergangscharakter der Revolution, was sich an der gewährten Freiheit, dem Fehlen von Gewalt, wie auch an dem blinden Vertrauen der Massen, die den Klassencharakter der Regierung nicht erkennen, zeige.
- Lenin kritisiert die Verfilzung der „Diktatur der Bourgeoisie" mit der „Diktatur des Proletariats und der Bauernschaft", wobei in letzterer kleinbürgerliche Elemente herrschen und auf das Proletariat einzuwirken versuchen.
- Die zweite Etappe der Revolution wäre der Übergang der Staatsgewalt in die Hände des Proletariats und der Bauern, wobei die Arbeiterdeputiertenräte sich als zwingende Regierungsform anbieten

würden. Daher wäre die parlamentarische Republik ein Rückschritt, die Räterepublik also die einzige Form der Regierung.
- Die Beendigung des Krieges ist eine wesentliche Forderung, wie sich aus den Thesen ableiten läßt. (Begründung: revolutionäre Vaterlandsverteidigung sei nur unter einem proletarisch-bäuerlichen Regime möglich. Von Verteidigung könne nur beim Verzicht auf Annexionen gesprochen werden.)
- Somit: Friede ohne Annexionen und Kontributionen! Aufteilung des Grund und Bodens sollte die längste fällige Bauernfrage lösen.
Lösung der Arbeiterfrage durch Kontrolle der industriellen Produktion und Verteilung durch die Räte. Nationalisierung des Bankwesens.
- Der Staat solle „von unten bis oben", von der Basis her entstehen, nicht zentralistisch organisiert sein; dabei sollten die Machtinstrumente verändert werden: im Beamtentum sollte die Absetzbarkeit Zeichen direkter Verantwortung sein, das Berufsheer durch das Volksheer ersetzt werden.
- Aus diesem Punkt läßt sich auch ableiten und als Forderung ergänzen, daß Lenin dem Bedürfnis der nichtrussischen Nationen nach Selbstbestimmung entgegenkommen würde.
- Die Parole „Alle Macht den Räten" bedeutet ein Abrücken von der Position aus dem Jahr 1902, als Lenin die Arbeiterschaft noch nicht für revolutionäre Aktionen für fähig ansah. Lenin ging es um die „Revolutionierung der Räte, die Isolierung und Diskreditierung ihrer Führungsschichten, die Gewinnung einer Massenbasis für die revolutionäre Politik der Partei". Nicht die bolschewistische Partei, sondern die Räte sollten die Machtübernahme vorbereiten. Dies

war eine Frage des taktischen Kalküls. Wie die Dinge Frühjahr 1917 lagen, führte an den Räten kein Weg vorbei.

Ergänzung:

Als Ergänzung bietet sich ein Blick auf die Pariser Kommune von 1871 an, die in vielen Punkten als historisches Vorbild für Lenins Forderungen angesehen werden kann. Hierzu können die beiden Texte von Marx und Lenin besprochen werden (siehe Vorschlag für ein Arbeitsblatt). In diesem Fall müßten für die Behandlung der Oktoberrevolution zwei Unterrichtsstunden angesetzt werden.

Vorschlag für ein Arbeitsblatt (Unterrichtsschritt 1, Ergänzung)

> „Die Kommune bildete sich aus den durch allgemeines Stimmrecht in den verschiedenen Bezirken von Paris gewählten Stadträten. Sie waren verantwortlich und jederzeit absetzbar. Die Polizei, bisher Werkzeug der Staatsregierung, wurde sofort aller ihrer politischen Eigenschaften entkleidet und in das verantwortliche und jederzeit absetzbare Werkzeug der Kommune verwandelt. Ebenso die Beamten aller anderen Verwaltungszweige. Von den Mitgliedern der Kommune an abwärts, mußte der öffentliche Dienst für *Arbeitslohn* besorgt werden."
> (Marx/Engels, Ausgewählte Werke. Bd. 1, S. 491 = Marx, Der Bürgerkrieg in Frankreich III)
>
> „Wir brauchen eine revolutionäre Staatsmacht, wir brauchen (für eine bestimmte Übergangsperiode) den Staat. Dadurch unterscheiden wir uns von den Anarchisten … Wir brauchen einen Staat, aber *nicht* einen solchen, wie ihn die Bourgeoisie braucht, mit Machtorganen, die vom Volke getrennt und dem Volke entgegengestellt werden. Alle bürgerlichen Revolutionen haben lediglich *diese* Staatsmaschinerie vervollkommnet, und sie der einen Partei entrissen und der anderen übergeben. Das Proletariat aber muß, wenn es … weitergehen will, … diese fertige ‚Staatsmaschinerie‘, um mit Marx zu sprechen, *zerbrechen* und sie durch eine neue ersetzen, wo Polizei, Armee und Bürokratie mit dem *bis auf den letzten Mann bewaffneten Volk* eins sind … Das Proletariat muß *alle* armen und ausgebeuteten Schichten des Volkes organisieren und bewaffnen, damit sie die Organe der Staatsmacht *selbst* übernehmen, damit sie *selbst* und unmittelbar die Institutionen dieser Staatsmacht *bilden*."
> (Lenin: Briefe aus der Ferne III, 11./24. März 1917, in: Werke, Bd. 23. Berlin 1957, S. 339 ff.)
>
> **Aufgaben:**
> Vergleichen Sie die beiden revolutionären Situationen miteinander, wie sie Marx und Engels beschreiben.
> Welche Funktion hat für Lenin der Staat in dieser Phase?

Unterrichtsschritt 2:
Bürgerlicher oder sozialistischer Weg

Im Unterrichtsgespräch soll die Übereinstimmung zwischen den Forderungen Lenins und den Grundproblemen des russischen Volkes herausgearbeitet werden. Die Vorteile, die sich dadurch für die Bolschewiki ergaben, werden durch Gegenüberstellung mit der Politik der Provisorischen Regierung und der Räteorgane erkannt.

Die Schüler können diese Politik aus der Zeittafel erarbeiten (s. Vorschlag für eine Zeittafel S. 44/45). Diskutiert werden sollte die schwierige Position, in der sich die Räteorgane, speziell die Menschewiki und Sozialrevolutionäre, befanden: einerseits wurden sie von den Bolschewiki als Gehilfen der Bourgeoisie angeprangert, da sie in allen aktuellen Fragen zur Geduld aufriefen, was von der Masse immer mehr als Abwarten auf den Sankt-Nimmerleins-Tag verstanden wurde; andererseits mußten sie darauf achten, daß diese Demokratie nicht in autoritäre Hände kam, denn die Gefahr einer Militärdiktatur war konkret. Ein wesentliches Problem blieb die Bindung an die Kriegspolitik der Regierung.

Mit Hilfe der Zeittafel erarbeiten die Schüler die politischen Verhältnisse von April bis September. Herauszustellen ist die „Aprilkrise", nach der sich dann zeigte, daß trotz einer Kabinettsumbildung die anstehenden Probleme auch von einem Sozialrevolutionär als Landwirtschaftsminister und einem Menschewik als Arbeitsminister nicht gelöst werden konnten, da die Anforderungen des Krieges dem entgegenstanden.

Die Demokratisierung der Armee (Befehl Nr. 1, Arbeitsblatt 4) zeigte den Widerspruch, der zwischen Volk und Regierung bestand; auch ein Kriegsminister Kerenskij konnte diesen Widerspruch nur für kurze Zeit verschleiern. Das militärische Desaster zeigte sich in der Juli-Offensive, das politische in der Handlungsunfähigkeit der Regierung beim Kornilov-Putsch.

Parallel zur Regierungspolitik sind die Aktivitäten der Bolschewiki zu erarbeiten und ebenfalls im Tafelbild festzuhalten.

Unterrichtsschritt 3:
Bolschewiki erobern die Macht

Die Ereignisse bis zum Umsturz im Oktober werden im Lehrervortrag vermittelt. Folgendes scheint wesentlich:
Geradezu als „Transmissionsriemen" (Lenin) dienten die Arbeiter- und Soldatenräte den Bolschewiki beim Sturz der Provisorischen Regierung. Nachdem die Bolsche-

wiki die Arbeiter- und Soldatenräte in Moskau und Leningrad beherrschten, wurde der Aufstand künstlich in Gang gesetzt; diesmal handelte es sich nicht um eine spontane Massenerhebung, sondern um einen generalstabsmäßig geplanten Aufstand unter Leitung eines legalen Räteorgans, des Revolutionären Militärkomitees unter der Leitung Trotzkis.

Der Lehrer liest folgendes Zitat aus der wissenschaftlichen Literatur vor: „In weiten Teilen der Stadt wurden diese Vorgänge kaum wahrgenommen, das Theater- und Konzertleben erlitt keine Unterbrechung." (D. Geyer, Oktoberrevolution, S. 130).

Auswertung: Die Bolschewiki füllten lediglich ein Machtvakuum, und es gab keine politische Kraft, die bereit war, die Errungenschaften der Februarrevolution und damit die Anfänge des demokratischen Parlamentarismus zu retten.

Unterrichtsschritt 4:
Weshalb siegten die Bolschewiki?

Das Unterrichtsgespräch geht auf die bisherigen Erkenntnisse ein; dabei wird beachtet, daß die Bolschewiki nur eine Mehrheit in den Sowjets von Moskau und Leningrad hatten, daß aber keineswegs davon ausgegangen werden kann, daß sie eine Mehrheit im russischen Volk hatten. Vielmehr rechneten sie mit der „Gleichgültigkeit und Uninteressiertheit" (Lenin) des Volkes. Das Näherrücken der Deutschen wie die gesamte Kriegssituation schwächte die Provisorische Regierung und kam den Bolschewiki zugute. Als das Winterpalais gestürmt wurde, gab es keinen nennenswerten Widerstand.

Ergänzung:
Mit Hilfe eines wissenschaftlichen Textes von D. Geyer (siehe Vorschlag für ein Arbeitsblatt)

Vorschlag für ein Arbeitsblatt (Unterrichtsschritt 4, Ergänzung)

Weshalb scheiterte das demokratische Experiment?

Zur politischen Bilanz der Oktoberrevolution in Rußland gehört das Scheitern der parlamentarischen Demokratie, noch ehe diese Staatsform ihre Institutionen hatte ausbilden können. Was in der Februarrevolution angelegt schien, kam nun nicht mehr auf. Das demokratische Experiment, das in einer Allrussischen Verfassunggebenden Versammlung hätte Halt finden sollen, wurde von der bolschewistischen Parteiherrschaft abgelöst, und die Sieger versprachen, in der neubegründeten Sozialistischen Sowjetrepublik die Diktatur des Proletariats zu exekutieren. Es ist oft gefragt worden, ob dieser Fehlschlag der Demokratie für folgerichtig oder gar für unvermeidlich gelten müsse, ob, anders gesagt, der Erfolg der Bolschewiki dafür spreche, daß Rußland aufgrund seiner sozialen und politischen Unterentwicklung den demokratischen Verfassungsmodellen Westeuropas, die 1917 hatten eingerichtet werden sollen, nicht gewachsen gewesen sei.

Zu einer sicheren Antwort kommt man nicht leicht. Was sich sagen läßt, leidet darunter, daß die Probe aufs Exempel unter den extremen Bedingungen einer Ausnahmesituation angestellt werden mußte, in einer Zeit des Krieges, in der nicht nur die politische Ordnung, sondern die soziale Welt im ganzen in Revolution befindlich war. Nach allem, was wir von der Vorgeschichte wissen, können die Entwicklungschancen für eine Demokratie bürgerlichen Zuschnitts in Rußland nicht groß gewesen sein. Die „bürgerlichen" Kräfte in diesem Land versammelten nur einen kleinen Partikel der Nation. Auch unter normaleren Verhältnissen, als sie nach dem Zusammenbruch des alten Regimes gegeben waren, hätte sich eine demokratisch-parlamentarische Verfassung nicht automatisch funktionsfähig machen lassen. Seit den Februarereignissen aber dominierte die Revolution, das schlechthin Anormale. Die dünnen Schichten der Gesellschaft, deren politische Überzeugungen dem westeuropäischen Demokratiebegriff nahegekommen waren, hatten einen möglichst schmerzlosen, geräuscharmen Kabinettswechsel erhofft, der die Regierung in die Hand der Duma bringen sollte. Statt dessen fanden sie sich nach dem Sturz der Monarchie dazu gedrängt, über ihre eigenen Voraussetzungen hinauszugehen. Was dieser Entwicklung zugrunde lag, war die massive Intervention breitester Bevölkerungsschichten in die Politik. Diese Einmischung hat viele Konzepte zunichte gemacht. Es hatte sich gezeigt, daß die Revolution als Massenerscheinung nicht nur die Selbstherrschaft des Zaren rasch überholte, sondern auch die Möglichkeiten einer konstitutionellen Monarchie zerschlug, jener Zwischenform, in der der russische Liberalismus die politische Freiheit hatte bergen wollen. Die politische Gesellschaft der Zarenzeit wurde unvermittelt gezwungen, demokratische Politik zu praktizieren, deren Maßstäbe und Begriffe nicht die eigenen waren. Ihre soziale Basis war zu schmal, um den gewaltigen Emanzipationsprozeß freigesetzter Bevölkerung politisch zu integrieren und ihn an Institutionen zu binden, die erst noch geschaffen werden mußten. Die Revolution, derer es bedurfte, um mit dem Aufbau demokratisch-parlamentarischer Einrichtungen beginnen zu können, besaß eine Dynamik, die sich jeglicher Konsolidierung entzog. In der Konfrontation zwischen der Provisorischen Regierung und den Räteorganen ist dieses Dilemma von Beginn an abgebildet gewesen.

Nicht nur mangelnde Entschlußkraft war es, die sich dergestalt ein Alibi schuf, auch das schiere Unvermögen, umfassende Reformen unter dem Gesetz des Krieges durchzuführen, wurde auf diese Weise tabuisiert. Solange die Kriegführung Priorität besaß, konnte der Regierung an der Konstituante nicht viel gelegen sein. Die wiederholte Verschiebung des Wahltermins mag von hier aus verständlich werden.

Keine Notstandsregierung sehnt sich nach einem demokratischen Parlament. Vor allem Kerenskij mußte darauf sehen, die ihm zugewachsenen Vollmachten der parlamentarischen Legitimitätsprüfung tunlichst zu entziehen. Was ihm, der Rußland in der Kriegsallianz festhalten wollte, vonnöten schien, war öffentliche Akklamation, nicht parlamentarische Kontrolle. (...)

Wie die Dinge lagen, hätte die Verfassunggebende Versammlung, wäre sie zustande gekommen, eine Fülle schwierigster Fragen nicht vor sich herschieben können, sondern sie unverzüglich beantworten müssen: Die verfassungsrechtliche Einordnung der Räteorgane in den neuen Staatszusammenhang gehörte dazu, vor allem aber die große Landreform und die föderative Umbildung des Russischen Reichs in einen multinationalen Bundesstaat. Namentlich von den beiden letztgenannten Entscheidungen waren weitergehende Folgen zu erwarten. Was Rußland ohnedies kaum noch vermochte, nämlich: in der Kriegsallianz gegen Deutschland festzustehen, wäre dann vollends fragwürdig geworden. Es mußte damit gerechnet werden, daß der Preis für die Reform gleichbedeutend sein würde mit dem separaten Ausscheiden Rußlands aus dem Krieg, mit der Aussicht, weite Gebiete des Reiches einschließlich Polens dem Feind überlassen zu müssen. In dieser Perspektive lag eine Konsequenz, die niemand, außer den Bolschewiki, verantworten wollte.
(D. Geyer, Die Russische Revolution, S. 107 ff.)

Aufgabe:
Gab es 1917 mögliche Alternativen zu der tatsächlichen Entwicklung der Ereignisse?

wird die Entwicklung zur Revolution in Beziehung gesetzt zu möglichen Alternativen im Jahr 1917. Gerade diese Überlegungen sind es, die heute, 1990, wiederum aktuell sind, denn die gesamte russische Geschichte wird jetzt zur Disposition gestellt. Gab es im Februar und in den folgenden Monaten wirklich keine Chance für eine parlamentarische Demokratie? Gab es andere Alternativen?

9. Stunde:
Beurteilung der Oktoberrevolution

Vorbemerkung

Die Beurteilung der Oktoberrevolution soll nicht nur die zweite, die sozialistische oder proletarische Revolution zum Thema haben, sondern die gesamte Entwicklung bis zum Sturz der Provisorischen Regierung einschließen.

An kaum einem anderen Ereignis der neueren Geschichte läßt sich so starke Polarisierung erkennen, wie bei der Beurteilung der Oktoberrevolution. Die Geschichtsschreibung war lange Zeit vom krassen Gegensatz marxistisch – nichtmarxistisch gekennzeichnet. Der Schwerpunkt der Stunde soll auf den Fragen liegen: Wie lassen sich die unterschiedlichen Beurteilungen erklären? Wie kann man zu einem möglichst gerechten Urteil gelangen? Wünschenswert wäre es, wenn die Schüler dabei ihren eigenen Standpunkt mitreflektieren könnten. Die Beschäftigung mit diesem Thema scheint auch deshalb wichtig, weil die Schüler durch Vergleiche verschiedener Auffassungen historische Ereignisse noch systematischer erarbeiten können und vergleichbare Kriterien heraussuchen müssen. Leider muß darauf verzichtet werden, die konkreten Entstehungsbedingungen der Texte in die

Stunden einzubeziehen. Bei dem Vergleich verschiedener Texte sollen die Schüler die ideologischen und politischen Ausgangspositionen der Verfasser erkennen und beurteilen. Da sämtliche bisherigen Erkenntnisse mitverarbeitet werden müssen, erhält die Stunde auch einen zusammenfassenden Charakter.

Probleme könnten dadurch entstehen, daß Urteile über die Revolution in Rußland oft schon, offen und versteckt, die spätere Entwicklung mitenthalten.

Ziele der Stunde

Die Schüler erkennen,
– daß historische Erkenntnis weitgehend von Interessen des Betrachters bestimmt sein kann;
– daß einseitig ausgewählte Kriterien und das Weglassen bestimmter Problemkreise zu einer Verfälschung der Geschichte führen.

Die Schüler erarbeiten
– Fragestellungen zur Beurteilung von Texten.

Die Schüler beurteilen
– das Erkenntnisinteresse von Texten;
– den Aussagegehalt von Texten.

Unterrichtsschritt 1:
Zustimmung

Aus den Thesen des Zentralkomitees der KPdSU (Arbeitsblatt 8) können die Schüler erkennen, wie die Oktoberrevolution von offizieller Seite beurteilt wurde und wo Schwerpunkte gesetzt werden.

Die neue Ordnung wird als „Modell" verstanden; dieses Modell wird dann mit sozialen und ökonomischen Kriterien untersucht. Hervorgehoben wird außerdem die internationale Bedeutung der Oktoberrevolution. Eine Beurteilung dieses Textes wird dadurch erschwert, daß die Schüler die weitere Entwicklung der hier aufgeführten Aspekte noch nicht kennen. Hier hilft der Lehrer mit Erläuterungen und Korrekturen. Es wäre möglich, mit Hilfe der „Umsturzdekrete" (Dekret über Frieden, Boden, Rechte der Völker Rußlands, Verstaatlichung des Handels und der Industrie) die Erfolge des Regimes zu überprüfen. Bei der Formulierung „Lösung der Agrarfrage zugunsten der Bauern" wird erklärt, daß die Bolschewiki dem Wunsch der Bauern nach individualistischer Wirtschaftsform zunächst nachkamen, die Industrie jedoch sofort verstaatlichten. Hier soll bereits auf die Kollektivierung der Landwirtschaft hingewiesen werden.

Ergänzt wird diese Stellungnahme durch Äußerungen von Gorbatschow, von Shaw und von Feuchtwanger.

Bei einem Vergleich der Texte fällt auf, daß es in einer Festrede üblich ist, Lenin bzw. die Große Sozialistische Oktoberrevolution in höchsten Tönen zu preisen; zum andern, daß diese Leistungen unangreifbar scheinen, obwohl russische Historiker inzwischen die Frage stellen, ob es denn nicht im Februar 1917 Alternativen zu der erfolgten Entwicklung gegeben hätte. Bei der Gorbatschow-Rede mag hinzukommen, daß er sie in einer Phase gehalten hat, in der er vor allem konservative Gegner um sich hatte. Auffallend ist auch, daß Gorbatschow auf die Entwicklung der russischen Geschichte vom Ende des 18. Jahrhunderts an eingeht, vergleichbar den Äußerungen Feuchtwangers, der eine Parallele zur deutschen Klassik zieht (siehe Exkurs).

Erwartete Ergebnisse:
Zu den Thesen von 1970:
– Oktoberrevolution als „Modell" zur

Lösung sozialer Probleme
- Befreiung der Völker aus nationalem und kolonialem Joch
- durch Diktatur des Proletariats Verwandlung des Privateigentums in gesellschaftliches Eigentum

Zu Gorbatschow:
- Oktoberrevolution als Sternstunde der Menschheit
- im 18. Jahrhundert schon geistig angelegt
- Revolution des Volkes für das Volk
- Entscheidung im 20. Jahrhundert für den Sozialismus, gegen den Kapitalismus

Zu Shaw:
- unkluge Reaktion des Westens durch Isolierung der UdSSR

Zu Feuchtwanger:
- Vergleich mit deutscher Klassik
- Traum von der „Internationalen des Geistes"

Weiterhin wird folgende Frage gestellt:
Wovon ist unser eigenes Urteil abhängig?
Möglicher Ansatz:
- von den eigenen sozio-ökonomischen Verhältnissen und dem Umfeld unserer Erziehung, von unserem Sozialisationsprozeß
- von den bisherigen Erfahrungen mit dem Kapitalismus
- von den Mißerfolgen der sozialistischen Systeme.

Um Schwarzweißmalerei zu verhindern, wird zum Abschluß die Frage gestellt:
Wird dadurch nicht jede Kapitalismuskritik hinfällig?

Exkurs:
Feuchtwangers Bezug zur deutschen Klassik legt einen Beitrag zum fächerübergreifenden Unterricht nahe; ausgehend von den Versen aus „Faust II":
Vers 11 563: „Eröffn' ich Räume vielen Millionen, Nicht sicher zwar, doch tätig-frei zu wohnen."

Vers 11 580: „Auf freiem Grund mit freiem Volke stehn."
„Viele Millionen" sind aufgefordert, „frei" von Leibeigenschaft „tätig" zu sein, gleichgültig in welcher Eigentumsform, aber nationenübergreifend.
Die Utopie des Schlußmonologs ist „aktiv-dynamisch, nicht statisch" (Th. Metscher). „Sie ist Ausdruck der Idee der Weltschöpfung durch Arbeit, der Vorstellung von Freiheit als Tätigkeit, nicht als Zustand." (Thomas Metscher, Faust und die Ökonomie, Das Argument AS 3, 1976)
Ähnliche Gedanken finden sich wieder bei Michail Gorbatschow (siehe Arbeitsblatt zur 18. Stunde).

Unterrichtsschritt 2:
Kritik

Auswertung des Textes von Georg v. Rauch (Arbeitsblatt 8).
Die Schüler untersuchen den Text unter der Fragestellung: Welches Problem ist für den Autor vorrangig? Welche These stellt er auf?
Der Verfasser legt die Meßlatte der westlichen Demokratie an. Die rein personale Geschichtserklärung beachtet nicht die sozio-ökonomischen Faktoren und ignoriert Ansätze im Rätesystem, vernachlässigt das Problem des Krieges.
Im Unterrichtsgespräch wird herausgestellt, daß Rauch vor allem vom Scheitern der Demokratie spricht, die aus dem Mangel an Konsequenz und Entschlußkraft, an politischem Geschick, an dem Mangel an Klarheit des Willens usw. erklärt wird.
Es folgt die Beurteilung der Gegenseite, die die Bedeutung der Macht einzuschätzen wußte und außerdem noch eine „personelle Konstellation von einzigartiger Schlagkraft" bildete. Durch „demagogische Leidenschaft", „kalten Zynismus", „dämonischen Machtwillen" usw. erreichten Lenin und Trotzki schließlich ihr Ziel.
Gefragt werden muß hier nach dem Erkenntniswert und den Folgen derartiger

Geschichtsschreibung, ebenso wie nach den Problemen, die nicht angesprochen wurden.

Unterrichtsschritt 3:
Fragen zur Beurteilung der Oktoberrevolution

Die Schüler werden aufgefordert, in Gruppen Fragen zur Beurteilung der Oktoberrevolution zusammenzustellen. Mögliche Fragestellungen:
– Wie sah die Zielsetzung der Bolschewiki aus, wie das Ergebnis ihrer Politik?
– Wie wurde politisch vorgegangen?
– Welche Bedeutung hat die Oktoberrevolution bis heute?

Ansätze zur Beantwortung:
– Beseitigung der Reste des Zarismus
– Versuch der Beseitigung der Unterdrückung des Menschen durch den Menschen
– Verstaatlichung der Industrie
– Bodenreform
– Beendigung des Krieges.
– Kaum Partizipationsmöglichkeiten an den Ereignissen für den einzelnen
– Berufsrevolutionäre organisierten bewaffneten Aufstand
– Unterdrückung Andersdenkender
– Oktoberrevolution und Sozialismus zu verstehen als Reaktion auf den Kapitalismus und die damit zusammenhängende soziale Frage
– Das System wurde nach dem 2. Weltkrieg den osteuropäischen Ländern aufgezwungen
– Modell für viele Länder der Dritten Welt
– Außenpolitischer Gegensatz zum westlichen System bis zum Ende der Ära Breschnew mit eskalierender Wirkung in Krisenzeiten („Kalter Krieg").

Hausaufgabe:
Vorbereitende Quellenarbeit: Maßnahme und Dekrete der Sowjets 1917/18:
Dekret über die Verstaatlichung von Grund und Boden;
Dekret über die Arbeiterkontrolle;
Dekret über die Verstaatlichung der Industrie (Lehrbuch).

Aufgabenstellung:
1. Nennen Sie die ergriffenen Maßnahmen. Gliedern Sie diese nach übergeordneten Bereichen.
2. Erläutern Sie den Begriff „Sozialisierung".
3. Beurteilen Sie die Maßnahmen. Ziehen Sie dazu auch Lenins „Aprilthesen" heran.

10./11. Stunde: Die Wirtschafts- und Gesellschaftspolitik Lenins

Vorbemerkung

Thema der beiden Stunden ist die Wirtschaftspolitik der Bolschewiki als eine Art „Entwicklungspolitik des Sozialismus".
In der ersten Stunde wird „Lenins sozialistisches Experiment: der sog. ‚Kriegskommunismus' (1917–1921)" und dessen soziale und ökonomische Folgen untersucht (10. Stunde). Die zweite Stunde ist dessen faktischer Umkehr in der „Neuen Ökonomischen Politik: NEP (ab 1921)" (11. Stunde) gewidmet. Der Bürgerkrieg selber kann nur am Rande gestreift werden.
Bedeutsam scheint es zu zeigen, daß sich die Wirtschaft des kommunistischen Rußland nicht gradlinig, sondern in mehreren Etappen entwickelte, die sich z. T. widersprachen und von heftigen Krisen begleitet waren.

Wichtiger Bestandteil beider Stunden ist ferner die Frage, inwieweit die Theorie des Marxismus-Leninismus in den beiden Wegen der Wirtschafts- und Gesellschaftspolitik ihren Niederschlag gefunden hat. Es kann dabei schon aus zeitlichen Gründen nicht darum gehen, alle Maßnahmen der Programme ausführlich darzustellen und jede einzelne kritisch nach ihrem ideologisch-programmatischen Stellenwert zu hinterfragen, vielmehr gilt es, das jeweilige Gesamtkonzept aufzuzeigen und zu beurteilen.

Dabei muß darauf hingewiesen werden, daß

1. in den ersten Jahren bolschewistischer Herrschaft (1917–1921) im sog. Kriegskommunismus der Versuch unternommen wurde, „den revolutionären Prozeß im Lande voranzutreiben" (R. Lorenz, in: Rußland, S. 281) mit dem Ziel, durch Errichtung einer „revolutionär-demokratischen Diktatur des Proletariats und der Bauernschaft" (zit. nach K.-H. Ruffmann, Sowjetrußland, dtv-Weltgeschichte des 20. Jahrhunderts, Bd. 8, München, 5/1975, S. 96) den Sozialismus möglichst rasch aufzubauen, und zwar vor dem Hintergrund eines erbitterten und opferreichen Bürgerkrieges, der die Wirtschaftseinheit des ohnehin unterentwickelten Rußland zerstörte, sowie unter den Bedingungen einer ausländischen Intervention und außenpolitischer Isolierung des Landes.

In diesem Zusammenhang kann gezeigt werden, daß Lenin bei dieser Politik auf „das Programm der von ihm heftig bekämpften Sozialrevolutionäre" zurückgriff, nach dem „der Grund und Boden der gemeinsame Besitz aller Werktätigen darstellt" (K.-H. Ruffmann, Sowjetrußland, S. 97), das er in die neue bolschewistische Wirtschaft integrierte, die „auf zwei Grundpfeilern ruhte [...]: der Sozialisierung, meist Nationalisierung, sämtlicher Produktionsmittel und der zentralen Steuerung und Planung aller Wirtschaftsvorgänge" (K.-H. Ruffmann, Sowjetrußland, S. 97).

Der Bürgerkrieg und der bäuerliche Widerstand zwangen zur „Militarisierung" der Wirtschaft und zur Errichtung der „Ernährungsdiktatur" im Mai 1918, gekennzeichnet durch eine rücksichtslose Ausbeutung der Bauern, ferner zum Übergang zur „proletarischen Naturalwirtschaft" mit Rückgang der Markt- und Geldordnung, in der Löhne immer mehr in Naturalien bezahlt wurden, Geldsteuern abgeschafft waren.

Dahinter steckte die Überzeugung, „daß bei dem zu erwartenden raschen Übergang in den angestrebten kommunistischen Endzustand von Wirtschaft und Gesellschaft, d. h. beim Aufhören jeglicher Produktion für den Markt, auch das Geld als allgemeines Tauschmittel wertlos werden würde (K.-H. Ruffmann, Sowjetrußland, S. 97).

Doch das Projekt des „Kriegskommunismus", geboren aus der scheinbaren Notwendigkeit des Krieges, den Sozialismus praktisch „in einem Atemzug" zu verwirklichen, schlug fehl, die Produktivität sank weit unter den Vorkriegsstand und die Wirtschaft verfiel, die Bevölkerung verharrte in einem erbärmlichen Hungerdasein, mehr als fünf Millionen Menschen verhungerten.

Lenins Politik scheiterte v. a. daran, daß sie die „stete Wechselwirkung zwischen Finanz- und Geldwirtschaft einerseits und Agrar- und Industrieproduktion andererseits" nicht berücksichtigte (K.-H. Ruffmann, Sowjetrußland, S. 100), aber auch am Mangel qualifizierter Fachkräfte in Industrie, Verwaltung und Planung;

2. die Behandlung der „Neuen Ökonomischen Politik" ist heute um so wichtiger, als

Vorschlag für eine Zeittafel (Stunden 9, 10/11)

Die Wirtschafts- und Gesellschaftspolitik Lenins 1917–1924/28:

I. Der sog. Kriegskommunismus 1917–1921

1. Agrarbereich:

26.10.1917:	Dekret über den Grund und Boden
Februar 1918:	Grundgesetz über den Boden
Frühjahr 1918:	Bodenverteilung zum größten Teil abgeschlossen
Mai 1918:	Beginn der sog. Ernährungsdiktatur als Folge der katastrophalen Ernährungslage Lenin: „Es könnte scheinen, als sei das nur ein Kampf um das Brot; in Wirklichkeit ist das der Kampf um den Sozialismus."
Januar 1918:	staatl. Requisitionssystem durch Gesetz zur Ablieferungspflicht gesetzlich abgesichert. Bildung städtischer Lebensmittelbeschaffungseinheiten Ausspielen Arbeiter gegen Bauern und Bauern gegen Kleinbauern und Dorfarmut
Juni 1918:	Bildung von Komitees der Dorfarmut
Ende 1918:	deren Auflösung und Bildung von Dorfsowjets

2. Industriebereich:

Nov. 1917:	Dekret über die Arbeiterkontrolle
März 1918:	Umorientierung der Industriepolitik
Mai 1918:	Erster Gesamtrussischer Volkswirtschaftskongreß: planmäßige Nationalisierung der Industrie, der Banken und des Transport- und Handelssystems
Juni 1918:	Dekret des Rates der Volkskommissare über die Verstaatlichung der Industrie
Nov. 1918:	Nationalisierung auch des Binnenhandels
Januar 1920:	„Militarisierung der Arbeit" (Trotzki) „proletarische Naturalwirtschaft" erster Energieplan gibt der Elektrizität Priorität
Dez. 1920:	GOELRO-Plan: „Neugestaltung aller Wirtschaftszweige auf der Basis der elektrischen Energie"
Winter 1920/21:	Zusammenbruch der Gesamtwirtschaft, Hungerrevolten auf dem Land und in den Städten Roheisenproduktion sinkt auf den Stand der Produktion unter Zar Peter I. (1689–1725).

II. Die Neue Ökonomische Politik NEP 1921–1928

1921:	sog. GOS-Plan: Koordinierung der Gesamtwirtschaft durch eine staatliche Plankommission X. Parteikongreß beschließt Übergang zum sog. Staatskapitalismus und Beendigung des sozialistischen Experiments des Kriegskommunismus Verbot aller Oppositionsgruppen, Gleichschaltung der Gewerkschaften (nun verlängerter Arm der Partei!)

Michail S. Gorbatschow sich diese Politik als ein „Vorbild" für seine Politik der „Perestroika" genommen hat.

Die „Ernährungsdiktatur" hatte sich als eine Sackgasse erwiesen, die „den Bolschewiki einen Sieg der verbrannten Erde" gebracht hatte (Chr. Schmidt-Häuer, Sowjetrußlands sieben reiche Jahre, in: DIE ZEIT Nr. 7 vom 12. 2. 1988, S. 23). Lenin befürchtete allem Anschein nach eine Gegenrevolution und warf das Steuer herum. Ohne jede Vorbereitung und ohne Debatte verabschiedete der X. Parteikongreß im März 1921 eine neue Politik, die einen bescheidenen Pluralismus brachte und die „zu kooperativem Nebeneinander von Plan- und Privatwirtschaft, zu offenen Disputen in den Reihen der Partei" führte (Chr. Schmidt-Häuer, Sowjetrußlands sieben reiche Jahre, in: DIE ZEIT Nr. 7 vom 12. 2. 1988, S. 23). Die NEP war zunächst eine Politik zugunsten der Bauern, um die katastrophale Versorgungslage durch Produktionsanreize zu verbessern. Ursprünglich beabsichtigte Lenin,

– die Wiedereinführung von „Marktbeziehungen" auf lokale Zentren zu beschränken;
– diese sollten dann mit dem Staat den Austausch der Güter betreiben.

Aber die Entwicklung beschleunigte sich selbst und riß die Bolschewiki mit. Sie anerkannten den Monetarismus, zuvor noch als typisches Zeichen der kapitalistischen Ausbeutung bezeichnet – Einführung des „Roten Rubels" = Tscherwonjez, Ende 1922. (Die Münze dürfte den Münzsammlern unter den Schülern ein Begriff sein.) Völlig revidiert wurde die Lohnpolitik: der Stücklohn wurde wieder zugelassen, ebenso leistungsbezogene Löhne; auch wurde ein Prämiensystem zur Steigerung der Produktivität eingeführt. Den Bauern wurde zwar das Land nicht mehr als Eigentum ge-

geben – Grund und Boden blieben Eigentum des Staates –, aber ihre Besitzrechte wurden garantiert. Auch durften wieder Pachtverträge abgeschlossen und in begrenztem Maße Landarbeiter eingestellt werden.

Im Gewerbe konnten ebenfalls Kleinbetriebe gepachtet werden, und in den Großbetrieben galt die Devise „Dezentralisierung und Kommerzialisierung".

Dies aber führte wieder zu einer starken Differenzierung der Gesellschaft und bedeutete eine völlige Abkehr von der bislang propagierten sozialen „Gleichmacherei". Lenin selbst hat diese Politik der „NEP" als „Staatskapitalismus" bezeichnet, als einen vom Staat kontrollierten partiellen Kapitalismus, in dem gleichzeitig die zentrale Planung und Lenkung ausgebaut wurde.

Immerhin gelang es, die Wirtschaft zu stabilisieren, die Produktion in vielen Bereichen wesentlich zu steigern, das Chaos zu beseitigen, den Optimismus in der Bevölkerung zu wecken – deutliches Zeichen dafür war „ein erstaunliches Wachstum der Bevölkerung (...) mit über 4 Millionen Geburten pro Jahr" (von 1922 bis 1926 um 15 Mio. von etwa 132 auf rund 147 Mio.) (K.-H. Ruffmann, Sowjetrußland, S. 106). „Rückblickend erscheint die NEP-Zeit im Bewußtsein des Sowjetbürgers, insbesondere nach der schweren Zeit der Industrialisierung und noch bis zur Gegenwart, als eine Art goldenes Zeitalter" (A. Karger, Sowjetunion, S. 122).

Die NEP aber war in der Partei nicht unumstritten, und in der Diskussion zwischen Befürwortern wie Bucharin und Rykow und Gegnern wie Leo Trotzki deutete sich jene große Auseinandersetzung an, die nach dem Tode Lenins 1924 zu immer neuen „Säuberungswellen" und schließlich zur Diktatur Stalins führte. „In dem Maße, wie die Führung ihre Kontrolle über Kultur,

Kleinhandel und die 25 Millionen bäuerlicher Haushalte lockerte, baute sie ihr politisches Monopol über die Partei aus" (Chr. Schmidt-Häuer, „Bereichert Euch, entwickelt die Wirtschaft", in: DIE ZEIT Nr. 8 vom 19. Februar 1988, S. 28). Auf dem X. Parteitag wurde neben der NEP auch ein Verbot jeglicher „Fraktionsbildung" innerhalb der Partei verfügt. Der zentrale Parteiapparat unter Leitung von Josef Stalin erhielt das Recht, Strafen zu verhängen und Posten zu verteilen. Stalin schuf damals eine „Nomenklatura", die zur Basis seiner Diktatur in den dreißiger und vierziger Jahren wurde.

Die NEP hatte die Überbürokratisierung verhindern wollen, schuf aber letztlich die Basis des „Behördenstaates", wie er die UdSSR kennzeichnet.

Ziele der Stunden

Die Schüler erkennen
- die Inhalte der Termini „Kriegskommunismus", „Ernährungsdiktatur", „proletarische Naturalwirtschaft", „NEP";
- die Hauptziele, die nach der erfolgreichen Revolution angestrebt werden mußten.

Die Schüler erhalten Einsicht
- in die Gründe für das Scheitern des „Kriegskommunismus" und
- in die Tatsache, daß die „NEP" die Machtverhältnisse konsolidierte, die Wirtschaft vor dem endgültigen Chaos rettete, die Hauptprobleme aber nicht endgültig löste.

Die Schüler erarbeiten anhand von Quellentexten
- die wesentlichen Maßnahmen, die beide politischen Maßnahmen kennzeichnen und vergleichen diese miteinander.

Die Schüler beurteilen
- sowohl die Politik des „Kriegskommunismus" als auch die NEP unter den ideologischen Gesichtspunkten der marxistisch-leninistischen Theorie.

10. Stunde: Lenins „sozialistisches Experiment": Der sog. „Kriegskommunismus" (1917–1921)

Verlaufsskizze

Unterrichtsschritt 1:
Absichten und Ziele des „Kriegskommunismus" Lenins

Dieser Schritt dient der Festigung des erarbeiteten Stoffes und der Motivierung der Schüler.

Im Unterrichtsgespräch sollten folgende Gesprächsimpulse berücksichtigt werden:
- Welche wesentlichen Ziele mußten nach der erfolgreichen Revolution verfolgt werden? (Hier könnte gefragt werden, ob die Revolution überhaupt erfolgreich, ja abgeschlossen war.)
- War deren Durchsetzung ohne weiteres möglich?

Ergebnisse:
- Rettung der Revolution angesichts der Bedrohung durch die „Weißen" und durch alliierte Interventionstruppen
- „Demokratisierung" aller Bereiche, besonders der Armee
- Durchführung einer Agrarrevolution
- Aufbau einer sozialistischen Gesellschaft ohne Einschränkungen

Die Ergebnisse werden sukzessive im Tafelbild festgehalten.

Unterrichtsschritt 2:
Maßnahmen der Bolschewiki 1917/18

Auswertung der Hausaufgabe im Unterrichtsgespräch. Als Aufgabe wurde gestellt, folgende Texte auszuwerten:
1. das „Dekret über die Verstaatlichung von Grund und Boden" (November 1917)
2. das „Dekret über die Arbeiterkontrolle" (November 1917)
3. das „Dekret des Rates der Volkskommissare über die Verstaatlichung der Industrie" (Juni 1918)

Die Texte finden sich in den gängigen Oberstufenlehrbüchern.

Aufgaben:
1. Nennen Sie die ergriffenen Maßnahmen. Gliedern Sie diese nach übergeordneten Bereichen.
2. Erläutern Sie den Begriff „Sozialisierung".
3. Beurteilen Sie die Maßnahmen. Ziehen Sie dazu auch Lenins „Aprilthesen" heran.

Ergebnisse:
Zu 1:
„Dekret über die Verstaatlichung von Grund und Boden" (November 1917);
„Dekret über die Arbeiterkontrolle" (November 1917);
„Dekret über die Nationalisierung der Industrie" (Juni 1918).
– Auflösung des Gutsbesitzes und Übernahme der Verwaltung dieses Besitzes durch Dorfkomitees und Bauernräte
– Aufhebung des privaten Landbesitzes, Verkaufs- und Verpachtungsrechts
– Nutzungsrecht für die Bauern
– Verstaatlichung aller Bodenschätze, aller Wälder und Gewässer und deren Bewirtschaftung durch die lokalen Selbstverwaltungsorgane

– Verbot, bezahlte Arbeitskräfte auf dem Lande zu haben
– Verstaatlichung der Industrie und des Handels
– Demokratisierung der Betriebe.
(siehe Tafelbild)

Zu 2:
„Sozialisierung" heißt hier, daß der „Staat durch seine zentralen und lokalen Organe alle Produktionsmittel in eigener Regie übernahm" und das Privateigentum bis auf das notwendigste einschränkte. „Es wurden dem Besitzer nicht nur Fabriken, Eisenbahnen und Banken weggenommen, sondern auch Privathäuser jeder Größe, große Bibliotheken, privater Wertbesitz wie Gold und Schmuck" (W. H. Chamberlain, Die Russische Revolution, Frankfurt 1958, Bd. 1, S. 90). Das hieß aber auch, daß der Staat die Arbeitskraft jedes Bürgers nutzen und kontrollieren wollte. Ein weiteres Merkmal ist, daß der Staat alles selbst produzieren und verteilen wollte. So entstand eine zentralistische Bürokratie wie der „Oberste Wirtschaftsrat" und das „Ernährungskommissariat".
„Sozialisierung" bedeutete ferner die Abschaffung des Geldes und der Übergang zur „proletarischen Naturalwirtschaft" und die Abschaffung des Marktprinzips.

Zu 3:
Die Bolschewiki wollten möglichst rasch die sozialistische Gesellschaft aufbauen, das hieß totale Umgestaltung der Industrie und der Landwirtschaft.
Aber die Bauern spielten nicht mit. Für sie war mit der Landreform durch das „Dekret über den Grund und Boden" vom November 1917 die Revolution beendet. Sie fühlten sich daher betrogen.

Unterrichtsschritt 3:
Auswirkungen und Folgen des „sozialistischen Experiments"

Auswertung einer Statistik: „Rückgang der Produktion" (siehe Arbeitsblatt 9)
Die Schüler sollen die Ergebnisse des Kriegskommunismus und die Gründe für dessen Scheitern erkennen.

Aufgaben:
1. Analysieren Sie die Zahlenangaben.
2. Begründen Sie die Entwicklung. Ziehen Sie dazu das Lehrbuch heran.

Ergebnisse:
Zu 1:
– Rückgang auf etwa ein Fünftel der Produktion von 1913 (1914 waren es noch rd. drei Viertel gewesen); insgesamt sank die Produktion um etwa zwei Drittel gegenüber 1913. Die Eisen- und Ziegelsteinproduktion kam fast ganz zum Erliegen, ebenso die von Zucker.

Der Lehrer ergänzt diese Informationen:
– die Pro-Kopf-Erträge in der Landwirtschaft sanken gegenüber 1913 auf die Hälfte

Zu 2:
Die katastrophale Wirtschaftslage war Folge der vielen landwirtschaftlichen Kleinbetriebe, der unzulänglichen Verwaltung und Bewirtschaftung der viel zu geringen Zahl von Produktionsgenossenschaften.
Sie war aber auch Folge der Verstaatlichung und des Lohnsystems, die keine Anreize für die Produktion boten und zu einer rapide sinkenden Arbeitsproduktivität führten. Die Überbürokratisierung, erhebliche Organisationsmängel, die Zerstörung der Wirtschaftseinheit durch den Bürgerkrieg und die Probleme, die sich aus der notwendigen Umstellung von der bisherigen Kriegswirtschaft zu einer sozialistischen Friedenswirtschaft ergaben, lähmten die Wirtschaft darüber hinaus.
Auf dem Lande mangelte es an Saatgut und Geräten; die Produktionsstrukturen waren zerstört, die neuen waren entweder noch nicht vorhanden oder arbeiteten uneffektiv. Der Rohstoffmangel führte zu Stillegungen von Fabriken und zu Arbeitslosigkeit.
Der Staat versuchte dem Mangel zu begegnen, verschärfte aber mit seinem Vorgehen die Krise nur noch mehr.
Er verfügte eine Ablieferungspflicht für Agrarprodukte und entwickelte dazu in Zusammenarbeit mit den Komitees der Dorfarmut ein Requisitionssystem, dem die Bauern sich u. a. durch Lebensmittelvernichtung zu entziehen versuchten, da sie für ihre Lieferungen keinen Gegenwert erhielten („Ernährungsdiktatur").
Die Arbeit wurde „militarisiert" durch Planwirtschaft, Zwangsarbeit z. B. zum Holztransport, beim Eisenbahnbau, zum Schneeräumen (Trotzki: „Fortsetzung des Bürgerkrieges um die Brotfrage"; Lenin: „Schonungsloser Krieg den Kulaken!").
Die Bürger wurden zur unbezahlten Mehrarbeit (Subbotnik, von subbota = Samstag) angehalten und gezwungen.
Ein Leninzitat soll dies illustrieren: „Das Kommunistische beginnt erst dort, wo in großem Ausmaße unentgeltliche, von keiner Behörde, von keinem Staat genormte Arbeit von einzelnen zum Nutzen der Gesellschaft geleistet wird" (in: Lenin, Werke, Bd. 20, S. 276).
Ergänzt wird der Begriff „proletarische Naturalwirtschaft":
– Nahrungsmittel, staatliche Dienstleistungen und Konsumgüter wurden kostenlos abgegeben
– Industrieprodukte konnten die Bauern nur im Tausch gegen Naturalien erwerben

– Geldsteuern wurden Februar 1921 durch Naturalabgaben ersetzt.

(siehe Tafelbild)

Unterrichtsschritt 4:
Das System des „Kriegskommunismus" – Beurteilung

Auswertung eines Textes aus der Sekundärliteratur (siehe Arbeitsblatt 9), mit deren Hilfe der Begriff des „Kriegskommunismus" definiert und problematisiert werden soll.

Aufgaben:
1. Zeigen Sie den Argumentationsgang des Textes.
2. Erläutern Sie vom Text ausgehend den Begriff „Kriegskommunismus".

Im Unterrichtsgespräch werden die Ergebnisse zusammengefaßt:

Zu 1:
– Kriegskommunismus als Folge des Kampfes gegen innere und äußere Feinde
– Kriegskommunismus als Mischung von Utopie und Praxis
– „Ersetzung des freien Warenaustauschs durch [. . .] Tauschhandel ohne Geld"
– willkürliche Requirierungspolitik und militärische Arbeitsdisziplin
– negative Wirkung auf Produktion und Verbrauch

Zu 2:
Die Politik des „Kriegskommunismus" war beides: ein aus der inneren Situation heraus entstandener Notbehelf und der Versuch, den Sozialismus auf direktem Weg zu errichten. Er war Bürgerkriegspolitik, Kriegsnotstand und sozialistischer Dogmatismus in einem, der an der Realität scheitern mußte, weil die Menschen an den Grenzen ihrer Leidensfähigkeit angelangt waren.

Der Lehrer ergänzt die gefundenen Ergebnisse durch den Hinweis, daß der spätere Ministerpräsident Rykow schon 1918 die „Ernährungsdiktatur als Irrweg" bezeichnet und eine neue Politik gefordert hat. Zur zeitgenössischen Beurteilung eignet sich ein Zitat des von Lenin sehr hoch geschätzten Ustrjalow, der 1925 den „Kriegskommunismus" im Rückblick beurteilte:

„Ein Mensch, der beschlossen hätte, sich den kommunistischen Dekreten zu fügen, wäre ein paar Wochen nach seinem Entschluß Hungers gestorben, denn ‚legal' war außer dem bekannten Achtel zweifelhaften Brotes und außer einem Teller Brühe aus fauligen Kartoffeln nichts aufzutreiben. Das ganze Land, einschließlich der Kommunisten selbst, lebte gegen die kommunistischen Dekrete, ganz Rußland ‚spekulierte', und es ist natürlich, daß sich offizielle Gründe finden ließen, jeden Bürger zu bestrafen, soviel man wollte" (zit. in: DIE ZEIT Nr. 7 vom 2. 10. 1989, S. 23).

Erweiterung:
1920 war von den Ideen Lenins, den Staat durch ein System von Räten zu regieren, das stehende Heer und die Polizei abzuschaffen – wie er es noch 1917 in der Schrift „Staat und Revolution" angekündet hatte – nichts geblieben. Das lag nicht nur an den Bolschewiki, sondern auch am Bürgerkrieg. „Die Bolschewiki hatten 1920 nach wie vor das Machtmonopol, die Räte waren zunehmend zu einem Instrument der kommunistischen Partei geworden. Das Militär war in der Roten Armee straff organisiert. Eine Bürokratie entstand, die der zaristischen an Unfähigkeit noch überlegen war. Die Geheimpolizei ‚Tscheka' übte ihren Terror gegen alle wirklichen und vermeintlichen Gegner der Bolschewiki aus" (M. Otten, Vor 65 Jahren starb Lenin, Schöpfer der Sowjet-Diktatur, in: DAS PARLAMENT Nr. 1–2 vom 6. 1. 1989, S. 11).
Gegen diese Mißstände erhob sich die „Elite der Revolution", die Matrosen von Kronstadt. Sie wollten eine freie Wahl der Räte und damit die Rückkehr zum ursprünglichen Rätegedanken einer echten Basisdemokratie. Lenin ließ den Aufstand blutig niederschlagen, obwohl er zu-

gab, daß in Kronstadt „nicht nach den Weißen Garden und auch nicht nach unserer Macht" verlangt worden sei.

Hausaufgabe:

Die Schüler sollen anhand des Lehrbuches die politische Lage in Rußland (Bürgerkrieg) erarbeiten und schriftlich zusammenfassen.

11. Stunde:
Die „Neue Ökonomische Politik" NEP (1921–1928)

Verlaufsskizze:

Unterrichtsschritt 1:
Die politische Situation 1918–1921

Auswerten der Hausaufgabe (Lehrbuch) in einem Unterrichtsgespräch:
- Seit Januar 1918 Bedrohung der Staatseinheit durch den Nationalismus der Minderheiten, v. a. in der Ukraine, und, ähnlich wie heute, im Baltikum und in den Regionen des Kaukasus
- Sommer/Herbst 1918: große Krise der Sowjetmacht (Beschränkung v. a auf ein Gebiet mit einem Radius von rd. 500 km um Moskau)
- August 1918: Abtrennung von Estland und Livland
- Landung englischer und französischer Truppen in Murmansk und Archangelsk, japanischer und amerikanischer Einheiten in Ostsibirien
- Vordringen der „konservativ-monarchistischen" Kräfte unter Admiral Koltschak und unter den Generälen Wrangel, Denikin und Judenitsch
- 1919 verstärkter antibolschewistischer „Kreuzzug" Englands und Frankreichs

(Besetzung von Odessa, Batum und Baku)
- Koltschak rückt von Osten her auf die Wolga vor, Denikin beherrscht die Ukraine und Südrußland, Judenitsch bedroht vom Baltikum Petrograd
- doch 1920/21 siegt die Rote Armee unter Leo Trotzki.

Welches waren die Gründe für die Niederlage der „Weißen"?
1. die Uneinigkeit der „Weißen", die sich nur in ihrem radikalen Antibolschewismus einig waren
2. die „Weißen" besaßen weder ein klares gesellschaftspolitisches noch ein ökonomisches Programm, v. a. kein Agrarprogramm für die Bauern
3. die restaurativ-konservative Gesinnung ihrer Führer und die diktatorische Ausübung ihrer Macht in den von ihnen kontrollierten Gebieten, v. a. aber die Angst der Bauern, die alten Gutsherren könnten wieder zurückkommen, schreckte viele ab.

Die Folgen des Kriegskommunismus (Stunde 10) werden kurz wiederholt und an der Tafel festgehalten.

Unterrichtsschritt 2:
Die NEP – der Weg zum Wiederaufbau von Wirtschaft und Gesellschaft

In Schülerpartnerarbeit wird ein Text aus der Sekundärliteratur bearbeitet (siehe Arbeitsblatt 10).
Als Aufgaben werden gestellt:
1. Erläutern Sie den im Text dargestellten Wandel in der Wirtschaftspolitik.
2. Nehmen Sie Stellung zu dem im Text genannten Begriff „Staatskapitalismus".

Die Ergebnisse des Unterrichtsgesprächs werden im Tafelbild festgehalten:

Zu 1:
- Einstellung der Zwangseintreibung von Agrarprodukten
- Naturalabgaben und Geldsteuern
- Währungsreform („Roter Rubel")
- Privater Markt für Lebensmittel und Konsumgüter
- Besitzrecht der Bauern auf das Land, das aber de facto Staatseigentum blieb
- teilweise Reprivatisierung kleinerer Industriebetriebe
- Absage an jede „Gleichmacherei", d. h.
  - leistungsbezogene Löhne
  - Förderung der Privatinitiative
  - Prämiensystem
- Investitionserlaubnis für das kapitalistische Ausland in den Bereichen Bergbau, Maschinenbau, Erdölwirtschaft
- Aufrechterhaltung der Vollsozialisierung in der Grundstoff- und Schwerindustrie, bei den Banken und beim Außenhandel.

Zu 2:
Lenin selbst bezeichnete die NEP als „Staatskapitalismus".
Staatskapitalismus meint hier nicht, daß der Staat an die Stelle der „alten" Kapitalisten getreten ist, sondern einen vom Staat kontrollierten, partiellen Kapitalismus mit Rückkehr zum Monetarismus und zu marktwirtschaftlichen Gepflogenheiten bei weiterem Ausbau der Planung und Lenkung. Folgendes Zitat von K. C. Thalheimer kann den Schülern diktiert werden: „Die Wirtschaftsordnung der Sowjetunion war [...] in der NEP-Periode eine Mischung von Kollektivismus und Individualismus, von Marktwirtschaft und Zentralverwaltungswirtschaft." (zit. in: K.-H. Ruffmann, Sowjetrußland, S. 104)
Die Ergebnisse werden im Tafelbild festgehalten.

Der Lehrer ergänzt die Ergebnisse durch eine Zusatzinformation:

Vorschlag für eine Folie (Unterrichtsschritt 2, Erweiterung)

Lenin: Die russische Volkswirtschaft ist durch fünf verschiedene sozioökonomische Faktoren gekennzeichnet:

1. Faktor:	*die „patriarchalische Bauernwirtschaft"*
	= geschlossene Hauswirtschaft
	= Individualwirtschaft
2. Faktor:	*die zu geringe Warenproduktion*
	= Produktion vornehmlich für den Eigenbedarf
	= geringe Neigung zur Erneuerung des Produktionsapparates
	= veraltete Produktionsmethoden
3. Faktor:	*der privatkapitalistische Sektor*
	= Marktorientierung
	= Profitstreben
4. Faktor:	*der sozialistische Sektor*
	= Produktionsgenossenschaften auf Rätebasis
	= Bank-, Transportwesen, Handel
5. Faktor:	*der staatskapitalistische Sektor*
	= z.B. Meščerskij-Projekt (Plan eines staatskapitalistischen Supertrusts – eine „Nationale Gesellschaft" – mit rd. 300 000 Beschäftigten; fast die gesamte Schwerindustrie umfassend)

(nach: R. Lorenz, in: Rußland, S. 284)

Daß der Staat die Zügel nicht aus der Hand geben wollte zeigt, daß der noch vor der NEP auf dem VIII. Sowjetkongreß Ende 1920 unterbreitete GOELRO-Plan, der eine Überwindung der Energiekrise durch den Bau von dreißig Überlandkraftwerken mit einer Gesamtleistung von 1,5 Mio. Kilowatt und einer 4,6fachen („Neugestaltung der Wirtschaftszweige auf der Basis der elektrischen Energie" gemäß der Devise Lenins: „Kommunismus ist Sowjetmacht plus Elektrifizierung") und der eine zentrale staatliche Plankommission vorsah, während der NEP verwirklicht wurde. Daraus ging im Februar 1921 die sog. GOSPLAN, die erste „Staatliche Plankommission" hervor.

Sie sollte die Wirtschaftsbereiche koordinieren und die Planungen bestimmen.

Dennoch bedeutete die NEP den Sieg der Praxis über die bloße Ideologie, durch die ein wirtschaftlicher Aufschwung eingeleitet wurde. An den folgenden zwei Mißernten und den daraus resultierenden Hungersnöten war weniger die staatliche Wirtschaftspolitik schuld als vielmehr ungünstige klimatische Bedingungen.

Erweiterung:
An dieser Stelle bietet sich an, den Schülern mittels einer Folie Lenins Kennzeichnung der russischen Volkswirtschaft vorzustellen (siehe Vorschlag für eine Folie).

Alternative:
Anstelle des fachwissenschaftlichen Textes kann die Auswertung von Auszügen aus Lenins „Grundsatzreferat" auf dem X. Parteitag der KPR im März 1921 treten; der Text findet sich in zahlreichen Lehr- und Arbeitsbüchern.

Unterrichtsschritt 3:
Das Sowjetsystem 1922 bis 1924

Im Lehrervortrag werden die wesentlichen Merkmale des neuen politischen Systems Rußlands vorgestellt. Folgende Inhalte sollten genannt werden:

– 1921/22: Verbot aller anderen Parteien (Rußland als Einparteienstaat)
– Dez. 1922 offizielle Gründung der UdSSR durch Zusammenschluß von RSFSR mit der Ukraine, Transkaukasiens und Weißrußlands
– Juli 1923 Inkrafttreten der neuen Verfassung:

– föderatives Prinzip
– „Arbeiter- und Bauernstaat" auf der Basis der „Diktatur des Proletariats"
– „proletarische Demokratie" = Verteidigung der Klasseninteressen des Proletariats
Lenin: „auf neue Art demokratisch (für die Proletarier und überhaupt für die Besitzlosen) und auf neue Art diktatorisch (gegen die Bourgeoisie)".

– de facto Herrschaft der Partei und ihres Apparates, der Nomenklatura, da es eine „Interessensidentität" zwischen dem Proletariat und der Partei gebe:
die Partei übernimmt die politische Lenkung in Staat und Gesellschaft (Instrumentalisierung der Sowjets und der gesellschaftlichen Massenorganisationen)
– für die Partei gilt Fraktionsverbot, d. h. Verbot jeglicher Opposition, dafür strikte Parteidisziplin
– drei Organe sorgen für die Einheit in der Partei
  – das **Politbüro**, die Machtzentrale; es bestimmte die „Generallinie" der Politik und war weisungsbefugt, u. a. gegenüber den beiden anderen Organisationen
  – das **Organisationsbüro**; es organisierte die Beschlüsse des Politbüros und überwachte die Organisationen der Partei

– das **Sekretariat**; es kontrollierte den
  Parteiapparat und war Informa-
  tionszentrale der Partei

- Kennzeichen sind:
  - zunehmender Zentralismus und star-
    ke Bürokratisierung, die also schon
    vor Stalin einsetzte
  - schon vor Stalin wurde noch von Le-
    nin die Grundlage für die spätere Dik-
    tatur der dreißiger und vierziger Jahre
    gelegt, auch die Unterdrückungsin-
    strumente (Tscheka, ab 1922 die GPU)
    wurden noch unter Lenin geschaffen.

Daher ist die Berufung auf Lenin
durch Gorbatschow, wenn er seine Politik der Perestroika rechtfertigt, zumindest problematisch.

Hausaufgabe:

1. Welche Entwicklung ergab sich nach
   Lenins Tod in der UdSSR?
2. Wodurch unterschieden sich die Positionen führender Politiker (Entwurf einer Tabelle)?
Die Fragen sind anhand des Lehrbuches zu
bearbeiten.

3. Stalin und der Aufbau des „Sozialismus in einem Lande" (6 Stunden)

12. Stunde:
Kontroversen innerhalb der Partei über den weiteren Weg (1924–1929): Die Auseinandersetzung Stalin–Trotzki

Vorbemerkung

Es ist Aufgabe dieser Stunde

1. zu zeigen, daß die bolschewistische Partei keine monolithische Partei war, was besonders nach dem Tod Lenins am 21. Januar 1924 ganz deutlich zutage trat, daß es vielmehr in ihr Strömungen, Gruppierungen gab, die zwar alle den Sozialismus und die klassenlose Gesellschaft anstrebten, deren Vorstellungen über Mittel und Wege zur Erreichung dieses allgemeinen Zieles doch stark differierten;
2. hinzuführen zu dem Themenkomplex „Herrschaft Stalins", Gegenstand der folgenden Unterrichtsstunden 13 bis 16.

Das gewählte Verfahren, die wirtschaftlichen Aspekte der Auseinandersetzung zu vernachlässigen, mag fragwürdig erscheinen, es ist aber durch die genannte Funktion der Stunde gerechtfertigt, zumal besonders Stalins wirtschaftspolitische Vorstellungen später behandelt werden (Stunden 13 und 14).

Warum kam es zu den Kontroversen in der Partei?

Die NEP hatte der Wirtschaft und der Gesellschaft der UdSSR, wie sich der Staat seit Dezember 1922 nannte, eine Erholungspause gebracht, aber das Grundproblem der nachzuholenden Industrialisie-rung nicht gelöst. So mehrten sich nach Lenins Tod die Anzeichen dafür, daß eine neue „Epoche der innersowjetischen Wirtschafts- und Gesellschaftspolitik" bevorstand (K.-H. Ruffmann, Sowjetrußland, S. 108).

„Der Zwang zur Industrialisierung ergab sich einmal aus der Rückständigkeit des Landes, zum andern ist es ein Kernstück der marxistischen Lehre, der die Sowjetführer folgten, daß jede neue Gesellschaft ihren progressiven Charakter gegenüber der geschichtlich vorangegangenen durch einen höheren Grad der (Entwicklung) der Produktivkräfte erweise" (C. Ferenczi, Die UdSSR. Die Epoche des Stalinismus, in: Telekolleg II Geschichte, S. 138 f.). Stalin formulierte dies 1926 in seiner Schrift „Fragen des Leninismus" wie folgt: „Die Hauptaufgabe der bürgerlichen Revolution besteht darin, die Macht zu ergreifen und sie mit der vorhandenen Ökonomik in Einklang zu bringen, während die Hauptaufgabe der proletarischen Revolution darin besteht, nach der Machtergreifung eine neue, die sozialistische Ökonomie aufzubauen" (zit. in: K.-H. Ruffmann, Sowjetrußland, S. 108).

Darin waren sich nahezu alle Gruppen in der KPdSU einig, strittig waren aber

1. das angestrebte Ausmaß der Industrialisierung
2. das als notwendig erachtete Tempo
3. die Rolle der Landwirtschaft und ihre Organisierung
4. die Frage, ob der Sozialismus überhaupt in der Sowjetunion aufgebaut werden könnte, bevor die Weltrevolution das System des Kapitalismus weltweit beseitigt hatte.

Um diese Fragen drehten sich seit 1924/25 die Auseinandersetzungen zwischen der Parteilinken um Leo Trotzki und Preobrashenski und der Parteirechten um Rykow und Bucharin.

Nikolai Bucharin und seine Anhänger, so der Gewerkschaftsführer Tomskij und der Nachfolger Lenins als Vorsitzender des Rates der Volkskommissare, Alexej Rykow, warnten vor der Wiederaufnahme sozialistischer Experimente, die nur zur Bürokratisierung durch eine „monopolistische Kaste" führen würde – ein Sachverhalt, über den sich seit 1985 Gorbatschow beklagt.

Bucharin wollte den Konsum ankurbeln. In diesem Sinne erklärte er:

„Unsere Wirtschaft existiert für den Konsum, nicht der Konsument für die Wirtschaft. [...] Wir, die wir im Grunde ein staatliches Supermonopol haben, müssen unsere Kader anstoßen, drängen, bewegen, sie dazu zwingen, besser zu produzieren. Die Rolle, die der Wettbewerb in der kapitalistischen Gesellschaft spielt, muß vom ständigen Druck ausgehen, den die Bedürfnisse der Massen erzeugen." (zit. in: DIE ZEIT Nr. 8 vom 19. 2. 1988, S. 28)

Bucharin ging noch weiter: Im September 1928 unternahm er einen Angriff auf den „Zentralismus" in der Wirtschaft:

„Wir sind viel zu sehr zentralisiert. Wir müssen uns fragen, ob wir nicht ein paar Schritte in Richtung auf Lenins Kommunestaat tun können." (zit. in: R. Lorenz, Sozialgeschichte, Bd. 1, S. 180)

Bucharin meinte damit, daß „den städtischen und ländlichen Sowjets [...] mehr Entscheidungsbefugnisse eingeräumt werden" sollten (R. Lorenz, Sozialgeschichte, Bd. 1, S. 180). Mitbestimmung als Produktionsanreiz, Verringerung des Staatsapparates, Konsumentenorientierung, quantitatives und qualitatives Wachstum, Schlagworte, die Gorbatschow und seitdem die meisten für die Wirtschaft Verantwortlichen in Osteuropa auch wieder verwenden, ohne daß allerdings die gesellschaftliche Kontrolle ganz verschwinden sollte und soll.

Ein weiterer entscheidender Konfliktpunkt war – neben der Machtfrage in der Partei – die Rolle der Landwirtschaft, die zwischen 1927 und 1929 erneut in einer Krise großen Ausmaßes steckte. In der Diskussion ging es einmal um die Frage, ob man das Requisitionsprinzip aus den Jahren vor der NEP wieder aufleben lassen sollte, was Bucharin und seine Freunde vom „rechten Parteiflügel" als Dauerlösung strikt ablehnten – Bucharin nannte eine solche Politik eine „militärisch-feudale Ausbeutung der Bauernschaft" –, zum anderen ging es um die Frage „Kooperative oder Kollektive". Kollektivwirtschaften lehnte Bucharin ab, da sie einmal in der Tradition zu wenig verankert seien und daher von den Bauern abgelehnt würden, zum anderen seien sie „parasitäre kommunistische Institutionen". Statt dessen wollten er und seine Anhänger in der Partei die Mobilisierung der mittleren und der kleinen Bauern, um über den privaten bäuerlichen Gewinn die Produktion anzukurbeln. Zum großen Entsetzen der Parteilinken erklärte Bucharin 1925:

„Wir müssen der ganzen Bauernschaft, all ihren Schichten sagen: Bereichert euch, akkumuliert, entwickelt eure Wirtschaft!" (zit. in: DIE ZEIT Nr. 8 vom 19. 2. 1988, S. 28)

Stalin drehte später daraus Bucharin den Strick, obwohl er damals noch mit Bucharin gegen Trotzki verbündet war und auch er eine Politik zugunsten der Bauern propagierte.

Trotzki und sein „linker Parteiflügel", zu dem später auch noch Sinowjew und Kamenew kamen, obwohl sie zunächst aus Abneigung gegen Trotzki Stalin unterstützt hatten, lehnten eine Fortsetzung der NEP ab. Sie warfen der „Rechten" vor, verkannt zu haben, daß die Industrie noch immer unterentwickelt war, daß diese gar nicht genug produzieren konnte, um alle Konsumbedürfnisse zu befriedigen; Bucharin und auch Stalin würden zu sehr aus der Sicht der Bauern argumentieren und dabei das Ziel, den Aufbau des Sozialismus, aus den Augen verlieren. Aufbau einer starken Industrie, v. a. einer leistungsstarken Schwerindustrie war für Trotzki vorrangiges Ziel. Das notwendige Kapital und die Arbeitskräfte sollten aus der Landwirtschaft kommen. Dazu schien ihnen aber die Förderung kleinerer und mittlerer Betriebe nicht geeignet zu sein, auch widersprächen solche Betriebe der marxistischen Vorstellung von einer agrarischen Großproduktion in Kollektivwirtschaften. Bucharin warnte vor einer Kollektivierung, da dies eine besondere Form der Ausbeutung der Bauern sei; zudem zeigten die Erfahrungen aus der Zeit des Kriegskommunismus, daß eine solche Politik gegen die Bauern „irrational" sei. Auch den Plan der Linken, die Schwerindustrie vorrangig zu entwickeln, lehnte Bucharin ab; höchstens könnten Leichtindustrie und Schwerindustrie gleichrangig entwickelt werden, nur so würden die enormen Investitionen rasch wieder zurückkommen. Das heißt,

„ideologisch ging der Streit darum, ob die Partei ihre führende Rolle als Initiatorin der Industrialisierung den zweifelhaften Erfolgen von rückständigen Bauern und kleinbürgerlichen Verbrauchermärkten unterordnen durfte. Ökonomisch stand zur Debatte, wie denn – wenn nicht auf Kosten der Landwirtschaft – die Mittel für die Modernisierung Rußlands eingebracht werden sollten. Politisch wurde die NEP in den Machtkämpfen um Lenins Nachfolge verschlissen." (Chr. Schmidt-Häuer, Sowjetrußlands sieben reiche Jahre, in: DIE ZEIT Nr. 7 vom 12. 2. 1988, S. 24)

Stalin nutzte diesen Streit um den neuen wirtschaftspolitischen Kurs zur Errichtung seiner Alleinherrschaft, indem er sich zunächst mit Bucharin gegen Trotzki, dann mit der „ehemaligen Linken" gegen Bucharin und seine Gruppe durchsetzte.

Ziele der Stunde

Die Schüler erkennen
– die unterschiedlichen Positionen in der Partei über den neuen Kurs und
– unterscheiden die Parteilinke und die Parteirechte, die vielschichtige Interpretationsmöglichkeit der marxistisch-leninistischen Lehre;
– daß Stalins Lehre von der realpolitischen Lage der Sowjetunion ausging und von der Erkenntnis, daß die Sowjetunion weder ein Vorbild für andere Völker, noch ein ernstzunehmender Machtfaktor war.

Die Schüler erarbeiten
– Grundpositionen Stalins und Trotzkis.

Die Schüler beurteilen,
– ob Stalin oder Trotzki in der Nachfolge Lenins stand.

Verlaufsskizze

Unterrichtsschritt 1:
Die Phase der NEP

Die Schüler sollen durch ein Zitat aus der Sekundärliteratur für den neuen Stoff motiviert werden. Gleichzeitig dient es der Wiederholung und damit der Integration des neuen Stoffes:
„Die ‚Neue Ökonomische Politik' brachte der Wirtschaft und Gesellschaft Sowjetrußlands eine mehrjährige Atempause zwischen zwei rigorosen Sozialisierungs-

79

phasen" (K.-H. Ruffmann, Sowjetrußland, S. 108).

Fragestellung:

1. Was meint Ruffmann mit dieser Aussage?
2. Wodurch unterscheidet sich die erste Sozialisierungsphase von der NEP?

Als Antworten werden erwartet:

Zu 1: Ruffmann bezieht sich auf das „sozialistische Experiment" des sog. „Kriegskommunismus" und auf den Aufbau der Kollektivwirtschaften während der Stalinära (Kolchosen und Sowchosen).

Zu 2: Während des „Kriegskommunismus" war der Staat de facto der alleinige Eigentümer der Industrie und der Banken; er allein betrieb die Verteilung der Produkte; er kontrollierte die Arbeit und die Arbeitskräfte, für die Arbeitszwang bestand. Rußland kehrte zurück zur Naturalwirtschaft, indem Lenin das Geld als Wertmesser und als Tauschmittel abschaffte; leistungsbezogene Löhne wurden als „Basis für die soziale Ungleichheit" abgeschafft, eine „Ernährungsdiktatur" errichtet.
Die NEP dagegen ermöglichte den begrenzten Privathandel, ersetzte das Requirierungswesen auf dem Lande durch eine Naturalsteuer, förderte die private Initiative durch Leistungslöhne und Prämiensystem und begründete einen „Staatskapitalismus", der private Märkte ebenso erlaubte wie private Kleinbetriebe, der aber auch die zentrale Wirtschaftsplanung ausbaute (Gosplan).

Unterrichtsschritt 2:
Konflikt in der Partei: Parteilinke gegen Parteirechte

Durch Auswertung der Hausaufgabe (Lehrbucharbeit) sollen nun die Positionen innerhalb der Partei zu den Grundproblemen des sowjetischen Staates grob skizziert werden; das Tafelbild hält die Ergebnisse in einer Gegenüberstellung der Ziele der Linken und der Rechten fest und nennt auch die jeweiligen Hauptvertreter beider Richtungen – Trotzki (ab 1926 verbündet mit Kamenew und Sinowjew) und Bucharin, Rykow.

Erschließende Aufgaben:

1. Welches waren die Grundprobleme der UdSSR nach 1921?
2. Begründen Sie, warum schon Lenin die Industrialisierung für eine zentrale Aufgabe hielt.
3. Beschreiben Sie, welche Lösungsmöglichkeiten in der Partei diskutiert wurden.

Erwartete Antworten:

Zu 1:

– Sicherung der Versorgung der Bevölkerung angesichts einer erneuten Agrarkrise
– Aufbau und Ausbau der Industrie, da Rußland noch immer weit hinter den anderen Ländern herhinkte
– Aufbau einer „sozialistischen Gesellschaft" mit einem starken Proletariat

Zu 2:

Lenin hatte schon 1918 behauptet, in Rußland sei der Sozialismus bereits Realität, aber er sei in zwei Hälften zerrissen: in Rußland herrsche zwar das Proletariat, d. h. es gebe die politischen Bedingungen des Sozialismus, die industriellen Grundlagen aber seien noch nicht vorhanden, die gebe es in Deutschland, daher müßten beide „Hälften zusammengeführt werden". Die Bolschewiki waren davon überzeugt, daß nur durch die Verstärkung des Proletariats und durch den Übergang in eine höherentwickelte Stufe der Produktivkräfte der Sozialismus erreicht werden könnte, und das hieß Industrialisierung und konsequenterweise eine starke Zentralisierung.

Zu 3:

Innerhalb der Partei gab es zwei Gruppen, die sich um den „richtigen Weg" in der Wirtschaft und damit hin zum Sozialismus stritten:

a. die „Parteilinke" um Leo Trotzki und (seit 1926) Sinowjew und Kamenew, die zunächst gegen Trotzki auf der Seite Stalins standen;

b. die „Parteirechte" um Bucharin, Rykow und Tomskij.

Die „Parteilinke" forderte u. a.:

– die Priorität der industriellen Entwicklung, v. a. der Schwerindustrie, da Rußland noch immer ein gesellschaftlich und ökonomisch rückständiges Agrarland sei und die Industrie zudem die Bedürfnisse der Konsumenten nicht befriedigen könne;

– die Landwirtschaft als Motor der Industrialisierung; daher sollten agrarische Großbetriebe mit technischem Bedarf entstehen, die Arbeitskräfte und Kapital für die Industrie freisetzen sollten;

– die zentrale Lenkung der gesamten Wirtschaft mit der Partei als „Initiatorin" und „Leiterin" der Industrialisierung, d. h. die Wirtschaft sollte einer strengen gesellschaftlichen Kontrolle unterliegen, die de facto die Partei leistete;

– ein schnelles Entwicklungstempo;

– die Zurückweisung der Konsumorientierung als unmarxistisch und bürgerlich.

Die „Parteirechte", besonders ihr Wortführer Bucharin, forderte auch die Umwandlung der russischen Gesellschaft in eine sozialistische, aber ihr Weg war ein anderer:

– Priorität der Landwirtschaft und der Entwicklung des bäuerlichen Wohlstands

– Nebeneinander von kooperativen Formen und von privaten kleinen und mittleren Betrieben in der Landwirtschaft

– Zulassung des privaten Gewinns als Produktionsanreiz

– Entwicklung einer Leicht- und Konsumgüterindustrie vor der Schwerindustrie zur Entwicklung des Binnenmarktes

– harmonischer Austausch von Industrie und Landwirtschaft

– weitgehende Dezentralisierung, da sich die Bürokratisierung lähmend auf die wirtschaftliche Entwicklung auswirke

– Mitbestimmung der städtischen und der ländlichen Sowjets

– Verringerung des unproduktiven Staatsapparates

– „Konsumentendruck" als Ersatz für den fehlenden Wettbewerb

– eine behutsame Entwicklung.

Ein Tafelbild hält die Ergebnisse fest.

Unterrichtsschritt 3:
Stalin und Trotzki

In einem Schülerreferat oder einem Lehrervortrag werden zunächst Stalin und Trotzki vorgestellt, wobei eine Zeittafel den Vortrag begleitet (siehe Arbeitsblatt 11).

Grundlage des Referats könnten Lexikon oder vergleichbare Artikel sein, W. Laqueur, Stalin. Abrechnung im Zeichen von Glasnost, München 1990; D. Wolkogonow, Stalin. Triumph und Tragödie; ein politisches Porträt, Düsseldorf 1989. Über Leo Trotzki ist immer noch die Biographie von Isaak Deutscher, Trotzki. Der bewaffnete Prophet, Stuttgart 1962, empfehlenswert.

Unterrichtsschritt 4:
Die Kontroverse Stalin–Trotzki

Durch eine Quellenarbeit, die aus Zeitgründen in zwei Gruppen erfolgt, werden dann die wesentlichen Argumente Trotzkis und Stalins erarbeitet.

Eine Gruppe bearbeitet einen Auszug aus
– Leo Trotzki, Die permanente Revolution;
die andere Gruppe Auszüge aus
– J. W. Stalin, Die Oktoberrevolution und die Taktik der Kommunisten (1924)
– und aus der Rede Stalins vor dem XIV. Parteikongreß (1925).
(siehe Arbeitsblatt 11)

Arbeitsaufträge:
Gruppe 1:
1. Beschreiben Sie die Thesen und Argumente Trotzkis. Versuchen Sie, diese begrifflich zu umschreiben.
2. Zeigen Sie, wie Trotzki die Chancen zur Durchsetzung des Sozialismus in Rußland beurteilt.
3. Legen Sie dar, auf wen sich Trotzki beruft, und begründen Sie, warum er es tut.

Gruppe 2:
1. Beschreiben Sie die Thesen und Argumente Stalins.
2. Zeigen Sie, auf wen er sich beruft.

Erwartete Antworten:
Gruppe 1:
Zu 1: Fortsetzen der Revolution im Innern, bis keine Klassenherrschaft mehr (durch wen auch immer) vorhanden ist; Diktatur des Proletariats ist Voraussetzung für eine echte Demokratie; jede sozialistische Revolution ist eine internationale, wenn sie erfolgreich sein will; Trotzki fordert eine „permanente Revolution".
Zu 2: Trotzki hält den Erfolg der Revolution in Rußland abhängig vom Erfolg sozialistischer Revolutionen in anderen Ländern, v. a. in den industrialisierten Ländern Europas. Ohne die Hilfe des internationalen Proletariats sei eine Realisierung des Sozialismus unmöglich, da die kapitalistischen Staaten einen einzelnen sozialistischen Staat bekämpfen würden.

Zu 3: Trotzki beruft sich auf Karl Marx und, was die Möglichkeit der isolierten Entwicklung des Sozialismus angeht, auch auf Lenin.
(siehe Tafelbild)

Gruppe 2:
Zu 1: Aufbau des Sozialismus in Rußland ohne Rücksicht auf die Entwicklung in den kapitalistischen Ländern; Trotzki interpretiere die Lage in den kapitalistischen Ländern falsch, realitätsfern, ferner mangle es ihm am Vertrauen in die Stärke und das Können der Partei (Verstoß gegen die Parteidisziplin), Verrat an Lenins Parteilehre.
Zu 2: Im Gegensatz zu Trotzki beruft sich Stalin auf Lenin; die Weltrevolution sei noch fern; der Aufbau des Sozialismus in einem Lande sei möglich:
1. da der Sozialismus in der UdSSR sich bereits im Aufbau befinde (nationalisierte Großindustrie, Banken und nationalisierter Außenhandel, Planung, Genossenschaftswesen)
2. Abwarten würde nur die bürgerlichen Kräfte in Rußland stärken und damit die Revolution gefährden, was wiederum den internationalen Kapitalismus nur noch weiter stärken würde.
3. verfüge die UdSSR über alle notwendigen Mittel.

Ein gegenüberstellender Tafelanschrieb hält stichwortartig die Ergebnisse fest.

Ergänzung:
Ein Lehrervortrag verdeutlicht, daß sich Stalin fast ausschließlich auf Äußerungen Lenins vor der Oktoberrevolution berief:
Stalin fand in den Schriften Lenins aus dem Jahre 1915 Belege für seine Behauptungen. Damals hatte Lenin erklärt, daß es in den verschiedenen Ländern auch einen unterschiedlichen Entwicklungsstand des Kapitalismus geben würde. Daher könne die proletarische Revolution vielleicht nur in wenigen Ländern, sogar nur in

einem Land ausbrechen. Der Erfolg der Revolution und der sozialistischen Umgestaltung in einem Lande würde dann revolutionäre Anstrengungen in den anderen Ländern nach sich ziehen. Allerdings hatte Lenin diese Aussagen ursprünglich nicht auf Rußland bezogen. Dennoch erklärte Stalin, dies habe auch für Rußland Gültigkeit.

Stalin warf Trotzki hauptsächlich „drei fundamentale Irrtümer" vor:

1. sein Festhalten am Grundsatz der „permanenten Revolution" – der im übrigen auf Marx zurückgeht –, deren Notwendigkeit Trotzki v. a. 1905/06 behauptet hatte. Trotzki hatte damals dargelegt, daß es Aufgabe der Sozialdemokratie sei, auch nach Abschluß der bürgerlichen Revolution die revolutionären Bemühungen so lange fortzusetzen, bis die sozialistische Gesellschaft auf allen Ebenen errichtet sei. Lenin hatte damals Trotzki deswegen scharf angegriffen und ihn einen „Semi-Anarchisten" genannt. Obwohl Lenins Politik nach der Februarrevolution 1917 der Vorstellung Trotzkis entsprach, bezichtigte ihn Stalin unter Berufung auf Lenin des Irrtums und der „Abweichung" vom Leninismus.
2. die Unterschätzung der Bauernfrage, der Landwirtschaft überhaupt. Trotzki hatte die Bauern ähnlich wie Marx immer für von Natur aus „bourgeois" gehalten – so hatte er auch 1905 bereits argumentiert. Stalin berief sich wiederum auf Äußerungen Lenins aus dem Jahr 1905. Damals hatte Lenin Trotzki widersprochen, und Stalin konnte Trotzkis Wirtschaftsprogramm als „unleninistisch" hinstellen.
3. die Undurchführbarkeit einer sozialistischen Umgestaltung isoliert in einem Lande. (Vgl. L. Shapiro, The Communist Party of the Soviet Union, New York 2/1971, S. 290–296).

Hausaufgabe:

Die Schüler sollen sich mit der Stalinrede vom April 1925 vertraut machen (Aufgabenstellung s. Arbeitsblatt 12).

13. Stunde:
Der „Sozialismus in einem Lande" und die Kollektivierung der Landwirtschaft

Vorbemerkung

Die Wirtschaftspolitik Stalins ist deshalb in dieser Unterrichtsreihe von Bedeutung, weil sich an ihr beispielhaft zeigt, wie die Erwartungen gegenüber der russischen Revolution in ihr Gegenteil gekehrt wurden: nicht *mehr* Demokratie als im bürgerlichen Repräsentativsystem war das Ergebnis, sondern politische Enteignung der russischen Bevölkerung; nicht Beseitigung der Klassen wurde erzielt, sondern eine neue Privilegienordnung geschaffen; jeglicher kritische Geist wurde durch das stalinistische Modell unterdrückt, und nur die Tugenden des mechanischen Gehorsams wurden gefördert.

Stalins Politik des „Sozialismus in einem Lande" ist im Zusammenhang mit den ideologischen und personellen Auseinandersetzungen der Jahre 1923–29 zu sehen, bei denen sich Stalin durchsetzen konnte, weil er eine die Einheit und Geschlossenheit der Partei stärkende Haltung zu vertreten schien, und weil seine Theorie vom „Aufbau des Sozialismus in einem Lande" ambivalent genug war, um unterschiedlichen politischen Richtungen ideologisch zu genügen.

Die Schüler lernen weiterhin an der Wirtschaftspolitik Stalins, daß durch Kollektivierung und Industrialisierung ein Umbruch einzusetzen begann, der die Wirtschafts- und Gesellschaftsordnung der heutigen UdSSR mitbestimmt hat.

Die Wirtschaftspolitik Stalins wird drei Stunden beanspruchen. In der ersten Stunde soll auf den „Sozialismus in einem Lande" eingegangen und die Bedeutung der

Kollektivierung erkannt werden. Die zweite Stunde hat die Industrialisierung und ihre Probleme zum Thema. In der dritten Stunde werden die sozialen Veränderungen dieser „Revolution von oben" betrachtet.

In der 13. Stunde sollen die Schüler in einem ersten Schritt erkennen, welche politischen, wirtschaftlichen und ideologischen Aspekte hinter der neuen Wirtschaftspolitik Stalins steckten. Dabei sollen die Schüler befähigt werden, die stalinistische Politik von verschiedenen Perspektiven aus zu betrachten. Das bedeutet, daß die politischen und – dem Thema entsprechend – die wirtschaftlichen Probleme der Sowjetunion im Unterricht in den Vordergrund treten sollen.

Bei der Bestimmung des Begriffs „Sozialismus in einem Lande" soll der von der Sowjetführung intendierte Zusammenhang von Industrialisierung, Kollektivierung und Verteidigungspolitik kritisch deutlich gemacht werden, wobei klargestellt werden sollte, daß die These von der Interventionsgefahr der Mobilisierung der Massen dienen sollte. (Appell an den Sowjetpatriotismus; vgl. M. Boetticher, Industrialisierungspolitik und Verteidigungskonzeption, Düsseldorf 1979).

In einem zweiten Schritt sollen Voraussetzungen, Ziele und Veränderungen der Agrarpolitik vermittelt werden. Ein Vergleich mit der Agrarstruktur vor der Revolution und zur Zeit der NEP soll die wirtschaftlichen Probleme zeigen, der Vergleich der Sozialstruktur soll die politischen und ideologischen Schwierigkeiten der Sowjetführung veranschaulichen. Hierbei kann man auf Erkenntnisse aus früheren Stunden zurückgreifen.

Der Verlauf der Kollektivierung zeigt, wo die Ursachen dazu liegen könnten, was den Bezug zum ersten Schritt dieser Stunde wiederherstellt. Außerdem wird deutlich, wie die bäuerliche Bevölkerung auf die Maßnahmen der Regierung reagierte und wie diese ihre Konzeption durchzusetzen versuchte.

Die Schüler lernen neben diesen Methoden der Veränderung die neuen Formen der Kollektivierung kennen, die die Entstehung der heutigen sowjetischen Landwirtschaft prägen.

Bei der Frage nach den Ergebnissen dieses sowjetischen Experiments des Sozialismus soll die Bedeutung dieser gesellschaftlichen und politischen Veränderungen für Staat und Betroffene kritisch verglichen werden.

Ziele der Stunde

Die Schüler erkennen,
– daß ein enger Zusammenhang besteht zwischen politischem Wechsel und neuer Wirtschaftspolitik;
– daß dieser Wandel auch ideologische Ursachen hatte;
– daß ein Zusammenhang zwischen Industrialisierung, Kollektivierung und Verteidigungspolitik hergestellt wird und letztere taktische Absichten beinhaltet;
– die Voraussetzungen, Ziele, Methoden und Probleme der Kollektivierung;
– daß die Kollektivierung einen Bruch in der Agrar- und Sozialstruktur der Bauern bedeutet.

Die Schüler erarbeiten
– eine Skizze zu einer Rede;
– ein Schaubild einer Sozialstruktur;
– anhand einer Zeittafel Verlauf und Thesen zur Kollektivierung.

Die Schüler beurteilen
– die Argumentation einer Rede;
– den „Wahrheitsgehalt" einer These;
– den Grad des sozialen Wandels.

Verlaufsskizze

Unterrichtsschritt 1:
Grundlagen von Stalins Wirtschaftspolitik

Das Thema der nächsten Stunden wird vom Lehrer bekanntgegeben, wobei die Bedeutung der Veränderungen und ihre kontroverse Beurteilung hervorgehoben werden sollte. Danach wird die Stalin-Rede ausgewertet (Arbeitsblatt 12). Bei dem von Stalin dargelegten Widerspruch zwischen der „fortschrittlichsten Gesellschafts- und Staatsordnung" und der „Rückständigkeit in technischer Hinsicht" erkennen die Schüler, wie Stalin mit der marxistischen Revolutionstheorie und dem Basis-Überbau-Modell umspringt: er stellt sie einfach auf den Kopf, nennt dann aber auch die von ihm bewirkten Veränderungen „Revolution von oben".

Die Notwendigkeit der forcierten Industrialisierungspolitik sieht Stalin in der Einkreisung durch die kapitalistischen Länder, die eingeholt und überholt werden müssen. Der Aufbau der Schwerindustrie sollte dabei Vorrang haben; da die Kapitalbildung zu diesem Aufbau aber nicht von der Industrie geleistet werden konnte, sollte die Landwirtschaft die Funktion als Akkumulationsreservoir der Industrie übernehmen; diese sollte wiederum helfen, die Rückständigkeit und Zersplitterung der russischen Landwirtschaft zu beseitigen.
Schon hier können die Schüler aus dem Gesagten und Verschwiegenen wirtschafts- und machtpolitische sowie ideologische Probleme antizipieren und weitergehende Fragen an den Text stellen. Die Antworten sollten an der Tafel stichwortartig festgehalten werden und bei der Gesamtbeurteilung aufgegriffen und eventuell korrigiert werden.

Erweiterung: „Verteidigungspolitik"
(siehe Vorschlag für eine Lehrerinformation)

Es soll erkannt werden, daß eine eindeutige Meinung über die militärische Bedrohung der UdSSR auf sowjetischer Seite nicht vorhanden war, daß stets eine Gefahr im Kapitalismus gesehen wurde, daß sich die Argumentationsweise der Situation des Kapitalismus anpaßte: Die Aussage des westlichen Beobachters (F. Sternberg, Moskau – Berlin – New York, 1930, zitiert nach M. Bötticher) charakterisiert die Lage treffend, wonach geschlossen werden kann, daß diese Gefahr in der Tat vor allem der Mobilisierung der Massen dienen sollte.
Als Unterstützung der These der Interventionsgefahr wird in der Regel hingewiesen auf die internationalen Spannungen: Großbritannien brach die diplomatischen Beziehungen ab, das Verhältnis zu Frankreich war gestört, der sowjetische Vertreter in Polen wurde ermordet, die sowjetische Chinapolitik war gescheitert.

Unterrichtsschritt 2:
„Reproduktion alter Abhängigkeits- und Ausbeutungsverhältnisse"?

Im Lehrervortrag wird folgender Sachverhalt dargelegt: Die NEP führte im landwirtschaftlichen Bereich eine Naturalsteuer ein, die die Ablieferungspflicht für landwirtschaftliche Produkte ersetzte, wodurch die Bauern nur noch die Hälfte der bisherigen Getreidemenge abzuliefern hatten. Der Rest konnte gewinnbringend auf dem freien Markt verkauft werden. Dadurch wurde der Bauer nahezu freier Landwirt.

Folge:
– Wachsen der Anbauflächen
– rationellere Bewirtschaftung des Bodens
– Zunahme der Erträge
– 1922 Versorgung der Städte nahezu gesichert
– 1925 Produktion auf Vorkriegsniveau.

Vorschlag für eine Lehrerinformation (Unterrichtsschritt 1, Ergänzung)

„Verteidigungspolitik"

1925 erklärt Stalin, daß man die Gefahr einer Intervention nicht grundsätzlich ausschließen könne, solange die Sowjetunion den kapitalistischen Ländern isoliert gegenüberstehe. Er rechnet aber nicht mit einer bewaffneten Intervention: „Dazu müßte der Imperialismus zumindest ebenso mächtig sein, wie er z. B. vor dem Krieg war ..." (S. 95).

Bucharin behauptet 1927, daß Widersprüche zwischen den kapitalistischen Ländern bestünden, die so tiefgreifend seien, daß sie früher oder später zu einem Krieg führen müssen. Er sagt aber auch: „... die Schlußfolgerung ..., daß diese Grundsätze in der gegenwärtigen Phase der internationalen Entwicklung die Möglichkeit eines Angriffs auf uns *ausschließen*, ... bestreite ich kategorisch." „Denn wenn den kapitalistischen Staaten die gemeinsame Gefahr allzu groß erscheine, treten die Widersprüche zwischen ihnen zeitweise zurück zugunsten eines gemeinsamen Kampfes gegen eine wichtigere, für sie entscheidendere *gemeinsame* Gefahr..." (S. 100).

„Das zur Zeit der Weltwirtschaftskrise zunehmende Bedürfnis der kapitalistischen Länder nach ausländischen Märkten und Aufträgen wird von sowjetischer Seite fast ausschließlich als ein Moment interpretiert, das einen neuen Überfall auf die UdSSR immer wahrscheinlicher mache, weil nun die Widersprüche des Kapitalismus auf Kosten des ersten proletarischen Staates gelöst werden sollen. Daß die Weltwirtschaftskrise demgegenüber vor allem einen Faktor darstellt, der umgekehrt auf friedliche Wirtschaftsbeziehungen der einzelnen kapitalistischen Länder zur Sowjetunion begünstigen kann, wie die damaligen Kommentare sowjetischer Außenpolitiker betonen, bleibt ... außer Betracht."

„Von daher heißt es zu Beginn der dreißiger Jahre, die Zeit der Atempause sei zu Ende, die Bedrohung des sowjetischen Staates nun größer als jemals zuvor ..." (S. 108/9).
(M. Boetticher, Industrialisierungspolitik und Verteidigungskonzeption der UdSSR 1926–1930, Düsseldorf 1979)

Ferner wird im Lehrervortrag die Sozialstruktur mit Hilfe einer Folie dargelegt (s. Vorschlag für eine Folie).

Erläuterung zu den vier sozialen Gruppen:
Das *Landproletariat* arbeitete bei den bäuerlichen Oberschichten oder kommunalen Betrieben. Die *Dorfarmut* bildeten Zwergwirtschaften mit wenig Boden, der z. T. noch verpachtet werden mußte, da Vieh und Gerät zur Bearbeitung fehlten; beides mußte gemietet werden. Die Betriebe der *Mittelbauern* waren meist Familienbetriebe, die nur ausnahmsweise Lohnarbeiter einstellten; sie besaßen ausreichend Inventar. Die besondere Position der *Kulaken* setzte sich zusammen aus der Bodenpacht (sie bildete die wichtigste Form der Landerweiterung und war möglich, da ärmere Bauern gezwungen waren, Land zu verpachten), dem Besitz von landwirtschaftlichem Inventar und der Einstellung von Lohnarbeitern. Sie besaßen große Anbauflächen, vermieteten Arbeitsvieh und Inventar, betätigten sich im Handel und verliehen Geld zu Wucherzinsen. Sie besaßen 4% der Höfe, 13% der landwirtschaftlichen Nutzfläche; sie lieferten $\frac{1}{5}$ des Getreides und $\frac{1}{7}$ der übrigen landwirtschaftlichen Erzeugnisse. 1925/26 galten sie als

Vorschlag für eine Folie (Unterrichtsschritt 2)

Zahlen zur Sozialstruktur auf dem Land (1926):

Landproletariat	5,8 Millionen	–	5,3 %	⎫
Dorfarmut	22,4 Millionen	–	20,4 %	⎬ der Landbevölkerung
Mittelbauern	76,7 Millionen	–	69,9 %	⎟
Kulaken	4,9 Millionen	–	4,5 %	⎭

(nach: R. Lorenz, in: Rußland, Bd. 31, S. 305)

Krisenmacher, da durch ihr Zurückhalten der Vorräte die Preise kletterten und die wirtschaftliche Verbindung Stadt-Land gestört wurde (siehe Arbeitsblatt 12, Zeittafel). Politisch gelang es den Kulaken, die Agrargemeinde zu beherrschen und z.T. auch den Dorfsowjet beiseite zu drängen oder von sich abhängig zu machen. Man kann zu dem Ergebnis kommen, daß sich „alte Abhängigkeits- und Ausbeutungsverhältnisse reproduzierten, die man mit der Revolution für immer überwunden glaubte" (R. Lorenz, in: Rußland, S. 307, auch K. H. Ruffmann, Sowjetrußland, S. 107, vgl. auch H. Haumann, Geschichte und Gesellschaft der Sowjetunion, Köln 1977, S. 34 f.).

Die Schüler sollen danach beurteilen, wie diese Sozialstruktur mit den Zielen der Revolution in Einklang zu bringen ist. Frage: Handelt es sich hierbei um die „Reproduktion alter Abhängigkeits- und Ausbeutungsverhältnisse"?
Als Ergebnis wird festgehalten, daß vor allem durch die Kulaken die Gefahr alter Abhängigkeiten erneuert werden kann.

Unterrichtsschritt 3:
Kollektivierung der Landwirtschaft

Zunächst wird im Lehrervortrag dargelegt, daß die Struktur der alten russischen Bauernwirtschaft und die geographischen Bedingungen des Landes günstige Voraussetzungen für den Übergang zum kollektiven landwirtschaftlichen Großbetrieb boten. Auch hätte sich die Tatsache, daß die private Verfügungsform in Rußland weniger verbreitet war als in Westeuropa wie auch die weniger starke Verwurzelung der Masse der Bauern an den Boden eher fördernd für den Zusammenschluß zu Großbetrieben auswirken müssen. „Die Ablösung der verfallenen Zwergwirtschaft durch den kollektiven Großbetrieb und die mechanisierte Bodenbearbeitung hätte zu einer außergewöhnlichen Steigerung der landwirtschaftlichen Leistungsfähigkeit führen müssen" (R. Lorenz, in: Rußland, S. 322). Bei der Auswertung der Zeittafel (siehe Arbeitsblatt 12) wird deutlich, daß in der sowjetischen Staatsführung durch die „Getreidekrise" ein Umdenken einsetzte. Der nach dem Zusammenbruch des Getreidemarktes immer stärker werdende Druck auf die reicheren Bauern führte letztlich zur Vertreibung der Kulaken und zu einer Massenflucht in die gerade entstehenden Kollektivwirtschaften. Da die Sowjetführung sich gegen eine Bevorzugung der Konsumgüterindustrie wehrte, konnte wirtschaftliches Wachstum über die Nachfrageentwicklung nicht entstehen (Problem des „reaktiven Kaufkrafteffektes").
Die Schüler sollen beim Auswerten der Zeittafel Phasen und Methoden der Kollektivierung herausarbeiten.

Man kann dabei drei Phasen erkennen:
1. Eine, in der durch Druck eine unorganisierte Massenbewegung, ein wildes Kollektivieren entstand, das begleitet war von passivem Widerstand und Abschlachten des Viehs.

Erweiterung:

Mit Hilfe einer Folie soll auf die Verluste der sowjetischen Viehwirtschaft als Folge sinnlosen Abschlachtens im Verlauf der Kollektivierung verwiesen werden. Über Jahre hinaus entstanden dadurch Versorgungsprobleme, die erst in den 40er Jahren einigermaßen behoben waren (s. Vorschlag für eine Folie).

Vorschlag für eine Folie (Erweiterung zu Unterrichtsschritt 3)

Verluste in der sowjetischen Viehwirtschaft 1928–1933 im Vergleich zum Bestand von 1916 und 1941 (in Mio. Stück)

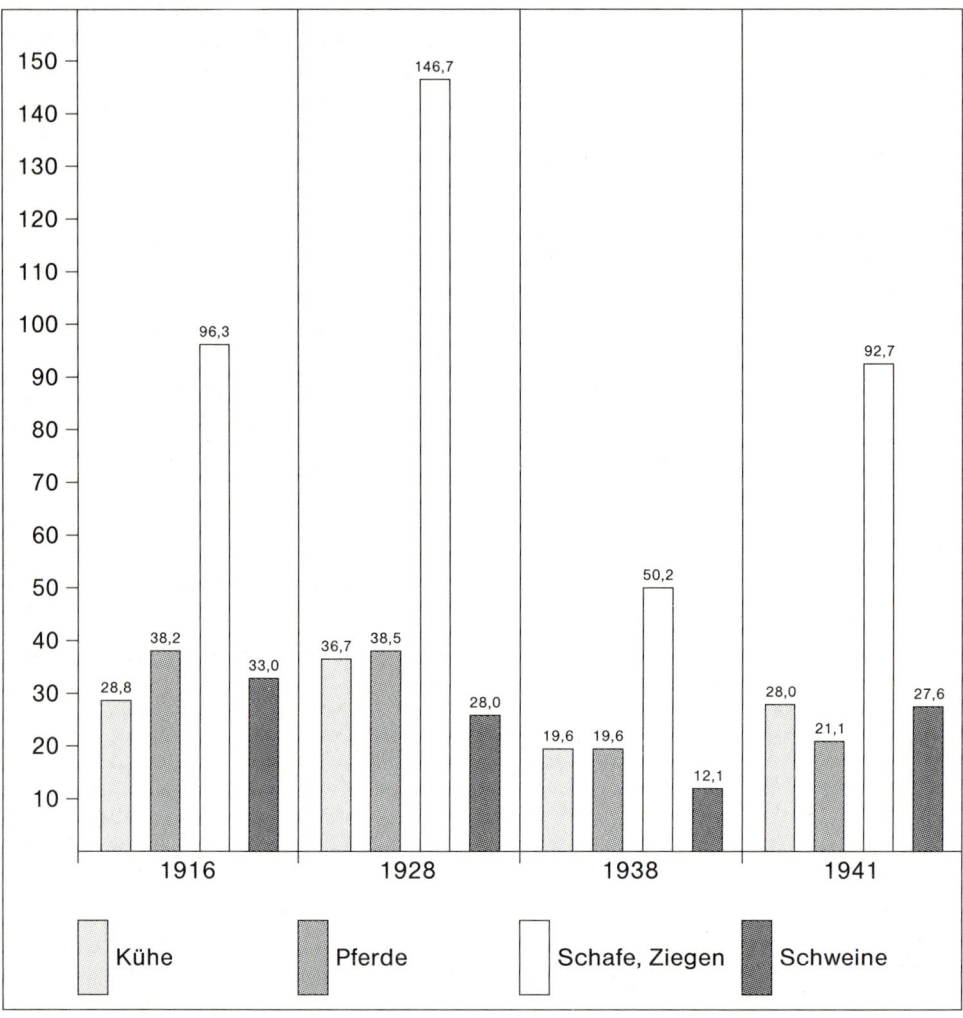

(nach: A. Karger, Die Sowjetunion als Wirtschaftsmacht, Diesterweg, Frankfurt 3/1970, S. 14)

2. Als Reaktion auf dieses hektische Kollektivieren wurde dessen Tempo kurzfristig zurückgenommen, was von den Bauern völlig mißverstanden wurde, sie traten nämlich wieder aus den Kollektivwirtschaften aus.
3. 1930 setzte ein neuer, verschärfter Kollektivierungsprozeß ein, an dessen Ende dann 96,9% der Betriebe erfaßt waren.

Die Schüler sollen am Ende dieser Informationsphase zu einer Stellungnahme aufgefordert werden.

Exkurs:
Vergleich mit Errichtung der landwirtschaftlichen Produktionsgenossenschaften (LPGs) in der ehemaligen DDR. Dort kam es zum Widerstand gegen diese Maßnahmen; die LPGs wurden dann nicht eingerichtet in Gebieten mit besonderen landwirtschaftlichen Strukturen, wie z. B. im Spreewald.

Hausaufgabe:

Auswertung der Statistik über Rohstoffe und Industrieprodukte (Arbeitsblatt 13).

14. Stunde:
Industrialisierung und Beurteilung der Wirtschaftspolitik Stalins

Vorbemerkung

Die Stunde soll die Veränderungen in der Industrie vermitteln, die die sowjetische Gesellschaft bis zur Mitte der dreißiger Jahre entscheidend geprägt haben. Es wird dabei deutlich, daß die Umgestaltung der Landwirtschaft mit der forcierten Industrialisierung zusammentraf. Somit lernen die Schüler den „Stalinismus" als ein sozialökonomisches System kennen, das

sich im Zusammenhang mit der forcierten Industrialisierung und der Massenkollektivierung herausbildete (R. Lorenz, Sozialgeschichte der Sowjetunion, S. 322, Anm.). Die Schüler erkennen dabei, daß die Industrialisierung verspätet, übereilt und mit Zwang durchgeführt wurde und daß dabei sowohl ökonomische Ressourcen als auch der Enthusiasmus der Arbeiter zerstört wurden. Anderseits wird klar, vor welchen objektiven Schwierigkeiten die UdSSR stand und mit welchen Mitteln diese beseitigt werden sollten. Zur eigenen Stellungnahme sollen die Schüler durch den Vergleich zweier kontroverser Urteile über die Industrialisierung herausgefordert werden.

Ziele der Stunde

Die Schüler erkennen
– die Probleme und Maßnahmen der Industrialisierung;
– den Begriff „Stalinismus" als ein sozialökonomisches System;
– die Methoden (und Folgen) der Industrialisierung.

Die Schüler erarbeiten
– an einer Zeittafel wirtschaftspolitische Ziele;
– an Tabellen die Entwickung der Industrialisierung;
– an Texten Ziele und Methoden der Industrialisierung.

Die Schüler beurteilen
– die Industrialisierung mit Hilfe zweier Äußerungen zu diesem Problem;
– die Person Stalins.

Verlaufsskizze

Unterrichtsschritt 1:
Ziele der Industriealisierung

Aus der Zeittafel zur Industrialisierung (siehe Arbeitsblatt 12) entnehmen die Schüler die Zielsetzung der NEP, die an der Tafel festgehalten wird.

Hervorgehoben werden soll, daß hier durchaus schon die Bedeutung der Schwerindustrie gesehen wurde (siehe Zitat auf der Zeittafel), daß aber die Entwicklung der Schwerindustrie innerhalb eines dynamischen wirtschaftlichen Gleichgewichts erfolgen sollte.

Unterrichtsschritt 2:
Probleme der Industrialisierung

Besprechung und Auswertung der Hausaufgabe: Statistik „Erzeugung ausgewählter Rohstoffe und Industrieprodukte 1913–1940" (Arbeitsblatt 13).

Aufgabe:
Werten Sie die Statistik aus. Beachten Sie dabei die Zusammenhänge zur Kollektivierung.

Mögliche Ergebnisse:
– Die Statistik zeigt den absoluten Vorrang der Produktionsmittelindustrie gegenüber der Verbrauchsgüterindustrie, der Schwerindustrie gegenüber der Leichtindustrie. Die Folgen dieser einseitigen Verlagerung waren häufig Disproportionen verschiedenster Art (der Ausbau der Komplementärindustrie wurde z.B. häufig übersehen).
– Keine Auskunft geben die Zahlen über die Umstände, unter denen die Produktionssteigerungen zustande kamen (z. B. Konsumverzicht der Bevölkerung, Pro-

bleme der Planung, der Entfernungen usw.).
– Durch die Massenkollektivierung entstand ein enormer Bedarf an Traktoren, Landmaschinen und auch Automobilen, was Forderungen an die Metall- und Erdölindustrie bedeutete.

Die Ergebnisse der Auswertung sind im Tafelbild festzuhalten.

Unterrichtsschritt 3:
Methoden der Industrialisierung

Die Methoden der Industrialisierung werden mit Hilfe des Stalin-Textes „Kampf gegen Gleichmacherei" vermittelt (Arbeitsblatt 13).

Fragestellung: Mit welchen Methoden wurde die Industrialisierung vorangetrieben? Welche Probleme nennt Stalin?

Erwartete Ergebnisse:
Stalin setzt sich hier mit dem Lohnsystem auseinander.
Zur Leistungssteigerung sollten Lohnabstufungen zwischen leichter und schwerer, qualifizierter und unqualifizierter Arbeit vorgenommen werden, wogegen sich vor allem die Gewerkschaften „wehrten". Die von Stalin angeprangerte Fluktuation wurde bald durch administrative Maßnahmen beseitigt: Paßzwang und Arbeitsbuch machten einen Arbeitsplatzwechsel schier unmöglich.
Die übrigen Methoden sind durch Lehrervortrag zu ergänzen und an der Tafel festzuhalten (s. Stundenblatt 13, Tafelbild).

Erweiterung:
Erläuterung des Stachanov-Systems im Lehrervortrag. Benannt nach dem Grubenarbeiter A. Stachanov, der vorbildlich die Arbeitsnorm um ein Traumhaftes steigerte, gab es eine regelrechte Stachanov-Bewegung zur Hebung der Arbeitsleistungen.

Exkurs:

Vergleich der Kommando-Wirtschaft Stalins mit ähnlichen und gegensätzlichen Systemen. Hierbei bietet sich die Kommando-Wirtschaft im Nationalsozialismus an (Kriegssituation), und als Gegensatz dazu das System der sozialen Marktwirtschaft.

Unterrichtsschritt 4:
Urteile über die Wirtschaftspolitik Stalins

An drei kurzen Texten (Arbeitsblatt 13) werden unterschiedliche Positionen zu Stalins Wirtschaftspolitik erarbeitet.
Aufgabenstellung:
– Worin liegen die Unterschiede in der Beurteilung der Wirtschaftspolitik Stalins?
– Vergleichen Sie die Urteile, und prüfen Sie die jeweiligen Begründungen.

Erwartete Ergebnisse:
– Urteil durch offizielle Stimme der KPdSU (1938):
Stalins Wirtschaftspolitik wird sowohl ideologisch (Fundament der sozialistischen Wirtschaft gelegt – Ausbeutung des Menschen durch den Menschen abgeschafft – Erfolg der Arbeiterklasse [. . .] unter der Führung der Partei) als auch wirtschaftlich (erstklassige Schwerindustrie – maschinisierte Landwirtschaft – Arbeitslosigkeit beseitigt – ununterbrochene Verbesserung der materiellen Lage und Erhöhung des Kulturniveaus) unkritisch positiv beurteilt.
– Urteil durch W. Laqueur (1967):
Der bürgerliche Historiker stellt die Verknüpfung zwischen politischen und wirtschaftlichen Aspekten heraus, betont die Dominanz der politischen Seite bei den wirtschaftlichen Maßnahmen Stalins (Industrialisierung und Kollektivierung als „Mittel, die unmittelbare Kontrolle des totalitären Staates" über die Men-

schen zu erreichen – „der Preis an Menschenleben und Verlusten an Wohlstand" wog den wirtschaftlichen Nutzen nicht auf.
– Urteil durch A. Antonow-Owsejensko (1985):
Der sowjetische Historiker beurteilt die gesamte Stalin-Ära negativ, so auch seine Wirtschaftspolitik („Bremser" beim wirtschaftlichen Aufbau durch „Unfähigkeit und Gewalt" und durch das von Stalin perfektionierte „bürokratische System"). Gesamturteil: „Es gibt überhaupt keine Verdienste Stalins. Ohne ihn wäre unser Land schneller vorangekommen, die Industrialisierung effektiver gewesen."

15. Stunde:
Die sozialen Auswirkungen der Wirtschaftspolitik Stalins

Vorbemerkung

Stalins „Revolution von oben" hat die „gesellschaftliche Struktur Rußlands weitaus stärker umgestaltet als Lenins Oktoberrevolution" (K. H. Ruffmann, Sowjetrußland, S. 114). Diese „Revolution" wird als ein „Umbruch der alten Sozialstruktur" gesehen, der „in der Geschichte anderer Länder kein Beispiel findet" (R. Lorenz, in: Rußland, S. 346).
Der diesen Umbruch kennzeichnende Wandel der beiden Hauptschichten der sowjetischen Gesellschaft – nämlich der Landbevölkerung und der Arbeiter – und das Entstehen einer neuen gesellschaftlichen Schicht – der „Intelligenz" – sind die Schwerpunkte dieser Unterrichtsstunde.

Zur Darstellung der politischen Folgen der Wirtschaftspolitik ist es möglich, Auszüge aus der Verfassung von 1936 heranzuziehen; dadurch könnte der Begriff „Stalinismus" eine Erweiterung erfahren und als eine „Gesellschafts- und Staatsverfassung" (Helga Schuler-Jung, Stalinismus. in: Hdb. d. polit. Theorien, Hg. F. Neumann, Baden-Baden, 1975, S. 399) verstanden werden, die „eine exzessiv-machtorientierte Ordnung der Innen- und Außenbeziehungen der Gesellschaft des erklärten Übergangs zum Sozialismus" darstellt (W. Hoffmann).

Ziele der Stunde

Die Schüler erkennen,
– daß sich durch die Industrialisierung und Massenkollektivierung ein sozialer Umbruch vollzogen hat;
– daß es dabei zu einer Urbanisierung kam;
– daß die sozialen Veränderungen in der Stadt zu einer sozialen Differenzierung, auf dem Land zu einer weitgehenden Nivellierung führten.

Die Schüler erarbeiten
– an Zahlenmaterial das Ausmaß der sozialen Veränderungen;
– an einem Text die Entstehung und Funktion einer neuen Schicht.

Die Schüler beurteilen
– Texte aus der Forschungsliteratur;
– die Entwicklung der sozialen Veränderungen;
– die Möglichkeiten der Staatsführung, Konflikte zu bereinigen.

Verlaufsskizze

Unterrichtsschritt 1:
Stalins „Revolution von oben"

Den Einstieg in diese Stunde bildet eine Aussage von K.-H. Ruffmann (Sowjetruß-land, S. 114), die in umgeänderter Form zur Überschrift des Tafelbildes wird: „Stalins ‚Revolution von oben' hat die gesellschaftliche Struktur Rußlands weitaus stärker umgestaltet als Lenins Oktoberrevolution." Im Unterrichtsgespräch wird die Entwicklung seit 1917 erörtert. Ergebnisse brauchen nicht fixiert zu werden, da am Ende der Stunde noch einmal auf die Überschrift eingegangen werden soll.

Unterrichtsschritt 2:
Nivellierungsprozeß auf dem Land

Die Landflucht als eine gesellschaftliche Folge der Stalinschen Wirtschaftspolitik wird anhand von Statistiken erarbeitet (Arbeitsblatt 14, Statistiken 1 und 2).
Der Lehrer ergänzt die Ergebnisse der Schüler, indem er kurz den Verlauf der Abwanderung darlegt.
Dabei sollte erwähnt werden, daß in den zwanziger Jahren das Lohngängertum (temporäre Abwanderung) verbreitet war, daß diese Leute einen Teil des Jahres in der Industrie, den anderen Teil in der Landwirtschaft arbeiteten.
Am Anfang der Massenkollektivierung kam es zu einem Rückstrom der Arbeiter aus der Stadt; sie wurden in den noch nicht durchorganisierten Kollektivwirtschaften gehalten. Landarbeiter und „Dorfarmut" fanden Arbeit in den Kollektiven. Die meisten Abwanderer aus den Dörfern waren zunächst die durch die Kollektivierung Vertriebenen.
Die Hungersnöte von 1931/32 und 1932/33 verursachten die nächste Abwanderung in die Stadt. Die forcierte Industrialisierung benötigte Arbeitskräfte, die durch Anwerbung gewonnen wurden (siehe Arbeitsblatt 12, Zeittafel). Da sich die Lebensbedingungen auf dem Land verschlechterten und kaum Lohnanreiz vorhanden war, beschleunigte sich der Abzug in die Städte.

Vorschlag für eine Folie (Unterrichtsschritt 2, Erweiterung)

Soziale Differenzierung der Gesellschaft in der UdSSR

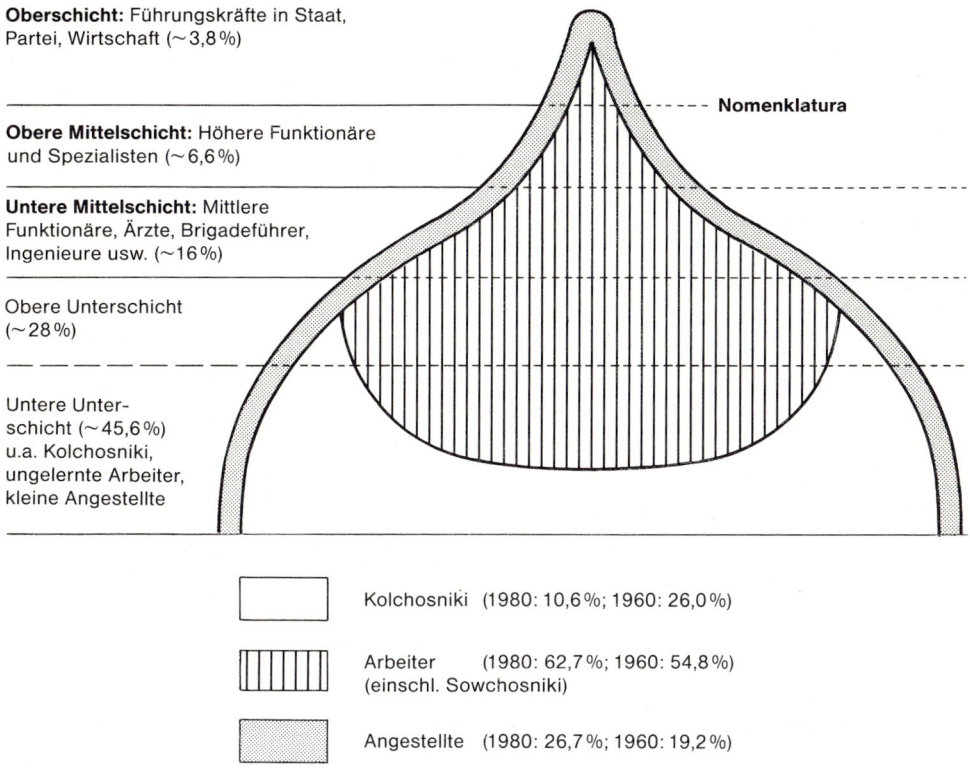

Oberschicht: Führungskräfte in Staat, Partei, Wirtschaft (~3,8%)

Nomenklatura

Obere Mittelschicht: Höhere Funktionäre und Spezialisten (~6,6%)

Untere Mittelschicht: Mittlere Funktionäre, Ärzte, Brigadeführer, Ingenieure usw. (~16%)

Obere Unterschicht (~28%)

Untere Unter-schicht (~45,6%) u.a. Kolchosniki, ungelernte Arbeiter, kleine Angestellte

Kolchosniki (1980: 10,6%; 1960: 26,0%)

Arbeiter   (1980: 62,7%; 1960: 54,8%)
(einschl. Sowchosniki)

Angestellte (1980: 26,7%; 1960: 19,2%)

(nach: W. Teckenberg, Sozialstruktur. in: H. G. Bütow (Hrsg.), Länderbericht Sowjetunion, Bonn 2/1988, S. 92)

Jugendliche und Frauen konnten die frei-werdenden Arbeitsplätze einnehmen.
Der am Ende der NEP einsetzende Nivel-lierungsprozeß hat sich auf dem Lande durch die Massenkollektivierung fortge-setzt.
An der Tafel sollten die Situation und die Probleme der Landbevölkerung festgehal-ten werden.

Unterrichtsschritt 3:
Sozialer Differenzierungsprozeß in der Stadt

Anhand von weiterem Zahlenmaterial wird die Situation der städtischen Bevölke-rung erarbeitet.
Aus der Tabelle 3 des Arbeitsblattes geht zwar hervor, daß die Arbeiter „vermögen-der" waren als die Bauern; der Lehrer ergänzt die sozialen Unterschiede zwi-schen den Arbeitern. Es sollte dabei auf die Unterschiede im Lohnsystem eingegangen werden (Stachanov-Arbeiter, Verhältnis

1:20–30 gegenüber unterster Stufe), auf den progressiven Leistungslohn und das Prämiensystem, auf jene Faktoren, die zur Differenzierung in der Lebenshaltung führten. Auch die Zwangsmaßnahmen am Arbeitsplatz gehören in diesen Bereich, ebenso ein Hinweis, daß die Bürokratie mit ihrem Repressionsapparat Partizipation unmöglich machte.

Unterrichtsschritt 4:
Die „Neue Intelligenz"

An zwei Texten erarbeiten die Schüler Stellung und Funktion der neuen Schicht der „werktätigen Intelligenz" (Arbeitsblatt 14, Texte 4 und 5).

Fragen:
1. Wodurch ist die neue Schicht gekennzeichnet?
2. Wie verhielt sich die Staatsführung zu ihr?

Erwartete Ergebnisse:
1. – als Avantgarde Machtmonopol über die Arbeiterklasse
   – Machtausbau und Privilegien auf Kosten anderer
   – Rücksichtslosigkeit und Niveaulosigkeit
2. – Staatsführung war auf sie angewiesen
   – Partei- und Polizeiorgane wurden gegen diese neue Elite aktiv
   – Sie war staatlichem Druck gegenüber sehr empfindsam, weil in sich nicht homogen; konnte sich nicht stabilisieren
   – Privilegien blieben an jeweilige Funktion gekoppelt

Unterrichtsschritt 5:
Die Bedeutung von Stalins „Revolution von oben"

Das in Unterrichtsschritt 1 genannte Zitat des Historikers Ruffmann – Stalins ‚Revolution von oben' hat die „gesellschaftliche Struktur Rußlands weitaus stärker umgestaltet als Lenins Oktoberrevolution" – wird erneut aufgegriffen und aufgrund der gewonnenen Erkenntnisse in einem Unterrichtsgespräch kritisch hinterfragt.
Dabei werden folgende Fragestellungen erarbeitet:
– „Sozialismus in einem Land" – welche Bedeutung?
– Wurde die Weltrevolution vorangetrieben?
– Wurde die Unterdrückung des Menschen durch den Menschen eingeschränkt oder gar beseitigt?
– Wie waren die Partizipationsmöglichkeiten der Menschen?
– Bildete diese Entwicklung eine Alternative für Westeuropa?

Mögliche Ergebnisse im Ansatz:
– Der „Sozialismus in einem Land" sicherte die Revolution – allerdings auf andere Weise. Mit der Kollektivierung und Industrialisierung wurde ein neues System mit Gewalt installiert.
– Die Weltrevolution wurde nicht vorangetrieben, vielmehr konnte sie anderen Völkern als Schreckgespenst vorgeführt werden, wozu der Stalinismus genügend abschreckendes Material lieferte; die Sowjetunion wurde immer mehr vom übrigen Europa ausgegrenzt, setzte sich selbst der Isolation aus.
– Die Unterdrückung des Menschen durch den Menschen verlagerte sich und nahm unter Stalin perverse Formen an.
– Partizipationsmöglichkeiten waren unter Stalin eingeschränkt, höchstens für einen Teil der „Neuen Intelligenz" möglich, wenn als notwendig erachtet.

Ergänzung:
Ein Text von Lew Kopelew, der unter folgender Fragestellung bearbeitet werden kann (siehe Vorschlag für ein Arbeitsblatt):

1. Welche Gründe gibt Kopelew dafür an, daß er Stalinist wurde?

2. Wie sind seine Gründe zu beurteilen?

Im Unterrichtsgespräch sollte auch eingegangen werden auf die „belagerte Festung" und die „Überzeugung, der großen Einheit anzugehören".

Vorschlag für ein Arbeitsblatt (Unterrichtsschritt 5, Ergänzung)

„Warum ich Stalinist wurde"

Der 1981 aus der Sowjetunion ausgebürgerte und in der Bundesrepublik Deutschland lebende Schriftsteller Lew Kopelew schildert in seiner Autobiographie, warum er Stalinist wurde:

Ich hatte zu keiner Zeit geglaubt, Bucharin und Trotzki seien Gestapo-Agenten gewesen, hätten Lenin ermorden wollen; und ich war sicher, daß auch Stalin dies nie angenommen hat. Aber ich glaubte, in den Prozessen 1936–1938 Stalins weitblickende politische Taktik zu erkennen, glaubte, daß er „im Endergebnis" recht gehabt hatte, ein für allemal jede Art von Opposition auf so fürchterliche Weise zu diskreditieren.

Wir lebten ja in einer belagerten Festung, mußten dicht zusammenstehen, durften kein Schwanken und keine Zweifel zulassen. Was bedeuten schon theoretische Unstimmigkeiten für all unsere Millionen Menschen, für die „breite Masse"? Die meisten werden sowieso nicht begreifen, worin der Unterschied zwischen Linken und Rechten besteht, die einen wie die anderen berufen sich auf Lenin, schwören der Oktoberrevolution und der Arbeiterklasse Treue. Und eben darum muß man alle Abweichler, alle politisch Unsicheren, schwankenden Kleingläubigen als so überdimensional abscheuliche Schurken anprangern, daß jeder sich entsetzt von ihnen abwendet, daß das Volk sie verflucht und haßt.

Ich selbst hatte ja einmal mit denen sympathisiert, gegen die Fluch und Haß sich richten müssen[1], mich dann von ihnen rigoros losgesagt und meinen Standpunkt danach nicht mehr gewechselt. Seit ich selbst Häftling war[2], war ich mit aller Energie bedacht, diese Fähigkeit, „objektiv" über Geschichte und Gegenwart zu urteilen, nicht zu verlieren, und entwickelte mich im Gefängnis zu einem viel konsequenteren Stalinisten, als ich es je zuvor gewesen war. Am ärgsten fürchtete ich mich davor, daß mein eigener bitterer Kummer, die unverdiente Demütigung mir die Augen trüben und mich hindern könnten, die Hauptsache klar zu sehen, das Wichtigste für das Leben des Landes und der Welt. Darin lag für mich die notwendige Quelle seelischer Kräfte: in der Überzeugung, der großen Einheit anzugehören. Nur so behielt das Leben seinen Sinn – das ganze Leben, auch Vergangenheit und Zukunft ... In diesem Bewußtsein verbarg sich aber auch ein durch und durch individualistischer Selbsterhaltungstrieb: mag es mir auch schlecht gehen, mag man mich quälen; ich gebe nicht nach, ich bin und bleibe ehrlicher, vernünftiger und in jeder Hinsicht besser als die, die mich anklagen, verurteilen, bewachen.

[1] 1928/29 hatte Kopelew mit der Opposition sympathisiert.
[2] Als Offizier einer Propagandaeinheit der Roten Armee wurde Kopelew 1945 verhaftet und wegen „kleinbürgerlichen Humanismus und Mitleids mit dem Feind" zu 10 Jahren Straflager verurteilt; 1956 wurde er rehabilitiert.
L. Kopelew, Aufbewahren für alle Zeit, Reinbek 1976, S. 31–33.

Aufgaben:
1. Welche Gründe gibt Kopelew dafür an, daß er Stalinist wurde?
2. Wie sind seine Gründe zu beurteilen?

16. Stunde:
Das System des „Stalinismus"
(1924–1956)

Vorbemerkung

Dieser Stunde kommt für den Themenblock über „Die Herrschaft Stalins" eine zusammenfassende und beurteilende Aufgabe zu; denn hier sollen die Schüler das in den Stunden 13 bis 15 Erarbeitete und Erfahrene systematisieren und benennen, zum andern soll anhand eines Textes aus der Sekundärliteratur Bekanntes ergänzt und ein epochaler Begriff, nämlich der des „Stalinismus" erklärt werden.

Auch in der Sowjetunion erfährt der Stalinismus eine Neubewertung, selbst Stalins Leistungen im Zweiten Weltkrieg werden heute kritisch betrachtet.

„Am 21. Dezember 1989 jährt sich der Geburtstag des gefeiertsten Verbrechers unseres Jahrhunderts zum 110. Male. Vor zwei Jahrzehnten bestand große Gefahr, daß Stalin aus Anlaß des Jubiläums förmlich rehabilitiert werden würde. Entsprechende Zeitungsartikel waren offenbar schon verfaßt und gesetzt, ihr Erscheinen wurde jedoch aufgrund des Eingreifens kommunistischer Parteiführer des Auslands verhindert. Auch 1979 war die Gefahr einer Jubiläums-Rehabilitierung groß. 1989 stand derartiges nicht mehr zu befürchten. Die Anprangerung Stalinscher Verbrechen ist [...] in vollem Gange" (B. Bonwetsch, Neue biographische Forschungen über Stalin und Bucharin. in: DAS PARLAMENT Nr. 51 vom 15. 12. 1989, S. 15)

Zwar behaupten auch heute konservative Kräfte immer noch, wenn auch weniger laut, „daß die Sowjetunion in den dreißiger und vierziger Jahren den Sozialismus errichtet habe und sich gegenwärtig im Stadium des entwickelten, reifen Sozialismus befindet" (H. Maier, Wenn in Moskau die Sterne tanzen. in: DIE ZEIT Nr. 21 vom 19. 5. 1989, S. 35). Doch immer lauter räumen die Kritiker mit dieser Legende auf. Stalins Herrschaft wird als Tragödie des sowjetischen Volkes empfunden.

D. Wolkogonow beschreibt in seiner 1989 erschienenen Stalinbiographie (siehe Literaturverzeichnis) den Stalinismus als „Entfremdung der werktätigen Massen von der Macht"; das Volk sei einer dogmatischen, erstarrten Bürokratie hilflos ausgeliefert gewesen; der Staat habe mit terroristischen Mitteln das Volk unterdrückt. Stalins Landwirtschaftspolitik sei ohne jedes Verständnis für Agrarfragen und Agrarprobleme, sein wirtschaftspolitisches Credo die „direktive Wirtschaft" gewesen. Innenpolitisch habe Stalin die Anwendung von Zwang und Gewalt, die Deportationen mit und ohne Prozessen als Kampf gegen „Schädlinge" und „Klassenfeinde" ideologisch begründet. Zwang und Druck gehörten auch zum Alltag im Wirtschaftsleben, denn für Stalin konnte es dort keine Probleme geben, wenn die Arbeitenden das richtige sozialistische Bewußtsein hätten. Kritiker ließ Stalin beseitigen, v. a. nach dem Parteitag 1934, dem „Parteitag der Sieger". Dort hatten von 1200 Delegierten 300 gegen Stalin gestimmt, eine Art Schlüsselerlebnis für den immer mißtrauischen Stalin. Die Ermordung des Leningrader Parteichefs Kirow, der auf jenem Parteitag im Gegensatz zu Stalin nur drei Gegenstimmen erhalten hatte, war der Anfang eines blutigen Terrors, der erst mit Stalins Tod 1953 endete. Stalin hat davon nicht nur gewußt, er hat den Terror initiiert und geschickt seine Umgebung zu Komplizen seiner Verbrechen gemacht. Auch Männer wie Mikojan und Chruschtschow überboten sich damals im Eifer, immer neue politische Verbrecher zu entlarven. Aus der Diktatur des Proletariats war die Diktatur der Partei und schließlich die einer Person geworden.

Noch weiter in ihrer Kritik an Stalin und

dem Stalinismus geht die Ökonomin und Präsidentin des sowjetischen Soziologieverbandes, Tatjana Saslawskaja, in ihrem ebenfalls 1989 erschienenen Buch über die „Gorbatschow-Strategie" (siehe Literaturverzeichnis). Sie bemerkt, „daß in der UdSSR in der zweiten Hälfte der zwanziger Jahre ein konterrevolutionärer Umschwung stattfand, der den [von Lenin] begonnenen Aufbau des Sozialismus unterbrach [...] In der von Massenrepressionen und der Vernichtung von Millionen Menschenleben geprägten Stalinismus-Periode war der Aufruf zu sozialistischen Zielen und Werten ein wirkungsvolles Mittel, um das Verhalten der Arbeitskräfte zu steuern, spielte aber eine Alibi-Rolle, was das eigentliche Wesen des Regimes betraf" (zit. in: H. Maier. in: DIE ZEIT Nr. 21 vom 19. 5. 1989, S. 35). Frau Saslawskaja weist darauf hin, daß die Sowjetunion weder damals noch in den fünfziger oder siebziger und achtziger Jahren eine Gesellschaft ohne Ungleichheiten und Ausbeutung gewesen sei. Vielmehr habe eine spezifische Form der Ausbeutung stattgefunden, die H. Maier (in: DIE ZEIT Nr. 21 vom 19. 5. 1989, S. 35) so zusammenfaßt:

„Erstens: die Ausbeutung des Landes durch die Stadt als eigentliche Ursache für die Misere der sowjetischen Landwirtschaft.
Zweitens: die Ausbeutung der kleineren und mittleren Städte durch die Metropolen (Moskau, Leningrad, Kiew).
Drittens: die Ausbeutung der Peripherie (Armenien, Georgien, Lettland, Litauen, Estland) durch das Zentrum.
Viertens: die Ausbeutung der kreativen durch die unqualifizierte Arbeit. [...]. So weist Tatjana Saslawskaja darauf hin, daß ein Lastwagenfahrer auf dem Bau mehr verdient als ein Akademie-Professor.
Fünftens: die Ausbeutung des Konsumenten durch die Handelsbürokratie und die im Handel Beschäftigten.
Sechstens: die Ausbeutung der Mehrheit durch die Nomenklatura. [...]. Dabei stützte sich der soziale Mechanismus dieser „Tätigkeit" in er-

ster Linie auf die Verflechtung des Partei- und Staatsapparates mit den Machern der sogenannten „Schattenwirtschaft" und dem kriminellen Milieu. [...]".

Ziele der Stunde

Die Schüler erarbeiten
– aus einem Text der Sekundärliteratur die wesentlichen Merkmale des „Stalinismus".

Die Schüler erkennen
– daß der „Stalinismus" ein komplexer Begriff ist und in verschiedenen Bedeutungen verwendet wird.

Die Schüler beurteilen dieses System durch einen Vergleich.

Verlaufsskizze

Unterrichtsschritt 1:
Hypothesenbildung

Anhand eines einleitenden Zitats sollen die Schüler Vermutungen äußern zu dem Begriff „Stalinismus" und dabei Bekanntes mit Vermutungen zu einer Hypothese verbinden: „Seit Stalins Tagen prägen traumatische Erinnerungen an seine Herrschaft die politische Atmosphäre in der Sowjetunion, und bis zum heutigen Tag lastet sein Schatten auf ihr" (R. Hingley, in: Marxismus im Systemvergleich. Grundbegriffe, Bd. 3, Sp. 267).
Als Gesprächsimpulse könnten folgende Fragen dienen:
– Was meint der Verfasser?
– Was wissen Sie über Stalins Herrschaft?

Unterrichtsschritt 2:
Der Begriff „Stalinismus"

Auswertung eines Textes mit begleitender Lehrbucharbeit und einem Tafelbild.
In diesem Abschnitt der Stunde sollen die Schüler anhand eines Textes (H. Weber, Der Stalinismus; siehe Arbeitsblatt 15) Merkmale und Kennzeichen der Stalinistischen Herrschaft erarbeiten, zusammenfassen und systematisieren.

Fragen zum Text:
1. Welche Merkmale stalinistischer Herrschaft nennt der Text?
2. Können Sie danach den Begriff „Stalinismus" definieren?

Die Schülerantworten werden im Tafelbild festgehalten. Als Antworten werden erwartet und vom Lehrer ergänzt (v. a. der Begriff „demokratischer Zentralismus"):

Zu 1:
- Herrschaft des bürokratischen Apparates (Kader)
- Einparteienherrschaft (Monopolisierung der Macht)
- strenge Parteihierarchie
- strikte Herrschaft der Partei über alle Bereiche von Staat und Gesellschaft
- Verbot von „Fraktionsbildung" und einer freien Diskussion als „Abweichlertum"
- eine dogmatische Ideologie
- die Scheinfunktion der Volksvertretung als „Akklamationsanstalt"
- der „demokratische Zentralismus"
  - alle Organe werden von unten nach oben demokratisch gewählt, allerdings ohne echte Auswahlmöglichkeit
  - alle gewählten Parteiorgane sind den Organen zur regelmäßigen Berichterstattung verpflichtet, von denen sie gewählt worden sind

- alle Beschlüsse der höheren Parteiorgane sind verbindlich
- der Polizeistaat und der staatliche Terror, der jede freiheitliche Bestrebung unterdrückt und „ausrottet"
- eine starke gesellschaftliche Differenzierung anstelle der propagierten Gleichheit
- eine bürokratische, zentralistische Planwirtschaft („Befehlswirtschaft")
- ein übersteigerter Personenkult.

Der Lehrer weist darauf hin, daß bis Januar 1990 die KPdSU – und davor auch die anderen kommunistischen Parteien – behauptete, sie allein sei die wahre Hüterin der Lehren von Marx, Engels und Lenin, und daß sie auf diese These ihr Machtmonopol in Staat und Gesellschaft gründete.

Zu 2:
„Stalinismus" bedeutet demnach Willkürherrschaft mit einer dogmatischen Ideologie ohne Beschränkung, eine „industriepolitisc he Entwicklungsdiktatur mit totalitären Zügen" (G. Trautmann, Sowjetunion im Wandel, S. 15).
Abschließend füllen die Schüler in Stillarbeit das Schema auf dem Arbeitsblatt aus, das anschließend besprochen und mittels einer Folie vervollständigt wird (siehe Arbeitsblatt 15 und Vorschlag für eine Lösung, S. 99). Dadurch wird die Vielschichtigkeit des Begriffes „Stalinismus" deutlich gemacht.

Erweiterung:
Die im Text behauptete „starke soziale Differenzierung der Gesellschaft" wird mit Hilfe einer Grafik im Lehrbuch oder einer Folie verdeutlicht. Dies erlaubt zugleich einen Rückbezug zur ersten Stunde (siehe Vorschlag für eine Folie).

Ergänzung:
Um den Personenkult der Stalinzeit zu verdeutlichen, werden Bilder aus dem Lehrbuch heran-

Lösungsvorschlag für die Folie, Arbeitsblatt 15 (Unterrichtsschritt 2)

Der Begriff „Stalinismus"

Die Bezeichnung wird in mehrfacher Bedeutung verwendet und bedeutet:

1. eine *historische Epoche*

   Beginn: 1924: *Tod Lenins, Parteiführung* durch *Stalin*
   oder
   1930: *Ausschaltung* der *innerparteilichen Opposition* durch Stalin

   Ende: 1953: *Tod Stalins*
   oder
   1956: XX. Parteitag der KPdSU: Beginn der Entstalinisierung mit Chruschtschows Geheimrede „Über den Personenkult und seine Folgen"
   oder
   1990: Das ZK der KPdSU beschließt Aufgabe des Machtmonopols der Partei

2. eine *politische Methode*:
   Bürokratisierung, staatlicher Terror, Despotismus einer Person, *übersteigerter Personenkult,* Herrschaft der *Apparate, zentralistische Planwirtschaft.*

3. eine *politische Theorie*:
   Sozialismus in *einem Land, demokratischer Zentralismus* und *Revolution* von oben, *Sowjetpatriotismus,* industrieller Aufbau ist gleich *Aufbau* des *Sozialismus, Primat* der KPdSU im Weltkommunismus.

---

gezogen. Es können auch die Filme „Vom Zaren bis Stalin", GDI 1967 und „Zur Geschichte der UdSSR 1924–1941", FWU 1976 eingesetzt werden.

Unterrichtsschritt 3:
Beurteilung des „Stalinismus"

Es genügt nicht, nur das Wesen des Stalinismus zu zeigen; der Schüler sollte auch in der Lage sein, das System, unter dem die UdSSR und andere Staaten (Baltikum u. a.) litten, ideologiekritisch, etwa durch einen Vergleich mit Marx, zu betrachten. Dadurch erreicht die Stunde einen Abschluß, der sie, durch Rückbezug auf das Eingangszitat, abrundet. Es soll hier deutlich gemacht werden, daß der „Stalinismus zwar aus dem (Marxismus-)Leninismus hervorgegangen" ist, daß er aber dennoch eine „Abkehr von mehreren Prinzipien"

dieser Lehre bedeutete (W. Leonhard, Kommunistische Ideologie I, Inf. zur polit. Bildung Nr. 178, S. 36).

Impulse für ein Unterrichtsgespräch:
1. Inwieweit steht Stalin in der marxistisch-leninistischen Tradition?
2. Warum wird heute verstärkt die Zeit Stalins als „Trauma" empfunden?

Die Antworten werden vom Lehrer ergänzt:

Zu 1:
Die Lehre vom „Sozialismus in einem Lande" bedeutete die „Abkehr vom revolutionären Internationalismus Lenins" und von Marx (C. Ferenczi, Die UdSSR. in: Telekolleg II Geschichte, S. 147); sie bedeutete die „Loslösung der [UdSSR] vom internationalen revolutionären Kampf, die Kon-

zentrierung auf sowjetische Probleme" (W. Leonhard, Kommunistische Ideologie I, S. 36). Stalin befand sich damit in krassem Gegensatz zu fast allen Bolschewiki – abgesehen von Bucharin. Dennoch erfreute sich Stalins Neuorientierung angesichts der ausgebliebenen Weltrevolution v. a. bei den mittleren und unteren Kadern, also bei denen, die letztlich für die Durchführung von Parteibeschlüssen verantwortlich waren, aber auch beim Parteivolk großer Beliebtheit, zumal der Wandel gerade den neuen Realitäten in und außerhalb der Sowjetunion Rechnung zu tragen schien. Auch entsprach diese Politik dem traditionellen russischen Nationalismus. So gesehen war der „Sozialismus in einem Land [...] die Konsequenz aus dem Scheitern des ersten weltrevolutionären Anlaufs (1917–1921)" (K.-H. Ruffmann, zit. in: C. Ferenczi, Die UdSSR. in: Telekolleg II Geschichte, S. 147).

Die Betonung des „Sowjetpatriotismus", der Begriffe „Heimat" und „Vaterland", verbunden mit dem Glauben an die Möglichkeit einer nationalen Autarkie widersprach dem ursprünglichen revolutionären Internationalismus; beides entsprach eher dem bürgerlichen Nationalismus des 19. Jahrhunderts. Sie diente „genau dem, was Stalin dem bürgerlichen Nationalismus vorwarf, nämlich von „den Fragen des Klassenkampfes abzulenken", die entstanden waren durch „die zunehmenden gesellschaftlichen Widersprüche" im Sowjetstaat; auf der einen Seite die Masse der Werktätigen, machtlos, unterprivilegiert, auf der anderen die privilegierte Schicht der Intelligenz, der bürokratischen Apparatschiks und der Funktionäre.

Zielte die Lehre von Marx und Lenin ab auf einen revolutionären gesellschaftlichen Wandel, an dessen Ende die klassenlose Gesellschaft stehen sollte, so war der Stalinismus eine Rechtfertigung der neuen Klassenherrschaft, wurde der „Sozialismus" reduziert auf die Industrialisierung. Man kann dahinter den alten „russischen Messianismus" sehen, der auch die russische Außenpolitik seit Iwan IV., genannt „der Schreckliche" (1533–1584), bis hin zu Breschnew mitbestimmt hat (vgl. H. Schmidt, Menschen und Mächte, Berlin 1987, S. 28–39).

Der Personenkult widersprach völlig der Lehre von der Gleichheit und dem Kollektiv. Typische Erscheinungsformen waren die Umbenennungen von Städten, ja sogar von Bergen und Seen (z. B. Pik Stalin, Stalingrad, das alte Zarizyn – seit 1956 Wolgograd –, Stalino, Stalinsk, Stalinigorsk), „die Allgegenwärtigkeit seines Konterfeis, [...] die sich bis zur Hysterie steigernden Sprechchöre und tumultartigen Ovationen bei seinen öffentlichen Auftritten. [...] Der Kult weist [...] eine Fülle typischer Stalinscher Paradoxe auf. Photographien, auf denen er ein niedliches kleines Mädchen zärtlich in den Armen hält, wurden zu einem Zeitpunkt verteilt, da er für Kinder ab 12 Jahren die Todesstrafe einführen ließ und der Polizei erlaubt wurde, Kleinkinder in Konzentrationslager einzuliefern" (R. Hingley, Stalin, Stalinismus. in: C. D. Kernig [Hrsg.], Marxismus im Systemvergleich. Grundbegriffe 3, Sp. 250).

Wenn Gorbatschow sich in seinem Kampf um Perestroika und gegen den Stalinismus auf Lenin beruft, so ist dies ein zweischneidiges Schwert, denn die Parteidiktatur, das Fraktionsverbot und zumindest Elemente der Befehlswirtschaft (Gosplan) stammen von Lenin; Stalin hat diese Elemente nur weiterentwickelt und für seine persönliche Macht „instrumentalisiert".

Zu 2:

Die Zeit Stalins wird heute als Trauma empfunden, weil damals jede Form von Freiheit und Rechtssicherheit fehlte. Am

5. Februar 1989 schrieb erstmals ein sowjetischer Historiker, Roy Medwedjew, in einem offiziellen sowjetischen Parteiorgan über die Zahlen der Opfer des Stalinismus in der UdSSR. Danach waren etwa 40 Millionen Menschen von Repressalien betroffen, 15 Millionen seien dem Terror zum Opfer gefallen. Zwischen 1927 und 1929 seien 9 Mio. bis 11 Mio. Bauern von ihrem Land vertrieben und nach Sibirien verschleppt worden.

Im August 1989 ergänzte der sowjetische Demograph Leonid Perewersew diese Zahlen: Durch Stalins Zwangskollektivierung hätten zwischen 1931 und 1933 mehr als 9,4 Millionen Menschen ihr Leben verloren (vgl. Der Fischer Weltalmanach. Zahlen, Daten, Fakten '90, Frankfurt 1989, Sp. 490 und 497).

Erweiterung

In der heute für die Sowjetunion so bedrohlichen Nationalitätenfrage nahm Stalin eine eher schwankende Haltung ein. 1913 hatte er verlangt („Marxismus und nationale Frage." in: Werke Bd. 2, S. 266–333), daß den Völkern Rußlands das Recht auf Selbstbestimmung und auf Loslösung auch von einem sozialistischen Staat zuzubilligen sei. Er, der Georgier, trennte sich vom „großrussischen Imperialismus" und vom „Russozentrismus" nicht nur des Zarenreiches, sondern auch vieler seiner Genossen. 1921 änderte der zum „Volkskommissar für die Angelegenheiten der Nationalitäten" aufgestiegene Stalin seine Meinung grundlegend und geriet dabei in heftigen Widerspruch zu Lenin, der ihm „großrussischen Chauvinismus" vorwarf, da Stalin mit Hilfe der Armee das Eigenständigkeitsstreben seiner Heimat Georgien und der dortigen KP brutal beendete. Jede Abweichung vom offiziellen Moskauer Kurs wurde von Stalin als Beweis für einen „bürgerlichen Nationalismus" und damit als Hochverrat gewertet, auch wenn die Verfassung von 1936 vom Prinzip der Gleichberechtigung aller sowjetischer Völker ausging.

Hausaufgabe:

Auswertung des entsprechenden Lehrbuchkapitels zur Entstalinisierung durch Nikita Chruschtschow.

17. Stunde:
Der XX. Parteitag der KPdSU 1956 und die „erste Entstalinisierung"

Vorbemerkung

Das Thema dieser Stunde ist der von Nikita Sergejewitsch Chruschtschow (1894–1971) und zunächst auch (bis 1955) von Georgi M. Malenkow (1902–1988) propagierte „Neue Kurs", der neben sozialen Veränderungen – Entstehung einer neuen „Staatsbourgeoisie" aus „Arbeiterintelligenz" und der „technisch-bürokratischen Mittelschicht" – auch politische und v. a. ökonomische Veränderungen einleitete, die man heute als „erste Entstalinisierung" bezeichnet und die unter Chruschtschows Nachfolgern Breschnew und Kossygin zum größten Teil wieder rückgängig gemacht wurden, so daß man in bezug auf die Ära Breschnew (1965 bis 1982) eher von einem „Neostalinismus", zumindest aber von einer „Zeit der Stagnation" spricht.

Aus den Ursachen für das Scheitern Chruschtschows und seine Absetzung am 14. 10. 1964 wird deutlich, welch gefährliche Gratwanderung Gorbatschow mit seinen weit radikaleren Reformen unternimmt, trotz der scheinbaren Zurückdrängung seiner konservativ-doktrinären Gegner, denn unter Chruschtschow stand der Führungsanspruch der KPdSU nie in Frage, war der Vielvölkerstaat Sowjetunion nicht durch das Aufbegehren der Nationalitäten bedroht.

Warum die Verfasser vom XX. Parteitag der KPdSU (14.–25. 2. 1956) ausgehen, bedarf einer kurzen Begründung:

1. war er der erste Parteitag der KPdSU nach Stalins Tod (5. März 1953), der einen tiefen Einschnitt in die Geschichte der Sowjetunion bedeutete;
   die Zusammensetzung der Delegierten hatte sich verändert, Machtkämpfe innerhalb der kollektiven Führung waren noch immer im Gange (Innenminister Berija, unter Stalin Chef des NKWD, war im Dezember 1953 hingerichtet worden; 1955 hatte Bulganin Malenkow als Vorsitzenden des Ministerrates abgelöst, und im selben Jahr war Chruschtschow an Stelle Malenkows Erster Sekretär des ZK der KPdSU);
   Neuerungen waren hauptsächlich im Bereich der Wirtschaft zu erwarten;
2. wurden damals Prozesse eingeleitet, die nicht nur die Sowjetunion selbst betrafen, sondern auch „einen deutlichen Einfluß auf die Weltpolitik gehabt haben" (M. Wilke, Vorbemerkung, in: Aus Politik und Zeitgeschichte, Beilage zur Wochenzeitung DAS PARLAMENT B 4/77 [29. 1. 1977], S. 3);
   – in der UdSSR erfolgte ein „Abbau des terroristischen Gewaltapparates" durch eine Kontrolle der Staatssicherheitsorgane – ihre Zahl wurde zudem verringert durch die Partei und ihre Gremien; ermordete Parteimitglieder wurden rehabilitiert, Gefangene freigelassen – dennoch gab es und gibt es in der UdSSR politische Gefangene, Straflager.
   Dies war nach M. Wilke „Voraussetzung für das Entstehen eines intellektuellen Klimas im Westen, das eine Überwindung der Gräben des Kalten Krieges durch eine Entspannungspolitik […] ermöglichte".

– Zwar war die „Selbstkritik der sowjetischen Führung" nur halbherzig – es ging Chruschtschow auch um seine persönliche Macht –, aber sie „verursachte im nach außen scheinbar fest und monolithisch auf Moskau ausgerichteten Weltkommunismus eine tiefe Glaubenskrise" (M. Wilke) und gefährdete, ja beseitigte letztlich die bislang nur durch Tito ernstlich in Frage gestellte Hegemonie Moskaus im Weltkommunismus. Neben den Kommunismus sowjetischer Prägung traten das jugoslawische Modell des „Titoismus", das chinesische des „Maoismus" und der sog. „Eurokommunismus", v. a. in Italien und Spanien.

– der XX. Parteitag brachte den Ausgleich mit Tito und leitete den Bruch mit dem China Mao Zedongs ein, aber auch die permanente Konfrontation mit dem „immer wieder aufbrechenden Nationalkommunismus" (M. Wilke) innerhalb des östlichen Bündnissystems: Ungarn und Polen 1956, CSSR 1968, Rumänien.

– Der XX. Parteitag war auch für das Aufleben der inneren Opposition innerhalb der Sowjetunion von ungeheurer Bedeutung, wenn auch erst nach dem XXII. Parteitag 1961 öffentliche Kritik an Stalin geübt werden durfte und das Klima sich besonders nach Chruschtschows Entmachtung im Oktober 1964 wieder verschärfte. „Seither ist die Möglichkeit einer Erinnerung an die Stalinschen Verbrechen und die Schuld der Partei ein Indikator für das jeweils herrschende Maß an politischer Freiheit in der Sowjetunion" (M. Wilke, Vorbemerkung, S. 32).

Ziele der Stunde

Die Schüler erkennen
– die Bedeutung des Begriffs „Entstalinisierung" in der Chruschtschow-Ära.

Die Schüler erarbeiten
– aus einem Text die wesentlichen Vorwürfe Chruschtschows gegen den Stalinismus.

Die Schüler beurteilen
– diese Anklagen als Schuldzuweisung allein auf Stalin, während die Partei als solche von jeder Kritik ausgenommen bleibt;
– die Bezeichnung „Entstalinisierung" in bezug auf die Politik Chruschtschows daher als problematisch.

Verlaufsskizze

Unterrichtsschritt 1:
„Tauwetter in der UdSSR"

Betrachtung zweier Karikaturen aus dem Jahre 1953 zum Tod Stalins und zu den Vorgängen danach (siehe Arbeitsblatt 16).

Aufgabe:
Wie beurteilen die Karikaturisten den Tod Stalins, und welche Erwartungen haben sie?
Antworten:
– In ironischer Form wird dargestellt, daß Stalin dank seiner Politik wohl kaum ins Paradies kommen kann;
– sie erhoffen eine Veränderung in der sowjetischen Politik, denn nach Stalins Tod wurden die Zügel etwas gelockert, begann der Wind umzuschlagen, ein „Tauwetter" schien einzusetzen.

Unterrichtsschritt 2:
Der XX. Parteitag der KPdSU und Chruschtschows „Neuer Kurs"

In Partnerarbeit werten die Schüler einen Auszug aus Chruschtschows berühmter Geheimrede auf dem XX. Parteitag der KPdSU 1956 aus (siehe Arbeitsblatt 16).
Folgende Aufgaben werden dazu gestellt:
1. Nennen Sie die Vorwürfe, die Chruschtschow gegen Stalin erhebt.
2. Zeigen Sie, worauf er diese Vorkommnisse zurückführt.
3. Beurteilen Sie die Rede Chruschtschows.

Zu 1:
Chruschtschow erhebt im wesentlichen folgende Vorwürfe:
– der um die Person Stalins betriebene Personenkult sei nicht „leninistisch";
– Stalin habe eine persönliche Terrorherrschaft errichtet;
– Andersdenkende seien moralisch und auch physisch vernichtet worden;
– die Definition des „Volksfeindes" sei rein willkürlich gewesen, auf jeden Gegner Stalins anwendbar und habe zu willkürlichen Verhaftungen von Menschen geführt, denen Stalin mißtraut habe.
(siehe Tafelbild)

Zu 2:
Chruschtschow führt dies alles allein auf die Person des „machtbesessenen" Stalins zurück, nicht aber auf die kommunistische Ideologie, deren Betonung der „Diktatur des Proletariats" und einer monopolistischen Partei. Lenins „demokratischer Zentralismus" bleibt ebenso unangetastet wie die Lehre von der welthistorischen Mission des Kommunismus.
(siehe Tafelanschrieb)

Zu 3:
- Chruschtschow griff erstmals seit Ausschaltung der Opposition in den dreißiger Jahren Stalin auf einem Parteitag der KPdSU an. Er tat dies allerdings in einer Geheimrede, nicht vor aller Öffentlichkeit. Er warf Stalin persönlichen Machtmißbrauch und übertriebenen Personenkult vor und damit ein angebliches Abweichen vom „richtigen leninistischen Weg" (s. Vorschlag für eine Folie).
- Indem Chruschtschow alle Schuld allein Stalin zuschob, blieb die Partei von Kritik verschont; die Partei selbst sei zur sog. Selbstreinigung fähig, eine Opposition etwa außerhalb der Partei wäre daher unnötig. Die führende Rolle der Partei, ihre Monopolstellung in Staat und Gesellschaft wurden nicht in Frage gestellt, auch nicht die Politik Stalins in den zwanziger Jahren. Betont wurde allerdings, daß Stalin von der „Parteilinie", wie sie Lenin vorgegeben habe, abgewichen sei.

Unterrichtsschritt 3:
Die Sowjetunion in der Zeit des 4. und 5.
Fünfjahresplanes (1946 bis 1955)

Um den historischen Hintergrund der Rede zu erhellen, erläutert entweder ein Schülerreferat oder ein kurzer Lehrervortrag die Entwicklung der Sowjetunion während des 4. und 5. Fünfjahresplanes (1946–1955). Grundlagen des Vortrags sind das Lehrbuch, der PLOETZ 29/1981, S. 1366–1368, oder der Band 113/115 der *„Informationen zur politischen Bildung".* Hilfreich ist auch der „Fischer Weltalmanach '68", Frankfurt 1967, S. 276–289. Den Vortrag begleitet eine strukturierte Zeittafel, die sich an den unten aufgeführten Fakten und Ereignissen orientiert und daher nicht getrennt aufgeführt wird:

4. Fünfjahresplan (1946–1950)
a: Wirtschaft:
- Phase des Wiederaufbaus mit dem Ziel: „Ausbau geschlossener Produktions- und Wirtschaftsgebiete"; eine Reorganisation der Kollektivwirtschaften und deren strikte Unterstellung unter die Parteiaufsicht; Forcierung des Wohnungsbaus; Entwicklung prestigeträchtiger Großprojekte (z. B. Großkraftwerke bei Kujbyschew und Stalingrad an der Wolga – 1960 fertig –, Bau des Turmenischen Kanals und des Lenin-Kanals zwischen Wolga und Don – 1952 eröffnet);
- Währungsreform 1947 und 1950: neuer Goldrubel, durch den die UdSSR sich vom Dollar-Sterling-Block löste, damit aber auch von der Weltwirtschaft abkoppelte;
- 40% aller Arbeitskräfte arbeiten in der Landwirtschaft, dennoch:
- Stagnation der Produktion in den Kolchosen, daher:
- Zusammenlegung zu Großkolchosen 1950 auf Initiative Chruschtschows;
- jährliche Wachstumsrate der Industrie angeblich 13%.
b: Innenpolitik:
- Forcierung der Zentralisierung;
- Steigerung des Personenkultes um Stalin durch die „kulturpolitische Kampagne" Schdanows ab 1947;
- neue Säuberungen in der Partei nach Schdanows Tod 1948 auf Initiative von Chruschtschow, Malenkow und Berija.
c: Außenpolitik:
- „Zwei-Welten-Theorie" 1946 (Stalin, Schdanow) leitet aggressive antikapitalistische Politik ein (Berlin-Blockade 1948/49; Koreakrieg 1950/53);
- seit „Marshallplan-Konferenz" 1947 Aufgabe einer Kooperation mit dem Westen;
- Abschluß von Friedensverträgen mit Italien, Finnland, Rumänien, Ungarn und Bulgarien;
- „Sowjetisierung" der SBZ und Ost-, Südosteuropas; Konflikt mit Tito.

5. Fünfjahresplan (1951–1955)
a: Wirtschaft:
- offizieller Abschluß der Wiederaufbauphase;
- rasche Steigerung der Industrieproduktion und vorübergehender Ausbau der Konsumgüterindustrie;
- verstärktes Heranziehen der östlichen

Volkswirtschaften zugunsten der sowjetischen Wirtschaft;
- forcierte Entwicklung der Großbauten zur Bewässerung und Energiegewinnung;
- deutliches Überschreiten des Plansolls bei der Schwerindustrie, aber deutliches Zurückbleiben hinter den Planvorgaben bei der Konsumgüterindustrie; Festhalten an der „Tonnenideologie", d. h. quantitatives Wachstum vor qualitativem Wachstum;
- nach dem Tod Stalins „Neuer Kurs" Chruschtschows und Malenkows: Umverteilung der Prioritäten zugunsten der Landwirtschaft und der Konsumgüterindustrie beschlossen; das ZK beschließt Maßnahmen zur Steigerung der Agrarproduktion (erhöhte Investitionen und vermehrte Fachkräftezuweisung; Verminderung der Belastung der Kolchosbauern);
- ab 1954: „Siedlungs- und Landbauprogramm" zur Neulandgewinnung in Westsibirien, an der Wolga, in Kasachstan und im Nordkaukasus (bis 1956 sind rd. 36 Mio. ha erschlossen); Aufbau riesiger, aber zumeist unrentabler Sowchosen;
- Planung einer Atomwirtschaft (1954: Eröffnung des 1. Atomkraftwerks in Obninsk).

b: Innenpolitik:
- XIV. Parteitag der KPdSU 1952 verändert das Parteistatut (Zusammenfassung von Politbüro und Organisationsbüro zum „Präsidium des Zentralkomitees");
- 5. März 1953: Tod Stalins;
  danach kollektive Führung: Malenkow (Vors. des Ministerrates), Molotow (Außenminister), Berija (Innenminister), Chruschtschow (amt. Erster Sekretär des ZK);
- Beginn von Machtkämpfen; als erstes Opfer wird Berija am 23. Dezember 1953 hingerichtet; 1955 wird Malenkow von Bulganin abgelöst;
- Entstehen einer „Staatsbourgeoisie" aus „Arbeiterintelligenz" und der „technisch-bürokratischen Mittelschicht";
- ab 1954 verstärkter Atheismus, dennoch Beginn einer „Tauwetterperiode" in der Literatur (Wahrheit nicht mehr an die Ideologie gebunden);

c: Außenpolitik:
- Versuch, die Westintegration der Bundesrepublik 1952 zu verhindern;
- 1953 Abbau der reinen Konfrontationsstrategie (Waffenstillstand in Korea), da die UdSSR außerhalb ihres Machtbereichs de facto isoliert ist;
- Modernisierung der Roten Armee, die innenpolitisch an Einfluß gewinnt;
- 1953 werden der DDR die Reparationsleistungen erlassen;
- 1955: „Beendigung des Kriegszustandes zwischen der UdSSR und Deutschland"; Unterzeichnung des Staatsvertrages mit Österreich; Gründung des Warschauer Paktes;
- Ablehnung jeder Einmischung in die Angelegenheiten der Sowjetunion und ihrer Verbündeten durch andere Staaten;
- UdSSR erklärt sich 1955 zum Garanten der Blockfreien und der Unabhängigkeit der Staaten im Nahen und Mittleren Osten.

Unterrichtsschritt 4:
Chruschtschows Reformpolitik am Beispiel der Reformen von 1957

Da die meisten Lehrbücher die Zeit nach Stalins Tod nur sehr knapp oder gar nicht behandeln, erfolgt die Erarbeitung dieses Themas durch einen Lehrervortrag. Grundlage ist K. Segbers, Der sowjetische Systemwandel, ed. suhrkamp NF 561, Frankfurt 1989, S. 18–31.

Die UdSSR unternahm zwischen 1957 und 1980 vier Versuche, um die Wirtschaft zu reformieren. Keiner dieser Versuche war von Erfolg gekrönt. Stalin hatte sich nach 1945 „für die Fortsetzung einer stark auf Kontroll- und Sicherheitsinteressen ausgerichtete, Rüstungsaspekte bevorzugenden Wirtschaftsstrategie [gesetzt], die noch immer «extensiv» war" (S. 19). Nach Stalins Tod begann dann eine behutsame Ökonomiediskussion in Zusammenhang mit einem vorsichtigen allgemeinen Tauwetter. Diese Diskussion führte dann zu den Reformen 1957, die ganz im Zeichen der von Chruschtschow 1956 eingeleiteten „Entstalinisierung" standen. Anlaß war die Tatsache, daß der fünfte Fünfjahresplan (1951–1955) quantitativ erfolgreich war, daß sich aber qualitative Mängel und erhebliche Verteilungsprobleme zeigten. Der sechste Fünfjahresplan nannte daher als wesentliches Ziel die „Beschleunigung des technischen Fortschritts" (S. 20). Erste Versuche, die Wirtschaftsplanung effektiver zu gestalten – so wurde die Wirtschaftsplanung geteilt: Staatliches Planungskomitee Gosplan war für die Perspektivplanung zuständig, die neue Staatswirtschaftskommission für die laufende Planung und die Steuerung –, schlugen fehl, u. a auch deshalb, weil in den Ministerien und bei den „mittleren Kadern" eine große Opposition bestand (für A. Nowe, An Economic History of the U.S.S.R., Harmondsworth 1984, S. 344 ist diese Opposition der eigentliche Anlaß für Chruschtschows Geheimrede auf dem XX. Parteitag gewesen).

Am 10. 5. 1957 verkündete der Oberste Sowjet ein Gesetz zur „Einrichtung von regionalen und lokalen Volkswirtschaftsräten"; ferner beschloß er das »Territorialprinzip« bei der „Leitung von Industrie und Bauwesen [...] auf der Grundlage von wirtschaftlichen Verwaltungsgebieten" (S. 23), Gosplan wurde wieder alleinige zentrale Planungsorganisation. Im selben Jahr wurden 141 Ministerien aufgelöst, 105 Volkswirtschaftsräte geschaffen. Gosplan verblieb die allgemeine Planung und die Koordination sowie die Verteilung der Rohstoffe und der „Vorprodukte". Chruschtschow bezweckte damit eine Dezentralisierung und eine bessere Organisation der Wirtschaft, die wenig effektiv, wenig qualitativ produzierte. Größere Mitwirkungsmöglichkeiten vor Ort sollten die Produktivität in Menge und Qualität ebenso erhöhen, wie sie die Verteilungsprobleme lösen sollten.

Die Reform schlug jedoch fehl und mußte in den Jahren bis 1963 modifiziert werden. V. a. der »Lokalismus« „förderte die Atomisierung der Sowjetunion in zahlreiche kleine Wirtschaftseinheiten, [... er] erschwerte die intraregionale Zusammenarbeit, vor allem aber das Zulieferwesen" (S. 25).

Der Reformversuch zeigt ein zentrales Problem der sowjetischen Volkswirtschaft damals wie heute: „die Organisation der Versorgung der Betriebe mit Rohstoffen und Vorprodukten" (S. 28) und damit verbunden die Organisation der Versorgung der Bevölkerung. Der »Lokalismus« der Volkswirtschaftsräte behinderte beides. 1961 wurden z. B. in der UdSSR über 100 000 nicht beendete Bauprojekte gezählt, und es wurden immer mehr. Abstimmungsprobleme und Kompetenzgerangel waren daran schuld. Auch änderte sich nichts am Grundsatz »Quantität vor Qualität«.

Um die Wirtschaftsentwicklung zu sichern, wuchs der Einfluß der Partei auf die Wirtschaftseinheiten aller Ebenen in verhängnisvol-

ler Weise. Chruschtschow mußte mit seiner Reform scheitern, weil sie letztendlich „eine Reform in den Grenzen des seit 1928/29 geltenden sowjetischen Wirtschaftssystems" (S. 31). Gorbatschow zieht, wie es den Anschein hat, daraus die Konsequenzen (siehe Stunden 18 und 19).

Ergänzung:
Zusätzlich kann der Lehrer die erwähnten Modifikationen aufzeigen:

1. zur Behebung technischer und planerischer Probleme wurde die „Zahl der Staatskomitees für die Industrie" erhöht (S. 26);
2. die zentrale Planung wurde 1960 erneut geteilt:
   – Gosplan zuständig für die laufende Planung,
   – ein „wirtschaftlich-wissenschaftlicher Rat" für „die Perspektivplanung";
   1963 entstand ein »Oberster Volkswirtschaftsrat« „als Super-Koordinator der Planung" (S. 26);
3. die Aufteilung der Sowjetunion 1961 in 17 Großregionen mit eigenen Koordinierungsaufgaben;
4. die Unterstellung der lokalen Industriebetriebe unter die Volkswirtschaftsräte, um Kompetenzüberschneidungen zu vermeiden (1960);
5. die Zusammenlegung von Volkswirtschaftsräten – 1963 gab es 47 –;
6. die Beschneidung von Kompetenzen der Volkswirtschaftsräte – sie verloren das Recht der Mittelzuweisung und der Investitionsentscheidung –, um den »Lokalismus« zu verhindern;
7. die Aufspaltung der KPdSU „in einen Industrie- und in einen Landwirtschaftszweig" (S. 27);
8. die Abschaffung der Volkswirtschaftsräte 1965 und die allmähliche „Rezentralisierung" unter Breschnew und Kossygin.

Alternative:
Der sechste Fünfjahresplan: 1956–1960

1. Wirtschaft:
– Beginn der Neulandentwicklung (z. B. Breschnew in Kasachstan)
– Zusammenlegung von Kolchosen und Vermehrung und Vergrößerung der Sowchosen

– Beginn der Dezentralisierung im Rahmen der
  Gosplan
  – mehr Initiativrechte für die Kolchos-
    bauern bei Produktion, Verwaltung der
    Kolchosen
– Ausbau des Sozialsystems (z. B. Schwanger-
  schaftsurlaub)
– Planung neuer industrieller Großprojekte.

Wirtschaftskrise führt zum Abbruch des Fünfjahresplanes am 1. 1. 1958!

2. Innenpolitik:
– XX. Parteitag der KPdSU 1956: Abrechnung
  Chruschtschows mit den Verbrechen der
  Stalinära gegen eine Gruppe um Molotow,
  Malenkow und Woroscholow; Molotow
  1956 abgelöst; sein Nachfolger als Außenminister wird Schepilow, 1957 Andrej Gromy-
  ko;
– Fronde Molotows, Kaganowitschs und Malenkows 1957 gegen den „Polyzentrismus"
  im sozialistischen Lager findet Mehrheit im
  ZK; Chruschtschow entmachtet mit Hilfe
  des Parteiapparates seine Gegner; an ihre
  Stelle im ZK treten u. a. Schukow, Kossygin
  und Breschnew;

3. Außenpolitik:
– Auflösung des KOMINFORMS 1956
– Beendigung des Kriegszustandes mit Japan
  1956
– arabisch-sowjetische Annäherung in der
  Suez-Krise; damit Ausweitung des Ost-
  West-Konflikts in den Nahen Osten;
– Beendigung des „Zwischenspiels der ver-
  schiedenen Wege zum Sozialismus" 1956 in
  Polen und in Ungarn;
– „Sputnikschock" 1957

Erweiterung:
Die Ära Breschnew – eine Phase der Stagnation?

Dieses Thema dient der Anbindung des
Reformkurses unter Gorbatschow sowohl an
die Stalinära als auch an den ersten Reformversuch unter Chruschtschow. Dabei kann das
Scheitern der Chruschtschowschen Reformen
dazu dienen, den Reformkurs in der UdSSR
heute kritisch zu betrachten.
Heute gilt in der UdSSR die Zeit Leonid
Breschnews, d. h. die Jahre 1964 bis 1982, als
Zeit der „Stagnation", für viele sogar als Rückschritt.

Chruschtschow hatte den Stalinschen Staatster-
ror zwar nicht abgeschafft, aber doch stark eingeschränkt; das „Gulag-System" hatte er weitgehend aufgelöst; zugleich aber war der Einfluß
der Partei durch ihn wieder gestärkt worden –
das wäre im Sinne Lenins gewesen, wenn damit
eine „Entbürokratisierung" von Staat und Partei
einhergegangen wäre.
Auch unter Breschnew und Kossygin hatte „die
staatliche Durchdringung des gesellschaftlichen
und privaten Lebens […] deutliche Grenzen.
Trotz autoritärer Systemstrukturen wurden die
privaten und gesellschaftlichen Freiräume in
der UdSSR größer" (G. Trautmann, Sowjetunion im Wandel, S. 17). Dennoch war die Ära
Breschnew, v. a. die letzten Jahre, eine Zeit, in
der sich der autoritär-bürokratische Macht-
komplex der Nomenklatura in der Sowjetunion
festigte. In diesem Sinne war sie eine Fortsetzung des Stalinismus; die UdSSR war auch in
den Jahren 1964 bis 1982 weit davon entfernt,
eine „sozialistische Demokratie" zu sein, wie sie
sich Lenin vorgestellt hatte (ohne ein Mehrpar-
teiensystem, aber mit innerparteilichem Pluralismus).
Daher wird den Schülern eine Karikatur aus der
FAZ vom 14. 10. 1974 gezeigt, die Leonid
Breschnew (1906–1982) als verkappten Stalin
zeigt (siehe Vorschlag für eine Folie). Die Schüler werden aufgefordert, mögliche Gründe für
diese Beurteilung zu nennen.
In einem zweiten Unterrichtsschritt werden anhand zweier Statistiken und eines Textes aus der
Sekundärliteratur die Probleme der Sowjetunion zwischen 1964 und 1982 erarbeitet (siehe
Vorschlag für ein Arbeitsblatt).
Daß auch die Zeit der Herrschaft Breschnews
nicht ohne Reformversuche war, soll in einem
dritten Unterrichtsschritt gezeigt werden, der
sich mit dem Reformversuch von 1979 beschäf-
tigt. Dies geschieht entweder mit Hilfe eines
Lehrervortrages oder eines Schülerreferats, die
sich beide auf das Buch von Klaus Segbers, Der
sowjetische Systemwandel, S. 66–77 stützen
(siehe Lit.verz.).
Ein vierter Unterrichtsschritt zeigt dann die
Auswirkungen der Bürokratisierung in der
UdSSR, in der die meisten Historiker die
Hauptursache für den ökonomischen Mißerfolg des Sozialismus' sowjetischer Prägung
sehen.
Hier bietet es sich an, ein anschauliches Beispiel
zu zeigen:
Zu Beginn der 80er Jahre bestand der gesamte

Vorschlag für eine Folie (Unterrichtsschritt 4, Erweiterung)

Karikatur Breschnew – Stalin

(Frankfurter Allgemeine Zeitung, 14. 10. 1974)

Wirtschaftsapparat aus 15,1 Millionen Staatsbediensteten; die Wirtschaft wurde gestaltet von Gosplan und 47 Ministerien – 37 für den industriellen Bereich, 10 für die Landwirtschaft –; daneben gab es noch 12 Wirtschaftskommissionen. Allein das „Staatskomitee für das Bauwesen" beschäftigte rd. 130 000 Beamte mit dem Problem, welche Anweisungen man den Baufirmen geben könne. „Nach sowjetischen Angaben [erhielt] ein Betriebsdirektor durchschnittlich 3000 Anweisungen pro Jahr allein von seinen übergeordneten Wirtschaftsbehörden (also ohne die Parteidienststellen); im gleichen Zeitraum [mußte] er, ebenfalls nach offiziellen Angaben, 11 000 Berichte nach oben geben. So reicht die Arbeitszeit kaum dafür aus, das zu lesen, was von ihm verlangt wird" (W. Leonhard, Dämmerung im Kreml. Wie eine neue Ostpolitik aussehen müßte, Stuttgart 2/1984, S. 25). Wenn man bedenkt, daß er dann noch 16 detaillierte Jahrespläne erhielt, kann man sich die Probleme dieses Betriebsleiters ausmalen; er muß fälschen und bestechen, wenn er nicht strafrechtlich belangt werden will.

Ein Tafelbild hält die Ergebnisse fest.

Tafelbild / Strukturskizze (Unterrichtsschritt 4, Erweiterung)

Reformversuch 1979

Ziele: Verbesserung der Planung,
Erhöhung der Produktivität
und der Qualität
Beschleunigung d. Fortschritts

Maßnahmen:
- Schwerpunkt bei stabilen Fünf-
  jahresplänen statt der Jahrespläne
- Erleichterung der zwischenbe-
  trieblichen Beziehungen
- Planung von Betriebsergebnissen
  nach der Eigenleistung
- Verkürzung der Baufristen
- stärkere Konzentration der
  Investitionen
- Verbesserungen bei Leistungs-
  anreizen

verlangt

Seit 1970 Wirtschaftskrise
→ BSP 50 % unter dem der USA
→ Pro-Kopf-Wachstum = 0
→ sinkende Investititionsrate
→ größer werdende
  Versorgungslücke

bewirken

Ära Breschnew
1964 – 1982
Zeit der Stagnation?

Diktatur eines bürokratischen,
hemmenden Apparates

Unterdrückung Andersden-
kender und Kritiker

Abhängigkeit der Führung von
den Kadern

verwässert

bewirkt

Probleme / Ursachen

- Ineffizienz des zentralistischen
  Planungs- und Verwaltungssystems
- Herausbildung einer „Schatten-
  wirtschaft"
- Verlust der „regulierenden Kraft"
  des Staates
- extensive Wirtschaftsform bewirkt
  Erschöpfung der Produktions-
  faktoren (Landwirtschaft, Bergbau,
  Energie)
- Dauerkrise in Landwirtschaft und
  Transportwesen
- Rüstung verschluckt Investitionen

Vorschlag für ein Arbeitsblatt, Unterrichtsschritt 4, (Erweiterung)

Thema: Die Ära Breschnew

Tabelle 1:   **Nationaleinkommen der UdSSR 1966–1985**
(durchschnittliche Wachstumsraten)

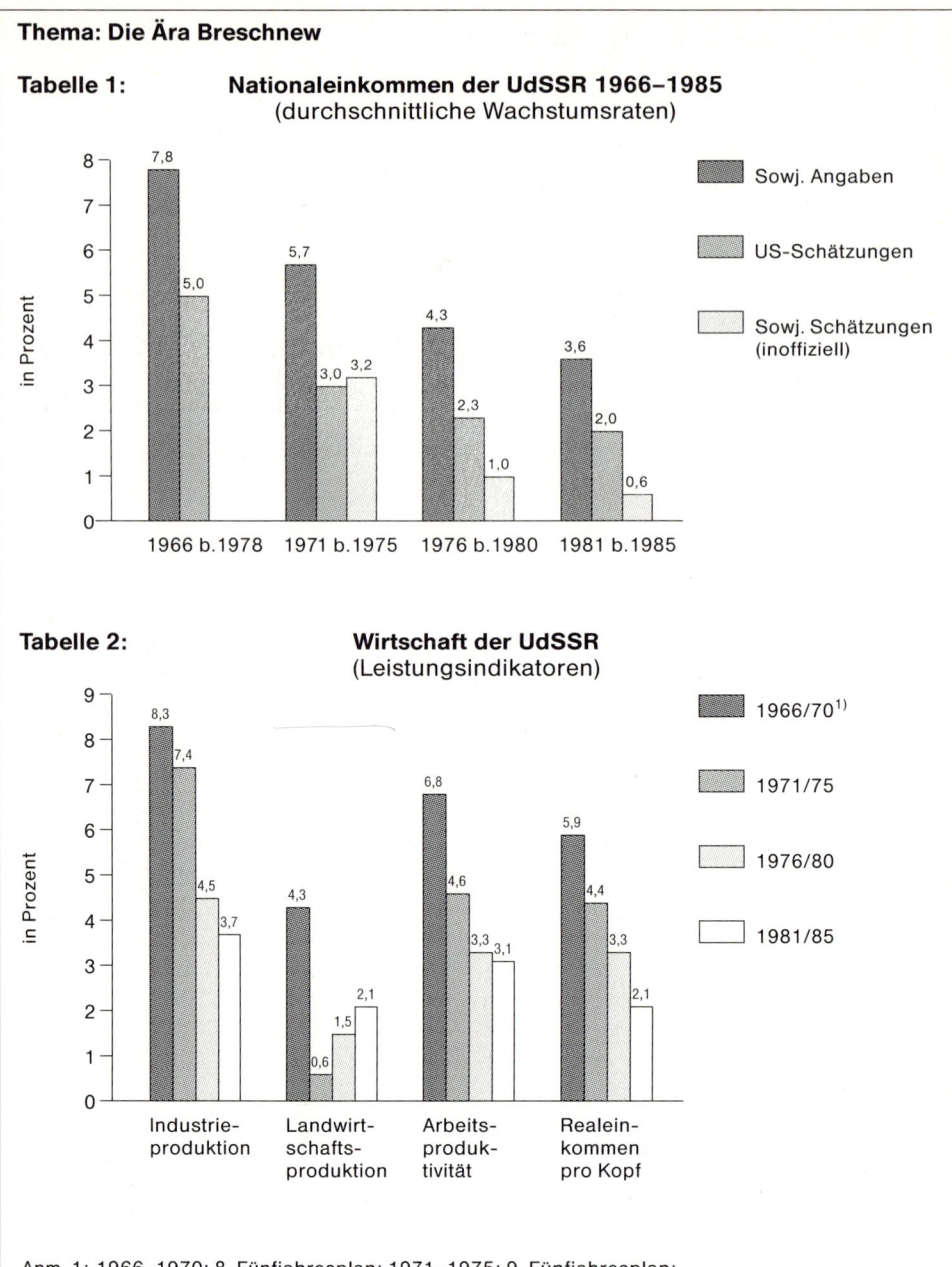

Tabelle 2:   **Wirtschaft der UdSSR**
(Leistungsindikatoren)

Anm. 1: 1966–1970: 8. Fünfjahresplan; 1971–1975: 9. Fünfjahresplan;
1876–1980: 10. Fünfjahresplan; 1981–1985: 11. Fünfjahresplan
Beide Tabellen nach Zahlenangaben in: K. Segbers, Der sowjetische Systemwandel, Frankfurt
1989, S. 179

Aufgabe: Zeigen Sie, was die beiden Grafiken aussagen.

110

Hausaufgabe:

Interview mit sowjetischen Jugendlichen
(Arbeitsblatt 17, Aufgabenstellung siehe
dort)

Vorschlag für ein Arbeitsblatt (Unterrichtsschritt 4, Ergänzung)

Die Probleme der sowjetischen Wirtschaft

Folgende Ursachen (oft zugleich auch Konsequenzen) der ökonomischen Schwächung spielten (und spielen) eine Rolle:

- Die Funktionsweise der sowjetischen Wirtschaftsorganisation bzw. das sowjetische Wirtschaftssystem blieben hinter dem Entwicklungsstand der Produktivkräfte, d. h. hinter der technischen Entwicklung der Produktionsfaktoren und der sozialen Entwicklung der Arbeiterschaft zurück. Eine immer stärker arbeitsteilige und differenzierte Ökonomie war nicht mehr mit Mechanismen und Verfahren zu steuern, die aus den dreißiger Jahren stammten und die teilweise schon damals nur begrenzt wirkten. [. . .].
- Diese Funktionsdefekte und Steuerungsdefizite wurden teilweise kompensiert durch einen sich immer weiter ausdehnenden Bereich informeller Wirtschaftsaktivitäten. [. . .]. Manche Zweige des Einzelhandels näherten sich dem naturalen Güteraustausch an. [. . .]. Zugleich wurden auch strategische Weichenstellungen der Zentrale mitunter ignoriert. Im vermeintlich hochzentralisierten Wirtschaftssystem wurde die korrekte Umsetzung und Ausführung von Beschlüssen schließlich eher zur Ausnahme. [Dieses Phänomen] ist an sich krisenhaft.
- Die extensive Entwicklungsstrategie mit der Vernachlässigung von Kostenaspekten und der Betonung politischer Zielvorgaben war am Ende. Sie beruhte auf der Fähigkeit, Wachstum durch die Zuführung von immer neuen Produktionsfaktoren zu sichern. [. . .]. In den siebziger Jahren wurde deutlich, daß diese Möglichkeiten weitgehend erschöpft waren. Aufgrund der demographischen Entwicklung verringerte sich der Zustrom neuer Arbeitskräfte. [. . .]. Die Zuwächse der jährlichen Gesamtinvestitionen fielen von 7,5% im 8. Fünfjahrplan auf 3,5% im 11. Fünfjahrplan. Die Heranziehung ausländischen Kapitals war politisch nicht erwünscht. Zunehmend problematisch wurden die Zufuhr immer neuer Rohstoffe und die Sicherung einer ausreichenden Energieproduktion. [. . .]. Zudem wurden die vorhandenen Ressourcen verschwenderisch genutzt. [. . .].
- Motivationsprobleme mehrten sich. Nach sieben Jahrzehnten der Anspannung waren Arbeiterschaft, Bauern und Intelligenz, aber auch erhebliche Teile der Macht- und Funktionseliten nicht mehr mit Hinweisen auf eine irgendwann anbrechende »leuchtende Zukunft« zu intensivieren oder auch nur zur reellen Arbeitsleistung anzuhalten. [. . .]. [Dem durch Prämien, durch Abkoppelung der Löhne von der Arbeitsleistung] entstandenen Geldeinkommen stand [. . .] kein entsprechendes Warenangebot gegenüber. Damit versagte nach der ideellen auch die [. . .] materielle Anreizpolitik. [. . .]

(nach: K. Segbers, Der sowjetische Systemwandel, Frankfurt 1989, S. 181–183)

Aufgabe:

Fassen Sie die Faktoren zusammen, die der Text als entwicklungshemmend bezeichnet.

Vorschlag für eine Folie (Unterrichtsschritt 2)

Je nach Bedarf: Komm laß dich noch einmal zusammenkitten,
den ich bereits zum alten Eisen warf!
Bald bis du dies, bald das – und jeweils unbestritten –
je nach Bedarf…

Nr. 4 vom 5. 1. 1957
Nach der sogenannten Entstalinisierung, dem „Tauwetter", Anfang der 50er Jahre, hat sich nun, nach den Vorgängen in Ungarn und Polen, das politische Klima in der Sowjetunion wieder verschlechtert; „linientreues" Verhalten wird von Chruschtschow wieder belohnt.

(aus: Im Trüben gefischt. Karikaturen der Stuttgarter Zeitung aus zwei Jahrzehnten, Stuttgart 1970, S. 64)

18. Stunde:
Perestroika oder die Demontage des stalinistischen Systems

Zur didaktischen Funktion der Stunde

Hatte die Oktoberrevolution die Welt derart verändert, daß sie der Historiker Hans Rothfels neben dem Eintritt der USA in den 1. Weltkrieg als das bestimmende Ereignis des 20. Jahrhunderts ansah, so läßt sich über die Politik Gorbatschows schon jetzt (1991) feststellen, daß sie in gleicher Weise die Welt veränderte, neue Maßstäbe setzte und jenen sich entwickelnden weltpolitischen Gegensatz der Systeme aufzulösen beginnt. (S. Vorschlag für eine Folie.) Durch die Perestroika kam es zu Veränderungen in Polen, in Ungarn, in der Tschechoslowakei und in der DDR. Die Vereinigung Deutschlands wäre ohne Gorbatschow nicht möglich gewesen. Selbst in Albanien sind erste Veränderungen und Parallelen zu den anderen „Revolutionen" erkennbar. Zu keinem Zeitpunkt bestand in Rumänien 1989 die Gefahr, daß sowjetische Panzer – wie 1968 in Prag – einziehen würden, um die Herrschaft dieses Sy-

Vorschlag für eine Folie (Unterrichtsschritt 1)

Bisherige politische Veränderungen durch Gorbatschows Perestroika

Demokratisierungsprozesse in

UdSSR   Polen   Tschechoslowakei   DDR   Rumänien???   Bulgarien???   Albanien???

deutsche
Einheit

Das europäische Haus?

stems zu retten – im Gegenteil: Ceaușescu mußte befürchten, daß sowjetische Panzer gegen seine „Securitate" einrollen würden. Der marxistische Theoretiker Ernest Mandel beschreibt die Bedeutung der Perestroika wie folgt:

„Die gegenwärtigen Veränderungen in der UdSSR sind das bedeutendste Ereignis seit der chinesischen Revolution von 1949 und werden sich noch jahrzehntelang weltweit gesellschaftlich und politisch auswirken. Vom Ende des Zweiten Weltkrieges bis zu den gegenwärtigen Ereignissen ließ sich das politische Regime der UdSSR in den kapitalistischen Ländern für die antikommunistische Propaganda einsetzen. Heute verliert die Sowjetunion dieses abschreckende Potential als manichäisches Feindbild, wenngleich ihre wirtschaftliche Misere für die westliche Welt weiterhin abstoßend genug wirkt."

(Ernest Mandel, Das Gorbatschow-Experiment, Frankfurt 1990, S. 9)

Selbst wenn der Betrachter Anfang 1991 verunsichert ist durch die Ereignisse in der Sowjetunion und der Ausgang von Perestroika ungewiß erscheint, gehört diese Phase von fünf Jahren zu dem Stoff, der den Schülern vermittelt werden sollte; denn bei Perestroika handelt es sich um den Versuch, die Reste des Stalinismus zu beseitigen und die Sowjetunion gesellschaftspolitisch und wirtschaftlich mit der übrigen Welt zu verknüpfen. Die außenpolitische Bedeutung der Perestroika ist durch die Überwindung der Blöcke, die Vereinigung Deutschlands und die sowjetische Haltung im Golf-Krieg gekennzeichnet.

Mit Blick auf die täglich sich verändernde Situation konnten nicht alle Aspekte der Perestroika berücksichtigt werden. Die herausragende Bedeutung dieser neuen Politik, die ja niemand vor Jahren für möglich gehalten hatte, soll durch Schülerstimmen aus der Sowjetunion erkennbar

werden; die Notwendigkeit der Perestroika, ihre wichtigsten Ziele und bisherigen außenpolitischen Ergebnisse werden thematisiert. An der Person Gorbatschows wird gezeigt, wie Reformversuche von Vertretern des Systems möglich sind, daß wir jedoch erleben müssen, welche Grenzen ihnen durch Reste des stalinistischen Systems gesetzt werden.

Ziele der Stunde

Die Schüler erarbeiten
– aus einem Text Äußerungen russischer Schüler zum Thema „Perestroika und das Jahr 2000";
– eine Definition von „Perestroika" und „Glasnost";
– Ziele der Perestroika.

Die Schüler erkennen
– Probleme gleichaltriger russischer Schüler;
– die Notwendigkeit der Perestroika und ihre Ziele;
– daß Perestroika ständig von innenpolitischen Gegnern bedroht wird.

Die Schüler beurteilen
– Ansätze und Möglichkeiten dieses politischen Wandels;
– Probleme, die bei der Durchsetzung der Perestroika entstanden sind.

Verlaufsskizze

Unterrichtsschritt 1:
Das Interesse an Perestroika

Als Hausaufgabe erarbeiten die Schüler einen Text mit Äußerungen russischer Schüler zur Perestroika und zu gegenwärtigen Problemen (Arbeitsblatt 17). Die Schü-

114

ler lernen durch diese Äußerungen, wie die Perestroika russische Jugendliche existentiell betrifft und wie sie sich damit auseinandersetzen.

Erwartete Ergebnisse:
– Perestroika gilt als die große Hoffnung
– Kritik an der wirtschaftlichen Versorgung
– Forderung nach Freiheit der Medien
– Gefahr eines Bürgerkriegs bei Scheitern der Perestroika
– Forderung nach Beseitigung des bürokratischen Apparates
– Betonung der Individualität
– Forderung nach Demokratie in allen Lebensbereichen
– Wunsch nach Auslandsreisen

Erweiterung:
Als Erweiterung dient ein Text von Ralf Dahrendorf (siehe Vorschlag für ein Arbeitsblatt); darin wird auf die weltweite Bedeutung der Perestroika hingewiesen.

Falls notwendig, erläutert der Lehrer die Begriffe.

Definitionsvorschlag:
Unter Perestroika versteht man „Umbau", „Erneuerung" oder „Veränderung"; damit wird die Innen- und Wirtschaftspolitik Gorbatschows bezeichnet. Obwohl Gorbatschow selbst unter Perestroika die „revolutionäre Erneuerung der Sowjetgesellschaft" versteht, bedeutete dies bisher nicht eine Veränderung des sozialistischen Systems, sondern lediglich Reformen von oben innerhalb des Systems. „Glasnost"

Vorschlag für ein Arbeitsblatt (Unterrichtsschritt 1, Erweiterung)

„Heute scheint es so, als sei die folgenreichste Tat Michail Gorbatschows, dieses großen Mannes, der so viel bewegt hat, weder die Glasnost noch die Perestroika, noch irgendeine andere Maßnahme in der Sowjetunion gewesen, sondern die Verkündigung der ‚Sinatra-Doktrin' – wie sie sein wortgewandter Pressesprecher Gerassimov frech-forsch genannt hat. 'I did it my way' – Lassen wir sie es auf ihre Weise tun! Schon die Versicherung, daß die Sowjetunion nie wieder zur Sicherung ihrer Vorherrschaft Truppen in osteuropäische Länder entsenden würde, hätte die politische und militärische Landschaft Europas verändert, aber die nachhaltige Ermunterung der Ostblockstaaten, ihren eigenen Weg zu gehen, hat sehr viel mehr bewirkt: Sie wurden frei. (…)
Heute ist der real existierende Sozialismus in Europa tot und mit ihm die Staatsparteien, die Privilegien für die Nomenklatura, die zentrale Planwirtschaft (daß Gorbatschow innerhalb der Sowjetunion einige sowjetische Teilstaaten an der Beschreitung desselben Weges zu hindern versucht, könnte ihm noch immer zum Verhängnis werden; aber das ist eine andere Frage).

Die Sinatra-Doktrin hat noch eine weitere Wirkung. Es (Sie!) hat uns West- und Mitteleuropäern die Augen dafür geöffnet, daß Osteuropa keineswegs ein homogener Block von Satellitenstaaten der Sowjetunion ist, sondern genauso vielfältig und großartig verwirrend wie Westeuropa."
(Ralf Dahrendorf in: Liber, Europäische Kulturzeitschrift, Jahr 2, Nr. 1 Februar 1990, S. 18, übersetzt von Norbert Greiner)

Aufgabe:
1. Was läßt sich über die bisherige Wirkung der Perestroika aussagen?
2. Wie stehen Sie selbst zu diesen Fragen?

Vorschlag für ein Arbeitsblatt / eine Folie (Unterrichtsschritt 2)

Die Notwendigkeit der Perestroika	
Reste des stalinistischen Wirtschaftsmodells	Wirtschaftsprobleme am Ende der Ära Breschnew
– zentralisierte und direkte Planung von oben nach unten	– *Wachstums-, Planerfüllungs- und Produktivitätsprobleme*
– Schwergewicht der Planung auf Quantität – nicht auf Qualität	– *Stagnation und Sinken des Bruttosozialprodukts (Zuwachsrate halbierte sich gegenüber der Entwicklung bis 1978 unter 2%)*
– Festlegung von Markt- und intraindustriellen Preisen (Produktionskosten, Materialknappheit oder Nachfragetrends werden so nicht widergespiegelt)	– *chronische Leistungsschwäche der Landwirtschaft*
– passive Rolle von Geld und Kredit	– *Engpässe in Industrie, Transport- und Bauwesen*
– der Plan bestimmt Verbindungen zwischen Produktionseinheiten	– *Stagnation des Konsums*
– Konzentration auf einen schmalen Bereich vorrangiger Branchen (unter Ausschluß der Konsumgüter)	– *Tempo der Kapitalbildung rückläufig*
– Subventionen für ineffiziente Produktion von Grundnahrungsmitteln	– *Wachstum der Rüstungsausgaben rückläufig*
– endlose Kampagnen zur Behebung endloser Notstände	

Anmerkung: Den Schülern wird das Arbeitsblatt ohne die kursiv gesetzten Teile vorgelegt. Diese Teile sind als Ergebnisse der Auswertung des Textes von Gorbatschow (Arbeitsblatt 17) zu ergänzen. Der Lehrer bereitet eine Folie mit diesen Ergebnissen vor.

bedeutet „Offenheit" oder „Transparenz"; auch dieser Begriff wurde von Gorbatschow geprägt und führte zur Enttabuisierung vieler Bereiche. Jetzt ist es möglich, daß die Massenmedien offen über politische und soziale Probleme wie Gewaltkriminalität, Rauschgiftsucht, Unglücksfälle u. a. berichten können.

„Glasnost" heißt aber auch Kritik und Selbstkritik, also auch Kritik an Parteibeschlüssen, am Wirtschaftsleben, Kritik am bisherigen Umgang mit der eigenen Geschichte, offene Diskussionen und vieles mehr.

Die Zusammenfassung des Erarbeiteten erfolgt am besten auf einer Folie (s. Vorschlag für eine Folie).

Unterrichtsschritt 2:
Die Notwendigkeit der Perestroika

Der Wandel des sowjetischen Systems bis in die Breschnew-Zeit bestand darin, daß der Massenterror und die persönliche Diktatur verschwand; was sich nicht gewandelt hatte, war das staatliche Modell der Planwirtschaft. Auf einem Arbeitsblatt (Vorschlag für ein Arbeitsblatt) ist dieses

Modell dargestellt und wird vom Lehrer erläutert. Daran schließt sich die Auswertung des Textes von Gorbatschow (siehe Arbeitsblatt 17) an. Das Ergebnis wird gemeinsam in die rechte Spalte des Arbeitsblattes unter der Überschrift „Wirtschaftsprobleme am Ende der Ära Breschnew" eingetragen. Insgesamt lassen sich drei Ursachenkomplexe erkennen: 1. Das „Versagen des Faktors Mensch", 2. falsche Struktur- und Investitionspolitik der Ära Breschnew, 3. Leistungsmängel des planwirtschaftlichen Systems.

Folgendes wird ins Arbeitsblatt eingetragen: „Wirtschaftsprobleme am Ende der Ära Breschnew"

– Wachstums-, Planerfüllungs- und Produktivitätsprobleme
– Stagnation bis Sinken des Bruttosozialprodukts (Zunahmerate halbierte sich bis 1978 unter 2%)
– Chronische Leistungsschwäche der Landwirtschaft
– Engpässe in Industrie, Transport- und Bauwesen
– Stagnation des Konsums
– Tempo der Kapitalbildung rückläufig
– Wachstum der Rüstungsausgaben geht zurück.

Unterrichtsschritt 3:
Ziele der Perestroika

Aus der Erkenntnis der Notwendigkeit einer Reform sollen die Ziele erkannt und vermittelt werden. Dabei ist im Unterrichtsgespräch hervorzuheben, daß unter Perestroika mehr als nur die Umgestaltung des wirtschaftlichen Systems verstanden werden muß. Gorbatschow selbst erklärte die Perestroika Anfang 1989 folgendermaßen: „Radikale Wirtschaftsreform, Wiederbelebung der Macht der Sowjets, Umgestaltung der Partei und Entfaltung ihres Potentials als politische Avantgarde der Gesellschaft, Schaffung eines Rechtsstaates."

Allgemeiner formulierte er das Ziel der Perestroika folgendermaßen: „Wir wollen unser Land in einen vorbildlichen, hochentwickelten Staat umgestalten, zu einer Gesellschaft mit fortgeschrittenster Ökonomie, breitester Demokratie, mit der humansten und höchsten Moral." (Als Zitat an die Tafel!)

Mit Hilfe einer Folie (s. Vorschlag für eine Folie) werden die Ziele besprochen, wobei folgende Fragen gestellt werden sollen:
1. Welche Bereiche sollen umgestaltet werden?
2. Halten Sie diese Ziele für systemkonform oder laufen sie auf eine Systemüberwindung hinaus?
3. Wie beurteilen Sie die Zielsetzung?

Mögliche Ergebnisse:
1. Es wird deutlich, daß Perestroika sämtliche Bereiche des Systems erfassen soll, daß sie eine „tiefgreifende Erneuerung aller Bereiche des sowjetischen Lebens" bewirken soll.
2. Obwohl Gorbatschow ständig beschwört, vom Leninismus auszugehen bzw. wieder dahin zurückzukehren, lassen die angeführten Zitate eher den Schluß zu, daß er eine Art Aufklärung („mehr Licht") für die Sowjetunion herbeiführen will.
3. Offene Diskussion mit Hinweis auf die von Gorbatschow angesprochene „Verbrauchermentalität" und „Sachwertorientierung". Als Anregung kann auch ein Vergleich zwischen den Zielen, die Gorbatschow nennt, und denen unseres Staates dienen.

Vorschlag für eine Folie (Unterrichtsschritt 3)

Ziele der Perestroika

„Wir wollen unser Land in einen vorbildlichen, hochentwickelten Staat umgestalten, zu einer Gesellschaft mit fortgeschrittenster Ökonomie, breitester Demokratie, mit der humansten und höchsten Moral." (Gorbatschow Januar 1987)

„Unser Ideal ist die allseitige Entwicklung des Menschen, die in immer größerem Maße die Erfüllung der wachsenden materiellen und geistigen Bedürfnisse des Menschen erfordert. Dabei ist es wichtig, daß der materielle Fortschritt von intellektuellen und moralischen Errungenschaften begleitet wird. Wir wissen aus Erfahrung, daß dann, wenn das Geistige, der sittliche Ursprung in Mensch und Gesellschaft verarmen, sich unausweichlich die Verbrauchermentalität und Sachwertorientierung verstärken, die innere Welt ärmer wird." (Gorbatschow, 2.10.1986, Pravda)

Unterrichtsschritt 4:
„Neues Denken" in der sowjetischen Außenpolitik

Vor allem seit Beginn des Golf-Kriegs gewann der außenpolitische Aspekt der Perestroika an Bedeutung: Die UdSSR stehen trotz noch bestehendem Freundschaftsvertrag mit dem Irak auf der Seite der USA. (S. Vorschlag für ein Arbeitsblatt.) – Konsultationen sind zur Selbstverständlichkeit geworden. Die Vorstellung Golf-Krieg plus Ost-West-Konflikt lädt zu noch düsteren Prognosen ein. Durch Perestroika bleibt der Welt dieses erspart. Wie die Veränderung der sowjetischen Außenpolitik angeregt wurde, welche Motive dabei wesentlich waren und welche Ziele erstrebt werden, das soll in dieser Stunde thematisiert werden.
Ziel ist es, einen Vergleich zwischen der Außenpolitik vor Perestroika und den gegenwärtigen Vorstellungen zu erarbeiten.

Im Unterrichtsgespräch werden die außenpolitischen Merkmale der Breschnew-Zeit zusammengestellt. Als Fragen bieten sich an:
Welche Ziele verfolgte die sowjetische Außenpolitik? Welche Voraussetzungen, welche Grundlagen und welche Weltsicht prägten diese Außenpolitik?

Erwartete Ergebnisse:
– Ziel: Sieg des Sozialismus nach den Vorstellungen des Maxismus-Leninismus

Vorschlag für ein Arbeitsblatt (Unterrichtsschritt 4)

Wie wir die Welt von heute sehen

Wo wir stehen

Wir haben mit der Perestroika in einer Situation wachsender internationaler Spannungen begonnen. Die Entspannungspolitik der siebziger Jahre war praktisch gestoppt worden. Unser Aufruf zum Frieden fand bei den herrschenden Kreisen des Westens kein Gehör. Die sowjetische Außenpolitik stieß ins Leere vor. Die Rüstungsspirale drehte sich weiter. Die Bedrohung durch einen Krieg nahm zu.

Wer nach Wegen für eine Wende zum Besseren suchte, sah sich vor die folgenden Fragen gestellt: Welche Gründe stehen hinter diesem Geschehen? An welchem entscheidenden Punkt ist die Welt in ihrer Entwicklung angelangt? Um darauf eine Antwort zu erhalten, mußten wir einen nüchternen und realistischen Blick auf das Panorama der Welt werfen und uns von der Macht gewohnter Denkschemata befreien. Oder, wie wir in Rußland sagen, wir mußten die Dinge „mit neuen Augen" betrachten.

Wie sieht die Welt aus, in der wir alle leben, diese Welt der gegenwärtigen Generationen der Menschheit? Die Welt von heute ist kompliziert, vielfältig, dynamisch, von einander bekämpfenden Tendenzen durchsetzt und voller krasser Widersprüche. Es ist eine Welt fundamentaler sozialer Veränderungen, charakterisiert durch die allgegenwärtige wissenschaftlich-technische Revolution, die sich verschlimmernden globalen Probleme – Probleme der Wirtschaft, der Ökologie, der natürlichen Ressourcen usw. – und radikale Veränderungen im Bereich von Information und Kommunikation. Es ist eine Welt, in der beispiellose Möglichkeiten der Entwicklung und des Fortschritts unvermittelt neben tiefster Armut, Rückständigkeit und Mittelalterlichkeit stehen. Es ist eine Welt mit ungeheuren „Spannungsfeldern".

Vor vielen Jahren war alles viel einfacher. Es gab eine bestimmte Anzahl von Mächten, die ihre Interessen festlegten und untereinander zu einem Interessenausgleich zu kommen versuchten. Scheiterte das, führten sie gegeneinander Krieg. Internationale Beziehungen wurden auf dem Interessenausgleich dieser Mächte aufgebaut. Hier war ein Einflußbereich, dort ein anderer und dort wiederum ein dritter. Aber sehen wir uns an, was in den vierzig Nachkriegsjahren bis heute daraus geworden ist.

(Michail Gorbatschow, Perestroika. Die zweite russische Revolution, Eine neue Politik für Europa und die Welt. München 1987, S. 171 f.)

- Ideologischer Klassenkampf als Bedingung für den Sieg des ökonomischen und politischen Kampfes
- Zweiteilung der Welt: Sozialismus und Imperialismus
- „Friedliche Koexistenz" als eine Form des Klassenkampfes; Abgrenzung als Strukturmerkmal
- „Breschnew-Doktrin" der begrenzten Souveränität der sozialistischen Staaten
- Stärke des Sozialismus äußert sich vorwiegend militärisch.

Das „Neue Denken" wird an einem Text (siehe „Vorschlag für ein Arbeitsblatt") erarbeitet und durch einen Lehrervortrag ergänzt.

Dabei ist folgendes zu berücksichtigen: Die Veränderungen in der sowjetischen Außenpolitik sind zu erklären als eine veränderte Wahrnehmung durch Gorbatschow und seine Mitarbeiter: nicht mehr die Ideologie war ausschlaggebend bei der Entwicklung der Politik, sondern die sicht-

Vorschlag für ein Arbeitsblatt (Unterrichtsschritt 4)

Lenin als Leitbild des „neuen Denkens"

[... ...] Offensichtlich haben sich die Anwesenden über das informiert, was auf unserem Parteitag zu diesen Fragen gesagt worden ist. Dort haben wir versucht, nicht nur unsere Probleme zu erörtern, sondern auch die ganze Welt im Blick zu haben, die Welt mit ihren Verknüpfungen und Abhängigkeiten und auch Widersprüchen, die aber gleichwohl ein unteilbares Ganzes darstellt. Dieser Gedanke stammt von Lenin. Es ist sicherlich keine Neuigkeit, daß ich Lenin lese und immer wieder lese. Für Sie wird das kein großes Geheimnis sein.

Was aber geschieht, wenn wir nicht in der Lage sind, die über unserem [allgemein-] menschlichen Haus schwebende atomare Bedrohung abzuwenden? Wenn dies geschähe, dann gäbe es keine Möglichkeit mehr, die Fehler zu korrigieren.

Jetzt ist tatsächlich jener kritische Zeitpunkt in der Geschichte eingetreten, da die tödliche Gefahr offenbar nur mit gemeinsamer Kraft abgewendet werden kann.

W. I. Lenin sprach seinerzeit einen überaus tiefsinnigen Gedanken aus, den Gedanken von der Priorität der Interessen der gesellschaftlichen Entwicklung, der allgemein-menschlichen Werte vor den Interessen der einen oder anderen Klasse. Heute, im Zeitalter der Atomraketen, stellt sich die Bedeutung dieser Worte besonders scharf. Und es wäre sehr zu wünschen, daß auch im anderen Teil der Welt die These von der Priorität der allgemein-menschlichen Werte vor allen anderen Werten, denen die einen oder anderen Menschen anhängen, verstanden und übernommen würde. [... ...]
(M. Gorbačev: Vremja trebuet novogo myšlenija [Die Zeit erfordert neues Denken], *in:* Kommunist: Nr. 16, November 1986, S. 11 f.)

---

baren Tatsachen; denn die Sowjetunion war nicht zu einem Land geworden, das als Modell zur Nachahmung erstrebenswert erschien; der Kapitalismus wurde – wie die selbstgestellte Aufgabe lautete – nicht überholt; die Entwicklung der UdSSR ist geprägt durch Mißerfolge, Widersprüche, Krisen- und Stagnationserscheinungen. Die bisherige Außen- und Sicherheitspolitik geriet auch deshalb in die Kritik, weil durch den bisherigen Ansatz zunehmend die eigenen Kräfte überfordert wurden, weil sich die innere Lage dadurch verschlechterte – Außenpolitik als Rüstungspolitik im Wettstreit forderte einen zu hohen Preis. Die Auseinandersetzung zwischen den beiden Systemen als Leitprinzip der Außenpolitik entfiel deshalb, weil einer veränderten Wahrnehmung eine neue Weltsicht folgte, die von folgenden Erkenntnissen bestimmt war: Der Kapitalismus befindet sich keineswegs in einer Krise – geschweige denn im Zerfall; er gewinnt im Gegenteil an innerer Stabilität; politische und wirtschaftliche Interessengegensätze innerhalb der kapitalistischen Staaten sind gemildert worden; Wirtschaft und Produktivität wachsen – von einer Verelendung der Massen kann nicht gesprochen werden; für Länder der Dritten Welt scheint der kapitalistische und nicht der sozialistische Weg zu mehr Wachstum, technischem Fortschritt und höherem Lebensstandard zu führen; NATO und USA werden von den Reformern nicht mehr als potentielle Aggressoren gesehen; die UdSSR stellt ihre Position als Supermacht in Frage, sieht sich als eindimensionale Supermacht, gegründet auf die militärische Macht, was auf Dauer als problematisch angesehen wird. Zu der neuen Weltsicht gehört weiter, daß die Welt als eine Einheit aufgefaßt wird – allgemeinmenschliche Interessen gewinnen in der Konzeption des „Neuen Denkens" Vorrang vor Klasseninteressen. Ein weiterer Grundsatz ist das Prinzip der „Freiheit der Wahl", des Rechts jedes Volkes, Gesellschaftsordnung, Lebensweise und Politik frei zu wählen: „Sich der Freiheit der Wahl zu widersetzen, bedeutet, sich dem objektiven Gang der Geschichte selbst zu widersetzen." (Gorbatschow 1988, 19. Unionsparteikonferenz).

Es würde die Thematik sprengen, würde man hier Verhaltensweise und deren Motive erörtern, die Gorbatschow gegenüber den baltischen Staaten 1990/91 praktizierte.

Erwartete Ergebnisse:
– Ziel: „Gemeinsames Haus Europa unabhängig von der Gesellschaftsordnung"
– ideologischer Streit zwischen gleichberechtigten Partnern; Kritik als Strukturmerkmal
– Einheit der Welt, Überwindung der Teilung
– Versuch, Kriege gemeinsam zu verhindern, konsultativ-konstruktiver Umgang miteinander; Bewußtsein der gemeinsamen Sicherheit, „Demokratisierung internationaler Beziehungen"
– „Freiheit der Wahl"
– noch kein grundsätzliches Abrücken von bisheriger Position: Militärs als ein innenpolitischer Faktor; „gemeinsame Sicherheit" wird überdacht.

Die Ergebnisse werden im Tafelbild festgehalten (siehe Stundenblatt).

Unterrichtsschritt 5:
Perestroika und Gorbatschow

Es soll bei der Behandlung der Person Gorbatschows nicht der Eindruck einer personenbezogenen Geschichtsbetrachtung vermittelt werden, andererseits entstand eine Zeitlang der Eindruck, Perestroika stehe und falle mit Gorbatschow. Ende 1990 verhärtete sich dieser Eindruck wieder im Zusammenhang mit dem Diktaturvorwurf, hatte er doch mehr formale Macht angesammelt als seine Vorgänger. Gorbatschow selbst aber war es, der als eines seiner Teilziele ansah, Perestroika „unumkehrbar" zu machen, was ihm offensichtlich gelungen ist, denn die von den Militärs erstrebte Rückkehr zu den alten Zuständen scheint nur noch über einen Bürgerkrieg möglich.

Zu fragen ist, wie die politische Laufbahn und auch das Leben dieses Mannes aussehen. Dies geschieht am besten durch ein Schülerreferat oder durch Lehrervortrag (siehe Vorschlag für eine Lehrerinformation). Somit eignet sich dieser Unterrichtsschritt auch als Einstieg in die Problematik der Perestroika, denn Schüler finden über Personen oft eher einen Zugang zu geschichtlichen Problemen.

Unterrichtsschritt 6:
Pro und contra Perestroika

Mit Hilfe des Arbeitsblattes (s. Vorschlag für ein Arbeitsblatt) werden Befürworter und Gegner der Perestroika vorgestellt und ihre Motive kurz erläutert. Grundlage sind die Arbeiten der russischen Soziologin Tatjana Saslawskaja. Sie sieht insgesamt folgende Probleme für die Perestroika: die gewaltigen Dimensionen des Landes, die Mannigfaltigkeit seiner sozialen Strukturen und Lebenshaltungen, die Erinnerung an die bisherigen mißlungenen

Michail Gorbatschow über sich selbst

I. Aus den Antworten auf Fragen der Zeitschrift „Iswestija ZK KPSS"

Michail Gorbatschow: Ich bin in Stawropol in einer Bauernfamilie geboren und aufgewachsen. Sowohl meine Eltern als auch meine Großeltern sind Bauern gewesen. Mein Großvater mütterlicherseits, Pantelej Jefimowitsch, gehörte zu den Organisatoren der TOS – Genossenschaften zur gemeinsamen Bodenbestellung – und später der Kolchose, und viele Jahre lang war er selbst Kolchosvorsitzender. Mein Vater, Sergej Andrejewitsch, und meine Mutter, Marija Pantelejewna, arbeiteten ebenfalls auf dem Lande, anfangs in ihrer Bauernwirtschaft, dann in einer TOS und später in einem Kolchos und in einer MTS*...

*Maschinen-Traktor-Station. In solchen staatlichen Betrieben war die wichtigste Technik für die Bodenbearbeitung in den Kolchosen sowie für die Einbringung und den Abtransport der Ernte konzentriert. Sie bestanden bis 1958, dann wurde der Maschinenpark den Kolchosen übergeben. – Die Red.

Wie alle Bauernkinder mußte ich mich schon frühzeitig mit bäuerlicher Arbeit befassen. Ab meinem 13. Lebensjahr arbeitete ich regelmäßig im Kolchos und seit meinem 15. Lebensjahr als Mähdrescherfahrer-Gehilfe. Insgesamt war ich während meiner Schulzeit fünf Jahre lang nebenbei in der MTS tätig. Die Atmosphäre und die ganze Lebensweise der Bauernfamilie, die gemeinsame Arbeit mit Älteren von Kindesbeinen an haben ganz zweifellos die Formung meines Charakters und meiner persönlichen Lebenseinstellung beeinflußt. Die Schule schloß ich erfolgreich ab, und 1950 nahm ich ein Studium an der juristischen Fakultät der Universität Moskau auf. Während meines fünfjährigen Studiums befaßte ich mich mit Komsomolarbeit. 1952 trat ich als Student der KPdSU bei. Ich bin der Moskauer Universität, bin sowohl meinen Dozenten als auch der Partei- und der Komsomolorganisation und meinen Kommilitonen (mit vielen von ihnen stehe ich bis heute in Verbindung) dankbar für all das, was sie mir vermittelt haben, sowie für Freundschaft und Kameradschaftlichkeit. Es waren dies unvergeßliche Jahre, und ich kann mir einfach nicht vorstellen, wie sich ohne sie mein weiteres Schicksal gestaltet hätte.

Iswestija ZK KPSS: Könnten Sie uns Ausführlicheres über Ihre Familie erzählen – wie sie entstanden ist und welcher Stellenwert ihr in Ihrem Leben zukommt?

Michail Gorbatschow: Während meines Universitätsstudiums habe ich Raissa Maximowna kennengelernt. Sie ist in Sibirien in der Stadt Rubzowsk in der Region Altai geboren. Ihre Eltern waren im Eisenbahnwesen tätig. Nachdem sie die Schule mit der Goldmedaille abgeschlossen hatte, studierte sie an der philosophischen Fakultät der Universität Moskau. Wir lernten uns 1951 kennen, 1953 heirateten wir, seitdem sind wir zusammen.

Nach dem Studium arbeiteten wir in Stawropol. Es ergab sich so, daß ich in meinem Beruf nicht lange tätig war, denn ich wurde für die Komsomolarbeit empfohlen. Seitdem hatte ich Komsomol- bzw. Parteifunktionen inne. Viele Jahre lang arbeitete ich im Regionsparteikomitee, unter anderem war ich neun Jahre lang sein erster Sekretär. Es waren dies ebenfalls bedeutsame, wichtige Jahre in unserem Leben.

Da ich mich sehr viel mit Fragen der Landwirtschaft befaßte, absolvierte ich auch noch ein Fernstudium an der wirtschaftswissenschaftlichen Fakultät der Hochschule für Landwirtschaft, und das erwies sich als eine gute Ergänzung zu meiner Ausbildung als Jurist.

Raissa Maximowna unterrichtete an Hochschulen, promovierte über die Kolchosbauernschaft und wurde Dozent. Insgesamt unterrichtete sie über 20 Jahre lang.

In Stawropol wurde unsere Tochter Irina geboren. Dort wuchs sie auch auf, ging zur Schule und heiratete. Sie und ihr Mann sind von der Ausbildung her Mediziner. Irina ist Kandidat der Wissenschaften und arbeitet als Assistentin am Lehrstuhl einer medizinischen Hochschule, ihr Mann Anatoli ist Dozent und Chirurg, arbeitet seit neun Jahren an einem städtischen Krankenhaus in Moskau und hat über Gefäßchirurgie promoviert. In Moskau hat sich unsere Familie vergrößert: Es sind zwei Enkelinnen – Xenia und Anastassija – hinzugekommen.

Raissa Maximowna befaßt sich gegenwärtig mit gesellschaftlichen Angelegenheiten und – als Frau des Vorsitzenden des Präsidiums des Obersten Sowjets der UdSSR* – mit protokollarischen Veranstaltungen. Meine gegenwärtigen Obliegenheiten sind nicht nur für mich selbst, sondern auch für meine Familie eine große und verantwortungsvolle Belastung, und ich weiß das Verständnis, die Unterstützung und die Hilfe, die mir sowohl seitens Raissa Maximownas als auch seitens aller anderen Mitglieder meiner Familie zuteil werden, sehr zu schätzen.

Iswestija ZK KPSS: In Zuschriften fragen uns Leser unter anderem auch nach Ihrer persönlichen Zeiteinteilung. Wie sieht Ihr Arbeitstag aus? Außerdem wird nach Ihren Lebensbedingungen, Ihrem Gehalt, Ihren Honoraren usw. gefragt. Könnten Sie bitte dazu etwas sagen?

Michail Gorbatschow: Außer in den wenigen Stunden, die der Schlaf in Anspruch nimmt, kann ich mich praktisch nicht von meinen Amtsgeschäften lösen, ganz gleich, ob ich mich gerade im ZK oder im Präsidium des Obersten Sowjets oder aber zu Hause befinde. Selbst im Urlaub läßt mich die Arbeit nicht los.

Einiges über mein Gehalt. Alle Politbüromitglieder – also auch ich – erhalten unabhängig von dem Posten, den sie bekleiden, 1200 Rubel im Monat. Die Kandidaten des Politbüros beziehen 1100 Rubel und die Sekretäre des ZK 1000 Rubel. Alle meine Honorare für die Veröffentlichung von Vorträgen und Reden fließen dem Parteibudget zu.

Ich möchte hier näher auf die Honorare für mein Buch „Perestroika und neues Denken" eingehen, da dieses Buch, das im Auftrag eines amerikanischen Verlags entstanden ist, in fast hundert Ländern in einer Auflage von über zwei Millionen Exemplaren vertrieben worden ist. Die Honorare stelle ich in dem Maße, wie sie mir überwiesen werden, teils dem Parteibudget, teils öffentlichen Zwecken zur Verfügung, so dem Hilfsfonds für die Betroffenen der Erdbeben in Armenien und Tadshikistan oder dem sowjetischen Kulturfonds.

Etwas über die Wohnverhältnisse. Wir haben eine Wohnung in der Stadt. Dem Charakter ihrer Arbeit gemäß werden den Mitgliedern der Führungsgremien unseres Landes staatliche Datschen zur Nutzung überlassen. Persönliche Datschen haben weder ich noch die Mitglieder meiner Familie jemals irgendwo besessen. Auf der Datsche, die dem Generalsekretär der KPdSU und Vorsitzenden des Präsidiums des Obersten Sowjets der UdSSR für die Erfüllung seiner Obliegenheiten zur Verfügung steht, sind entsprechende Dienste vorhanden. Es gibt hier Räume für Sitzungen des Politbüros und des Präsidiums des Obersten Sowjets der UdSSR sowie für Begegnungen mit den Oberhäuptern anderer Staaten, des weiteren ein Arbeitszimmer und eine Bibliothek sowie eine mit modernsten Mitteln ausgestattete Fernmeldezentrale.

Es gibt auch noch andere technische Ausrüstungen, die für die Funktionen des Vorsitzenden des Verteidigungsrates der UdSSR erforderlich sind. Ein Teil der Räume der Datsche nutzt meine Familie für ihre persönlichen Bedürfnisse.

ZK und Regierung gehören auch spezielle Gebäude für den Empfang hoher ausländischer Gäste und für andere repräsentative Zwecke.

Was die Versorgung mit Fahrzeugen betrifft, so hängt dies ebenfalls mit den mir übertragenen Pflichten zusammen.

Iswestija ZK KPSS: Wenn Sie doch einmal freie Zeit haben, womit beschäftigen Sie sich dann am liebsten?

Michail Gorbatschow: Meine wenigen Mußestunden bemühe ich mich voll zu nutzen. Meine Interessen sind sehr verschiedenartig: schöngeistige Literatur, Theater, Musik und Film. Am liebsten entspanne ich mich bei einem Spaziergang auf Waldwegen. Ich muß jedoch gestehen, daß mir das immer seltener gelingt.

(aus: Sputnik: Digest der sowjetischen Presse. Nov. 1989, S. 8 ff.)

II. In der Arbeit zulegen

Alles, was wir tun, kann verschieden interpretiert und bewertet werden. Dazu gibt es eine alte Geschichte: Ein Reisender trifft auf ein paar Leute, die ein Bauwerk errichten, und fragt einen nach dem anderen: „Was baut ihr da?" Einer antwortet verärgert: „Siehst du denn nicht, von morgens bis abends schleppen wir diese verdammten Steine …" Ein anderer erhebt sich von den Knien, wirft sich stolz in die Brust und sagt: „Schau, wir bauen einen Tempel!"
Wenn man ein großes Ziel vor Augen hat – einen strahlenden Tempel auf einem grünen Hügel –, dann werden die schwersten Steine leicht, die anstrengendste Arbeit wird zum Vergnügen.
Um etwas besser zu machen, muß man bei der Arbeit zulegen. Mir gefällt dieses Wort: *zulegen*. Für mich ist es nicht einfach ein Motto, sondern eine Grundeinstellung, eine Disposition. Jede Aufgabe, die man angeht, muß man mit dem Herzen erfassen und mit dem Verstand begreifen. Nur dann wird man bei der Arbeit zulegen. Ein kleinmütiger Mensch wird nicht bei der Arbeit zulegen. Im Gegenteil, er wird vor den Schwierigkeiten kapitulieren, sie werden ihn überwältigen. Doch wenn ein Mensch entschlossen ist, gefestigt in seinem Wissen, kurz: innerlich gestärkt, läßt er sich nicht unterkriegen. Er wird jedem Sturm trotzen. Wir haben das aus unserer Geschichte gelernt.

(Der Spiegel, 1987, Nr. 45)

Versuche von Veränderungen und die verbreitete Passivität, das Fehlen großer ökonomischer Reserven für die Wirtschaftsentwicklung. Die Hauptschwierigkeit jedoch sieht sie darin, daß die Umgestaltung die Interessen verschiedener Menschen auf unterschiedliche Weise berührt. (Nach „Sowjetunion heute", 10, 1988)

Folgende Fragestellung ist möglich:
Von welchen Motiven könnten sich die jeweiligen Gruppen in ihrer Einstellung zur Perestroika leiten lassen?
Mögliche Ergebnisse:
- Erfolg für den einzelnen selbst, der abhängig ist von der Qualifikation, die das jeweilige System erwartet.
- Manche sehen in der Perestroika eine Chance für Eigenverantwortung.
- Viele fürchten diese Eigenverantwortung, sind mit dem – wenigen – zufrieden, was sie aber sicher zu haben scheinen.
- Einige scheinen – wenn auch nur geringen – Privilegien Anteil zu haben, wollen diese sichern, erwarten von Perestroika das Ende des eingefahrenen Schlendrians, in dem sie sich aber auskennen.
- Die Ursachen für die schwierige Durchsetzung liegt bei den Menschen selbst, wahrscheinlich aber auch an mangelhafter Vermittlung der Ziele, Wege und Etappen der Perestroika.

Vorschlag für ein Arbeitsblatt (Unterrichtsschritt 6)

Soziale Gruppen und Schichten	Charakteristika	Initiatoren	Anhänger	Verbündete	Quasi-Anhänger	Beobachter	Konservative	Reaktionäre
Fortgeschrittene Schicht der hochqualifizierten Arbeiter und Kolchosbauern	arbeiten nach Weisung, konnten bisher nicht voll kreativ sein; an Beseitigung von Gleichmacherei interessiert; für Vertrags- und Pachtkollektive und Selbstverwaltung	X	X					
Politische und Wirtschaftsleiter	Direktoren, hohe Gehälter, Prämien, Privilegien bisher; Möglichkeiten Innovationen zu starten, fürchten aber höhere Leistungsanforderungen						X	X
Humanitäre Intelligenz (z. B. Ärzte, Lehrer)	Lage vor Glasnost und Perestroika ungünstig; entwürdigend niedrige Löhne; Möglichkeiten des Schaffens eingeschränkt; Teil sieht „Abkehr von Prinzipien des Sozialismus"		X	X				
Individuell Erwerbstätige	können ihre wirtschaftlichen Fähigkeiten und Aktivitäten jetzt besser nutzen. Großer Teil betrachtet Tätigkeit auch gesellschaftlich; Gefahr des Egoismus	X	X	X				
Hauptteil der Arbeiter und Kolchosbauern	zu wenig soziales Engagement, niedrige Qualifikation, in Dienstleistungssphäre unzuverlässig; K.-Bauern einerseits gegen Bevormundung, fürchten um soziale Garantien				X	X		
Wissenschaftlich-technische Intelligenz	zahlenmäßig recht stark, zu viele! Qualifikation entspricht nicht Weltstandard; Hochqualifizierte für Perestroika, jedoch Skepsis; fürchten um z.T. sichere Posten		X	X	X			
Verantwortliche Mitarbeiter der Leitung	politische Macht, Gruppe wuchs ständig; von der Gesellschaft abgegrenzt. Konservative noch in der Mehrheit					X	X	X
Verantwortliche Mitarbeiter des Handels und der Dienstleistungssphäre	Verfügen über wichtige Möglichkeiten der Verteilung von Produkten. Perestroika entzieht ihnen den Boden, System der Eigenversorgung in Gefahr						X	
Beschäftigte in unbegründet privilegierter Stellung	ZK-Mitglieder, Leiter der Gebietsebene, Generalität; persönl. Interessen: Dienststellung und Macht bewahren und festigen; „Seilschaften" sozialer und verwandtschaftlicher Art						X	X
Vertreter des organisierten Verbrechertums	„Mafia"-demoralisierter Teil der Mitarbeiter des Handels- und Dienstleistungsbereichs, Geschäftemacher der Schatten-wirtschaft. Perestroika bedeutet Freiheitsentzug, Todesstrafe!							X

125

Stundenblätter Geschichte/Gemeinschaftskunde

Sekundarstufe I

Becker, Horst
Recht
Klettbuch 927781

Cramer, J./Größl, W.-R./
Zollmann, G.
**Parlamentarische Demokratie in
der Bundesrepublik Deutschland**
Klettbuch 927810

Eick, Hans-Joachim
Massenmedien
Klettbuch 927842

Greber, Ludwig/Karl-Heinz Wurster
Die Französische Revolution
Neubearbeitung
Klettbuch 927843

Hagen, Thomas
**Die Entwicklung
in Deutschland 1815–1850**
Klettbuch 927761

Jösel, Martin
**Alexander der Große/
Die Diadochenreiche/
Alexandria**
Klettbuch 927771

Lidle, Wolfgang
Wirtschaft
Klettbuch 927798

Maier, Gerhart
Die Attische Demokratie
Klettbuch 927791

Maier, Gerhart/Müller, Hans Georg
Der Absolutismus
Klettbuch 927111

Meyer, Horst/Winkler, Andreas
**Das geteilte Deutschland
1945–1989**
Klettbuch 927845

Müller, Hartmut
**Der Nationalsozialismus:
Die große Täuschung**
Klettbuch 927531

Müller, Hartmut
**Imperialismus und
Erster Weltkrieg**
Neubearbeitung
Klettbuch 927799

Schmidt, Peter
**Die Römer
in Deutschland**
Klettbuch 927841

Schröer, Karin
Familie
Klettbuch 927793

Schulreich, Heimo
**Napoleon –
Reformen in Deutschland,
Wiener Kongreß**
Klettbuch 927772

Steigerthal, Hans-Joachim
**Reformation
und Gegenreformation/
Glaubenskriege**
Klettbuch 927711

Waag, Gertrud
**Arbeits- und
Produktionsformen –
Von der Steinzeit
zur Industrialisierung**
Klettbuch 927751

Stundenblätter Geschichte/Gemeinschaftskunde

Sekundarstufe II

Blumenthal, Hans Ulrich/
Schlenker, Michael
**Industrielle Revolution
und Soziale Frage**
Klettbuch 927621

Deichmann, Carl
Politische Parteien
Klettbuch 927551

Deichmann, Carl
**Demokratie – Theorien
und Modelle**
Neubearbeitung
Klettbuch 927851

Emde, Reimund
Soziale Ungleichheit
Klettbuch 927741

Emde, Reimund
Konjunkturpolitik
Klettbuch 927732

Göbel, Walter
**Deutschlandpolitik im
internationalen Rahmen**
Neubearbeitung
Klettbuch 927848

Größl, Wolf Rüdiger/
Herrmann, Harald
**Rußland und die Sowjetunion
1905–1990**
Zwischen Revolution und Reform
Klettbuch 927849

Größl, Wolf Rüdiger/
Herrmann, Harald
**Das Dritte Reich – Beispiel
eines faschistischen Staates**
Klettbuch 927721

Maier, Gerhart/
Müller, Hans Georg
Die Weimarer Republik
Neubearbeitung
Klettbuch 927846

Mühlhoff, Friedbert/
Reinhardt, Sibylle
Rollentheorie
Dahrendorfs
„Homo Sociologicus"
in der Sekundarstufe II
Klettbuch 927541

Schulreich, Heimo
**Die Entwicklung des
Parlamentarismus in
Deutschland 1848–1918**
Klettbuch 927521

Thema: Die soziale Schichtung und die Lage der Bauern

I. Die soziale Schichtung Rußlands vor der Revolution 1917

1. Die russische Gesellschaft im Jahre 1897

Großgrundbesitzer, Großbourgeoisie und höhere Beamte	3,0 Mio	2,5 %
Wohlhabende Bauern und Gewerbetreibende	23,1 Mio	18,3 %
Arme Bauern und Gewerbetreibende	35,8 Mio	28,5 %
Halbproletarier	41,7 Mio	33,2 %
Proletarier	22,0 Mio	17,5 %
Gesamtbevölkerung	125,6 Mio	100 %

(nach: W. I. Uljanow, Die Entwicklung des Kapitalismus in Rußland, 1899. in: V. Gitermann, Geschichte Rußlands, Bd. 3, Frankfurt 1987, S. 350 und 351 [ergänzt])

2. Die russische Gesellschaft am Vorabend des Ersten Weltkrieges (1913)

Großgrundbesitzer, hohe Beamte, Offiziere = Adel	1,9 Mio	1,4 %
Unternehmer, Kaufleute, Beamte = Großbourgeoisie	5,4 Mio	3,9 %
kleinere Angestellte, Handwerker = Kleinbürgertum	19,7 Mio	14 %
Bauern davon:	112,3 Mio	80 %
Kulaken = Großbauern	16,8 Mio	15 %
Mittelbauern	22,5 Mio	20 %
Kleinbauern und Landarbeiter	73,0 Mio	65 %

(nach: C.E. Black, The Transformation of Russian Society, Cambridge 1960, S. 88 [ergänzt])

II. Die Lage der Bauern im zaristischen Rußland vor 1861

Text 1: Aus den Erinnerungen eines Dorfgeistlichen

Übrigens betrachteten viele Herren ihre Bauern wie das liebe Vieh; nein, sie behandelten sie schlimmer als Hunde. Ein guter Bekannter von mir nannte seinen Diener „Barbaß" [ein in Rußland üblicher Hundename] und pfiff ihm stets. Die Hundezüchter, das ist allgemein bekannt, tauschten Hunderte von Bauern gegen einen Hund aus. Ganze Dörfer wurden für einen Jagdhund hingegeben. Die Besitzer kleiner Landgüter, denen es an jungen Mädchen fehlte, kauften solche [...] um den Preis von 25 Rubel per Stück. Auch viele Eltern kauften ihre Töchter frei, um sie an Freie verheiraten zu können. Damals bezahlte der Gutsbesitzer für junge Windhunde bis 3000 Rubel.

(aus: Th. Schiemann, Bibliothek russischer Denkwürdigkeiten, Bd. 5, Berlin 1854)

Text 2: Inserat in der „Moskauer Zeitung" 1801

Es werden verkauft drei Kutscher, stattlich und gut geschult, und zwei Mädchen von 18 und 15 Jahren, beide von hübschem Äußeren und mit vielerlei Handarbeit wohlvertraut. In demselben Haus kauft man zwei Haarkünstler; der eine ist 21 Jahre alt, kann lesen, schreiben und ein musikalisches Instrument spielen, ist auch als Jägerbursche verwendbar, der andere kann Herren und Damen frisieren. Im gleichen Haus werden Pianos und Orgeln abgegeben.

(zit. in: V. Gitermann, Geschichte Rußlands, Bd. 2, Frankfurt 1987, S. 490)

Text 3: Ein Engländer über Leibeigenschaft um 1800

Der Reichtum der russischen Edelleute ist wirklich unermeßlich groß [...]. Es gibt russische Edelleute, die 70-, 80- bis 100 000 Bauern besitzen, denn bloß nach der Anzahl der Bauern wird ihr Vermögen berechnet. Jeder Bauer muß ihnen nämlich, im Durchschnitt genommen, jährlich zehn Rubel in barem Gelde bezahlen [...]. [...], hängt dennoch sowohl diese Abgabe als auch die zu leistende Arbeit ganz allein von den Launen und Bedürfnissen des Herrn ab. Nicht von dem männlichen Geschlechte allein werden aber Arbeiten gefordert, sondern auch Weibspersonen und Kinder vom 10. Jahre ihres Alters an müssen ihr [...] Tagwerk verrichten. Außerdem wird von allem, was die Bauern nur immer als Eigentum besitzen, der Zehnte gefordert [...]. Schon mehrere Reisende haben viel von der Trägheit der Russen gesprochen [...]. Diese anscheinende Trägheit und Untätigkeit hat aber ihren ganz natürlichen Grund, denn wo wohl irgendein Ansporn oder Antrieb zum Fleiß und zur Industrie statthaben, wenn man mit Gewißheit voraus weiß, daß alle Früchte, die man [ernten] könnte, einem andern zugutekommen und daß ein tyrannischer Herr sich alles aneignen darf, was man durch Fleiß und Anstrengung erworben hat? Das einzige Eigentum, das ein russischer Edelmann seinen Bauern zu besitzen gestattet, besteht in schlechten Nahrungsmitteln [...], nämlich in Baumrinde, Spreu, Kürbissen, Fischtran und anderen elenden Dingen. [...]. Kommt man [...] in die Hütte eines armen, von allen diesen Reichtümern umringten Landmannes, so sieht man ihn entweder mit den Seinigen vor Hunger sterben oder die elendsten Nahrungsmittel verzehren [...].

(zit. nach: V. Gitermann, Geschichte Rußlands, Band 2, Frankfurt 1987, S. 490 f.)

Text 4: Die bäuerliche Gemeinde (Mir)

Grund und Boden gehört der Gesamtheit, die Nutznießung
aber ist der Gemeinde überlassen. Diese kann ihre Feldflur
weder ganz noch teilweise veräußern. In ihr kann der einzelne
nie Eigentümer sein, sondern jedes Gemeindemitglied hat mit
allen übrigen völlig gleiches Recht auf Benutzung. Diese ist
für Wald und Weide gemeinsam; dagegen werden Acker und
Wiesen [...] in so viele gleiche Parzellen geteilt, als männliche
Gemeindemitglieder eben vorhanden sind. Da nun dieser Bestand wechselt, so werden die Neuteilungen in Zeiträumen
von zehn bis fünfzehn Jahren [...] vorgenommen. [...]. Innerhalb der Gemeinde gibt es nur Nutznießer. Es existiert demnach für den Grund und Boden kein Erbrecht. Der Sohn [...]
erhält seinen Anteil [...] kraft seiner Geburt als Gemeindemitglied. [...] [Es] leuchtet freilich ein, daß bei dieser Einrichtung
der Ackerbau nie auf eine Stufe der Vervollkommnung gelangen kann. Wer wollte Meliorationen machen, Bäume pflanzen,
Drainierungen anlegen auf einem Grundstück, welches nach
fünfzehn Jahren vielleicht einem anderen gehört?!

(zit. nach: V. Gitermann, Geschichte Rußlands, Band 3, Frankfurt 1987,
S. 571 f.)

Aufgaben:

1. Wie sieht die Zusammensetzung der Gesellschaft um
   1897, wie um 1913 aus?
2. Beschreiben Sie anhand der Texte die Stellung der
   Bauern in der russischen Gesellschaft.
3. Erläutern Sie die russische Gutsherrschaft, und zeigen
   Sie die Stellung des Adels.
4. Beurteilen Sie die These, die Lage der russischen Bauern
   könne man mit der der amerikanischen Sklaven vergleichen.

Thema: Erste Industrialisierung in Rußland

Q 1: Industrielle Produktionszahlen im Vergleich
(in Millionen Tonnen)

	Steinkohle			Roheisen		
	GB	D	Rußland	GB	D	Rußland
1860	61,3	12,3	0,3	3,9	0,55	0,3
1900	228,8	109,3	16,5	9,1	8,52	2,8
1913	168,7	151,1	29,8	9,8	14,8	4,2

(nach: A. Zimm, Industriegeographie der Sowjetunion, Berlin [Ost] 1963, S. 118; D. Bradtke [Hrsg.], Die Industrielle Revolution in Deutschland. Tempora Lesehefte Geschichte SI, Klett, Stuttgart 1985, S. 7; B. R. Mitchell, Statistischer Anhang 1920–1970. In: C. M. Cipolla/K. Borchardt [Hrsg.], Europäische Wirtschaftsgeschichte Bd. 5, UTB 1369, Stuttgart 1986, S. 456 und 460)

Q 2: Das russische Eisenbahnnetz im internationalen Vergleich

	Rußland	Deutschland
1865	3819 km	16 687 km
1908	59 034 km	58 843 km

pro 100 km²			
	Rußland	England	Deutschland
1895	1,5 km	106 km	80 km

(nach: V. Gitermann, Russische Geschichte, Bd. 3, S. 205)

Aufgaben:
1. Erläutern Sie die vorgelegten Zahlen.
2. Zeigen Sie, woher das in Rußland benötigte Kapital kam, und geben Sie dafür eine Begründung.
3. Nennen Sie Auswirkungen dieser Entwicklung.

Q 3: Zahlen zur Herkunft des Kapitals in der russischen Industrie

a) Ausländisches Privatkapital in Millionen Rubel

Herkunftsland	1890	1900
Frankreich	66,6	226,1
Belgien	24,6	196,5
England	35,3	136,8
Deutschland	79,0	219,3
USA	2,3	8,0

(aus: V. Gitermann, Russische Geschichte, Bd. 3, S. 204)

b) Auslandskapital in verschiedenen Zweigen der russischen Industrie

Industriezweig	Aktienkapital in Mio. Rubel		davon ausländ. in Mio. Rubel	
	1890	1900	1890	1900
Metallindustrie	27,8	257,3	14,0	145,9
Chemische Industrie	15,5	93,8	6,4	29,3
Ziegeleien	6,7	59,0	0,2	26,6
Textilindustrie	197,5	373,7	26,0	71,4
Lebensmittelindustrie	87,6	153,1	7,6	11,4
Bergbau	85,7	392,2	70,1	374,9

(aus Bevölkerungs-Ploetz, Bd. 4, S. 109)

c) Fremdkapital in russischen Aktiengesellschaften

Jahr	Zahl der AG	Kapital in Mio. Rubel	davon Fremdkapital in Mio. Rubel	
1889	504	911,8	214,7	(= 23,7 %)
1899	1 181	1 736,8	911	(= 52,5 %)

(nach: A. Zimm, Industriegeographie der Sowjetunion, S. 295)

Q 4: Angaben über die Fabrikarbeiterschaft
Fabrikarbeiter im Russischen Reich und in ausgewählten Provinzen 1860–1913 (in Tausend)

	1860	1900	1913
Russisches Reich	565,0	1629,0	2282,0
St. Petersburg	33,0	165,0	218,0
Moskau	107,3	286,8	384,1
Wladimir	87,1	158,2	208,9
Kostroma	–	59,9	93,2
Twer	–	33,7	44,1
Jaroslawl	–	33,6	39,2
Kiew	32,1	63,0	77,9
Charkow	12,1	38,2	53,2
Cherson	–	30,9	50,4
Jekaterinoslaw	–	28,4	39,3
Perm	–	19,0	24,0

(Bevölkerungs-Ploetz Bd. 4. Ploetz-Verlag, Würzburg 1965, S. 108)

Q 5: Arbeiter nach Industriezweigen 1913

Industriezweig	in Tausend	in Prozent
Alle Industrien	2282,0	100,0
Textilindustrie	918,2	40,2
Papierindustrie, Druckerei	107,7	4,7
Holzindustrie	132,1	5,8
Metallindustrie	385,6	16,9
Mineralien	215,6	9,5
Tierische Produkte	55,7	2,4
Nahrungsmittel	369,0	16,2
Chemische Industrie	90,5	4,0
Sonstige	7,6	0,3

(Bevölkerungs-Ploetz, Bd. 4, S. 109)

Aufgaben:
1. Beschreiben Sie anhand der Zahlen die Entwicklung und Verteilung der russischen Arbeiterschaft.
2. Hätte dann nach Marx eine Revolution ausbrechen dürfen?
3. Woher nahm Lenin seinen Optimismus im Hinblick auf eine revolutionäre Umgestaltung des Landes?

Thema: Die Revolution von 1905 und die Rolle der Arbeiterschaft

Text 1: Aus der „Petition der Petersburger Arbeiter" (9. Januar 1905)

Der erste Punkt lautet: gleiche Gerechtigkeit für alle, der zweite: persönliche Freiheit, der dritte: Glaubensfreiheit, der vierte: sofortige Amnestie für alle politischen Verbrecher, der fünfte: Pressefreiheit, der sechste: sofortige Beendigung des Krieges [gegen Japan] [...]

‚Wir Arbeiter, Bewohner Petersburg, kommen zu Dir. Wir sind elende, beschimpfte Sklaven und erstickt von Despotismus und Willkür. Als die Grenze der Geduld erreicht war, stellten wir die Arbeit ein und baten unsere Herren, uns nur das zu geben, ohne das das Leben eine Qual ist. Aber alles wurde abgelehnt. Alles ist nach Meinung der Fabrikanten ungesetzlich. Wir hier, viele Tausende, sowie das ganze russische Volk haben keine Menschenrechte. Durch Deine Beamten sind wir Sklaven geworden. Jeder, welcher wagte, von dem Schutze der Interessen des Arbeiterstandes zu sprechen, wurde ins Gefängnis geworfen. Der gesamte Arbeiter- und Bauernstand wurde der Willkür überlassen. Das Beamtentum besteht aus Räubern und Dieben an Staatsgeldern. Das Beamtentum brachte das Land in gänzliche Zerrüttung, bürdete ihm einen schimpflichen Krieg auf und führte Rußland immer mehr an den Rand des Untergangs. Das Volk ist jeder Möglichkeit beraubt, seine Wünsche und Forderungen auszudrücken und an der Festsetzung der Besteuerung und der Staatsausgaben teilzunehmen. Alles dies widerspricht menschlichem und göttlichem Recht. Wir wollen lieber sterben, als unter solchen Gesetzen weiterleben. Mögen unter solchen Verhältnissen die Kapitalisten und Beamten leben. Kaiser, hilf Deinem Volke! Vernichte die Scheidewand zwischen Dir und dem Volke. Möge das Volk vereint mit Dir regieren. Eine Volksvertretung ist unentbehrlich; es ist notwendig, daß das Volk selbst mitregiert; befiehl, daß die Vertreter aller Stände und Klassen, auch der Arbeiter berufen werden. [...]

‚Befiehl die Erfüllung unserer Bitten, und Du machst Rußland glücklich, wenn nicht, so sterben wir hier. Wir haben nur zwei Wege: Freiheit und Glück oder das Grab; wir bringen gern unser Leben Rußland zum Opfer dar.'

(zit. in: Leo Stern [Hg.], Die russische Revolution 1905–1907 im Spiegel der deutschen Presse. Archivalische Forschungen zur Geschichte der deutschen Arbeiterbewegung, Bd. 2/III, Berlin-Ost, 1961, S. 20 f.)

Text 2: aus: Vorwärts Nr. 19 vom 22.1.1905

[...]

„Der erste Punkt lautet: gleiche Gerichtsbarkeit für alle, der zweite: persönliche Freiheit, der dritte: Glaubensfreiheit, der vierte: sofortige Amnestie für alle politischen Verbrecher, der fünfte: Pressefreiheit, der sechste: sofortige Beendigung des Krieges.
Die Petition ist bereits von 50 000 Arbeitern unterzeichnet. Hier dieser erschütternd wirkende Notschrei der Massen:
– Einführung des achtstündigen Arbeitstages,
– Wahl einer ständigen Arbeiterkommission, die gemeinsam mit Vertretern der Fabrikverwaltung zu entscheiden hat über die Höhe der Löhne und die Entlassung der Arbeiter,
– Einführung eines Minimallohnes von 1 Rubel pro Tag für männliche und 70 Kopeken für weibliche Handlanger,
– Abschaffung von Überstunden, bzw. doppelte Bezahlung für dieselben und Besserung der sanitären Verhältnisse der Arbeiter.

Gapon vertrat in zweistündiger Unterhandlung mit dem Fabrikdirektor die Forderungen der Arbeiter. Die ,12 Punkte' der Putilowschen Arbeiterforderungen bildeten nun die Grundlage für die Forderungen der Arbeiter, die an den nächstfolgenden Tagen – am 17. und 18. Januar (1905) – in Ausstand traten..."
„Am 9. Januar zogen schon am Vormittag große Menschenmengen durch die Straßen der Hauptstadt. Insgesamt nahmen an der Kundgebung etwa 140 000 Personen teil: Arbeiter, Frauen, Kinder, auch viele Neugierige. Die Demonstranten waren unbewaffnet; sie trugen Portraits des Zaren, Kirchenfahnen, Heiligenbilder. Während des Marsches wurden Choräle gesungen... Während das Volk dem Schloßplatz zuströmte, ereigneten sich bereits kleinere Zusammenstöße mit den Truppen. Aber erst als die Menge ihren Aufmarsch beendet und sich vor dem Winterpalais angestaut hatte, ertönte ein Hornsignal, worauf die Offiziere ein mörderisches Feuer eröffnen ließen. Während der Panik, die bei den ersten Schüssen entstand, wurde Gapon zu Boden geworfen und von seinen Freunden in Sicherheit gebracht. Die Salven auf das fliehende Volk dauerten an. Es gab mehr als tausend Tote und annähernd zweitausend Verwundete. Bis in die Nacht hinein setzte das Militär seine ,Säuberungsaktion' mit unbeschreiblicher Grausamkeit fort. Man schoß sogar auf Knaben, die als Zuschauer die Bäume eines öffentlichen Parks erklettert hatten... Die Empörung über das vor dem Winterpalais angerichtete Blutbad rief eine Welle von Proteststreiks hervor; die Zahl der Streikenden überschritt Ende Januar eine halbe Million."
Professoren, Studenten, Rechtsanwälte, Schriftsteller, Bäcker, Transportarbeiter solidarisierten sich nach und nach mit den Proletariern. Sogar ein großer Teil russischer Fabrikbesitzer machte Eingaben im Sinne freiheitlicher und demokratischer Forderungen.

(zit. in: L. Stern [Hg.], Die russische Revolution 1905–1907, Bd. 2/III, Berlin/Ost, S. 17 ff.)

Aufgaben:
1. Erläutern Sie die Forderungen, die in den beiden Texten erhoben werden.
2. Versuchen Sie, die Texte ideologisch einzuordnen.
3. Beschreiben Sie das Vorgehen der Arbeiter.

Die Ereignisse des Jahres 1905 waren ein Prolog der beiden Revolutionen von 1917: der Februar- und der Oktoberrevolution. Der Prolog enthielt alle Elemente des Dramas, nur nicht bis ans Ende geführt. Der Russisch-Japanische Krieg hatte den Zarismus gelockert. Auf dem Hintergrund der Massenbewegung jagte die liberale Bourgeoisie durch ihre Opposition der Monarchie Angst ein. Die Arbeiter organisierten sich unabhängig von der Bourgeoisie und im Gegensatz zu ihr in den Sowjets, die damals zum ersten Male ins Leben gerufen wurden. Unter der Parole: Boden! erhob sich die Bauernschaft der ganzen riesigen Fläche des Landes. Wie die Bauern neigten auch die revolutionären Truppenteile den Sowjets zu. [...] Die Liberalen prallten demonstrativ gerade in dem Augenblick zurück, als sich herausstellte, daß es nicht genügte, den Zarismus zu lockern, daß man ihn außerdem noch umwerfen müsse. Der jähe Bruch der Bourgeoisie mit dem Volke, wobei sie [...] bedeutende Kreise der demokratischen Intelligenz mit sich riß, erleichterte der Monarchie, die Armee zu spalten, treue Truppenteile auszusondern und über Arbeiter und Bauern blutiges Gericht zu halten. ...

(aus: Leo Trotzki, Geschichte der russischen Revolution, Berlin-Frankfurt 1960, S. 27)

Aufgaben:
1. Welchen Stellenwert hatte für Trotzki die russische Revolution von 1905?
2. Wie begründet er ihr Scheitern?

Thema: Die Februar-Revolution

Text 1: Befehl Nr. 1 des Petrograder Sowjets der Arbeiter- und Soldatendeputierten an die Garnison des Petrograder Militärbezirks (1./14.3.1917)

An die Garnison des Petrograder Militärbezirks, allen Soldaten der Garde, des Heeres, der Artillerie und der Flotte zur unverzüglichen und genauen Ausführung, und an die Arbeiter von Petrograd zur Kenntnisnahme.

Der Sowjet der Arbeiter- und Soldatendeputierten hat beschlossen:

1. In allen Kompanien, Bataillonen, Regimentern, Depots, Eskadronen und allen selbständigen Dienststellen der verschiedenen militärischen Verwaltungen und auf den Schiffen der Kriegsflotte sind unverzüglich Komitees aus gewählten Vertretern der Mannschafts-Dienstgrade der oben genannten Truppenteile zu wählen.

2. In allen militärischen Einheiten, die ihre Vertreter in den Sowjet der Arbeiterdeputierten noch nicht gewählt haben, sind je ein Vertreter von jeder Kompanie zu wählen, die mit einer schriftlichen Bescheinigung in dem Gebäude der Staats-Duma am 2. März um 10 Uhr vormittags zu erscheinen haben.

3. In allen politischen Angelegenheiten untersteht jede militärische Einheit dem Sowjet der Arbeiter- und Soldatendeputierten und den eigenen Komitees.

4. Die Befehle der militärischen Kommission der Staats-Duma sind zu befolgen, mit Ausnahme solcher Fälle, wo sie den Befehlen und Beschlüssen des Sowjet der Arbeiter- und Soldatendeputierten widersprechen.

5. Die Waffen aller Art, als da sind: die Gewehre, die Maschinengewehre, die Panzerspähwagen und die übrigen sollen sich zur Verfügung und unter der Kontrolle der Komitees der Kompanien und Bataillone befinden und *dürfen unter keinen Umständen an die Offiziere ausgehändigt werden,* auch nicht auf deren Verlangen hin.

6. An der Front und bei der Ausübung der Dienstobliegenheiten sollen die Soldaten strengste militärische Disziplin wahren, doch außerhalb des Dienstes und der Formation dürfen die Soldaten in ihrem politischen, bürgerlichen und privaten Leben in keiner Weise in den Rechten geschmälert werden, über die alle Bürger verfügen. Insbesondere wird die Achtstellung und die unbedingte Ehrenbezeugung außerhalb des Dienstes abgeschafft.

7. Ebenso wird die Titulierung der Offiziere: Exzellenz, Euer Wohlgeboren und d. g. m. abgeschafft und durch die Anrede: Herr General, Herr Oberst usw. ersetzt.

Die grobe Behandlung der Soldaten durch alle militärischen Dienstgrade sowie vor allem das Duzen der Soldaten wird verboten, und jede Zuwiderhandlung muß genauso wie alle Mißverständnisse zwischen Offizieren und Soldaten von den letzteren an die Kompanie-Komitees gemeldet werden.

Dieser Befehl ist in allen Kompanien, Bataillonen, Regimentern, Batterien, allen Schiffsbesatzungen, und allen übrigen Kampf- und Einsatz-Einheiten vorzulesen.

Der Petrograder Sowjet
der Arbeiter- und Soldatendeputierten

(zit. nach: Der Sowjetkommunismus – Dokumente, Bd. I: Die politisch-ideologischen Konzeptionen. Hrsg. von Hans-Joachim Lieber und Karl-Heinz Ruffmann, Köln 1963, S. 121 f.)

Aufgaben:
1. Welche Prinzipien stehen jeweils hinter diesen Forderungen?
2. Welche Ziele sollen damit erreicht werden?

Text 2: Deklaration der Provisorischen Regierung über ihre Zusammensetzung und ihre Aufgaben (3./16.3.1917)

Bürger!
Das Provisorische Komitee der Mitglieder der Reichsduma hat mit Unterstützung und Zustimmung der Truppen und der Bevölkerung der Hauptstadt jetzt ein solches Maß an Erfolg über die finsteren Mächte des alten Regimes errungen, daß es ihm möglich ist, an eine festere Organisation der Exekutivgewalt heranzugehen.

Zu diesem Zweck ernennt das Provisorische Komitee der Reichsduma als Minister des ersten öffentlichen Kabinetts Personen, zu denen das Vertrauen des Landes durch ihre frühere öffentliche und politische Tätigkeit gewährleistet ist:
Vorsitzender des Ministerrates und Innenminister – Fürst G. E. Lwow
Außenminister – N. P. Miljukow
Kriegs- und Marineminister – A. I. Gutschkow
Minister für das Transportwesen – N. W. Nekrassow
Minister für Handel und Industrie – A. I. Konowalow
Finanzminister – M. I. Tereschtschenko
Erziehungsminister – A. A. Manuilow
(Ober-)Prokurator der Heiligen Synode – W. N. Lwow
Landwirtschaftsminister – A. I. Schingarew
Justizminister – A. F. Kerenski [u. a.]

In seiner gegenwärtigen Tätigkeit wird sich das Kabinett von folgenden Prinzipien lenken lassen:

1. Vollständige und sofortige Amnestie in allen politischen und religiösen Fällen, einschließlich: terroristische Attentate, militärische Aufstände, landwirtschaftliche Verbrechen usw.

2. Die Freiheit der Rede, der Presse, des Zusammenschlusses, der Versammlungen und des Streiks, unter Ausdehnung der politischen Freiheiten auf Personen, die im Militärdienst stehen, innerhalb der militärisch-technisch gebotenen Grenzen.

3. Abschaffung aller ständischen, konfessionellen und nationalen Beschränkungen.

4. Sofortige Vorbereitung zur Einberufung der Konstituierenden Versammlung auf der Grundlage der allgemeinen, gleichen, geheimen und direkten Wahlen, die die Regierungsform und die Verfassung des Landes festlegen wird.

5. Ersetzung der Polizei durch Volksmiliz mit gewählter Führung, die den Organen der lokalen Selbstverwaltung unterstellt ist.

6. Wahlen zu den Organen der lokalen Selbstverwaltung auf der Grundlage der allgemeinen, direkten, gleichen und geheimen Wahlen.

7. Die militärischen Einheiten, die an der revolutionären Bewegung teilgenommen haben, werden nicht entwaffnet oder aus Petrograd verlegt.

8. Bei der Aufrechterhaltung der strengen militärischen Disziplin an der Front und bei der Erfüllung des militärischen Dienstes werden für die Soldaten alle Beschränkungen der allgemeinen Rechte, die auch anderen Bürgern zustehen, aufgehoben.

Die Provisorische Regierung erachtet es als ihre Pflicht, hinzuzufügen, daß sie keineswegs beabsichtigt, die Umstände der Kriegszeit zu einer Verzögerung bei der Verwirklichung der oben genannten Reformen und Maßnahmen auszunutzen.
Präsident der Reichsduma: M. Rodsjanko
Vorsitzender des Ministerrats: Fürst Lwow
Die Minister: Miljukow, Nekrassow, Manuilow, Konowalow, Tereschtschenko, W. Lwow, Schingarew, Kerenski

(zit. nach: Der Sowjetkommunismus, a. a. O., S. 122 f.)

Thema: Lenins Theorie von Revolution und Partei

I. Lenins Imperialismustheorie

Wir müssen mit einer möglichst genauen und vollständigen Definition des Imperialismus anfangen. Der Imperialismus ist ein besonderes historisches Stadium des Kapitalismus. Dieses hat drei Eigentümlichkeiten: der Imperialismus ist 1. monopolistischer Kapitalismus; 2. parasitärer oder stagnierender Kapitalismus; 3. sterbender Kapitalismus. Die Ablösung der freien Konkurrenz durch das Monopol ist der grundlegende ökonomische Zug, das Wesen des Imperialismus. Der Monopolcharakter offenbart sich in fünf Hauptformen: 1. den Kartellen, Syndikaten und Trusts; die Konzentration der Produktion hat eine Stufe erreicht, auf der sie diese Monopolverbände der Kapitalisten hervorgebracht hat; 2. der monopolitischen Stellung der Großbanken; drei bis fünf Großbanken beherrschen das ganze Wirtschaftsleben Amerikas, Frankreichs, Deutschlands; 3. der Besitzergreifung der Rohstoffquellen durch die Trusts und die Finanzoligarchie (das Finanzkapital ist das monopolistische Industriekapital, das mit dem Bankkapital verschmolzen ist); 4. die wirtschaftliche Aufteilung der Welt unter den internationalen Kartellen hat begonnen. Solche internationale Kartelle, die den ganzen Weltmarkt beherrschen und ihn schiedlich friedlich aufteilen – so lange der Krieg ihn nicht neu aufteilt –, gibt es bereits über hundert! Der Kapitalexport als besonders charakteristische Erscheinung steht im Unterschied zum Warenexport unter dem nichtmonopolistischen Kapitalismus im engen Zusammenhang mit der wirtschaftlichen und politisch-territorialen Aufteilung der Welt; 5. die territoriale Aufteilung der Welt (Kolonien) ist abgeschlossen …

Daß der Imperialismus ein parasitärer oder stagnierender Kapitalismus ist, zeigt sich 1. vor allem in der Stagnierungstendenz, die jedes Monopol beim Privateigentum an den Produktionsmitteln auszeichnet. Der Unterschied zwischen der republikanisch-demokratischen und der monarchistisch-reaktionären imperialistischen Bourgeoisie verwischt sich gerade deshalb, weil die eine sowohl als die andere bei lebendigem Leibe verfault (was keineswegs die auffallend rasche Entwicklung des Kapitalismus in einzelnen Industriezweigen, in einzelnen Ländern, in einzelnen Perioden ausschließt). 2. Die Stagnation des Kapitalismus macht sich bemerkbar in der Entstehung einer großen Schicht von kapitalistischen Rentnern, die vom Kuponabschneiden leben. In den vier imperialistischen Hauptländern, England, Nordamerika, Frankreich und Deutschland, beträgt das Kapital in Wertpapieren je 100 bis 150 Milliarden Franken, was eine Jahreseinnahme von mindestens 5 bis 8 Milliarden pro Land ausmacht. 3. ist Kapitalexport Parasitismus, zum Quadrat erhoben. 4. "strebt das Finanzkapital nach Herrschaft, aber nicht nach Freiheit". Politische Reaktion auf der ganzen Linie ist eine Eigentümlichkeit des Imperialismus; Korruption, Bestechlichkeit in ungeheueren Dimensionen; Panamawirtschaft jedweder Art. 5. die Ausbeutung der unterdrückten Nationen, die an Annexionen geknüpft ist, und insbesondere die Ausbeutung der Kolonien durch eine Handvoll Großmächte, verwandelte die "zivilisierte Welt" immer mehr in einen Schmarotzer auf dem Hundertmillionenkörper der unzivilisierten Völker. Der römische Proletarier lebte auf Kosten der Gesellschaft. Die jetzige Gesellschaft lebt auf Kosten des modernen Proletariats. Diese tiefe Bemerkung Sismondis wurde von Marx besonders hervorgehoben. Der Imperialismus verändert ein wenig die Sachlage. Die privilegierte Schicht des Proletariats der imperialistischen Großmächte lebt zum Teil auf Kosten der 100-Millionen-Massen der nichtzivilisierten Völker.

Es ist begreiflich, warum der Imperialismus ein sterbender Kapitalismus ist! Das aus dem Kapitalismus erwachsende Monopol bedeutet bereits das Absterben des Kapitalismus, den Beginn seines Überganges zum Sozialismus. Die gewaltige Vergesellschaftung der Arbeit durch den Imperialismus (das, was die Apologeten, die bürgerlichen Ökonomen "Verquickung" nennen) bedeutet dasselbe.

(Lenin, Der Imperialismus und die Spaltung des Sozialismus.)

Aufgabe:
Erarbeiten Sie die Merkmale der Leninschen Imperialismustheorie, vor allem im Hinblick auf die Zielsetzung.

II. Lenin: „Über unsere Revolution" (17.1.1923)

„,Rußland hat in der Entwicklung der Produktivkräfte noch nicht die Höhe erreicht, bei der der Sozialismus möglich wäre!' Mit diesem Leitsatz machen alle Helden der II. Internationale … geradezu Staat. Diesen unbestreitbaren Satz käuen sie auf tausenderlei Art wieder, und es scheint ihnen, daß er für die Beurteilung unserer Revolution entscheidend sei. Wie aber, wenn Rußland durch die Eigentümlichkeit der Situation erstens in den imperialistischen Krieg gestellt wurde, in den alle einigermaßen einflußreichen westeuropäischen Länder verwickelt waren, und Rußlands Entwicklung an der Grenze der beginnenden und teilweise bereits begonnenen Revolution des Ostens in Verhältnisse gesetzt wurde, in denen wir gerade jene Vereinigung des ‚Bauernkrieges' mit der Arbeiterbewegung verwirklichen konnten, von der … Marx im Jahre 1856 in bezug auf Preußen geschrieben hat? Wie aber, wenn die völlige Ausweglosigkeit der Lage, die Kräfte der Arbeiter und Bauern verzehnfachend, uns die Möglichkeit eröffnete, auf einem anderen Wege daran zu gehen, die grundlegenden Voraussetzungen der Zivilisation zu schaffen, als in allen übrigen westeuropäischen Staaten? Hat sich dadurch die allgemeine Linie der Weltgeschichte verändert?

… Wenn zur Schaffung des Sozialismus ein bestimmtes Kulturniveau notwendig ist…, warum sollten wir also nicht zuerst damit anfangen, auf revolutionärem Wege die Voraussetzungen für dieses bestimmte Niveau zu erkämpfen und *dann* erst, auf der Grundlage der Arbeiter- und Bauernmacht und der Sowjetordnung, vorwärtszuschreiten und die anderen Völker einzuholen."

(zit. nach: Iring Fetscher, Von Marx zur Sowjetideologie, Frankfurt 1975, S. 67; Lenin, in: Studienausgabe, 1970, Bd. II, S. 248 f.)

Aufgabe:
Stellen Sie zusammen, welche Schlüsse Lenin aus der Imperialismustheorie für die Situation in Rußland zieht.

Thema: Lenins Parteikonzeption

Text 1: „Was tun?" (1902) oder Das revolutionäre Bewußtsein des Proletariats

Wir haben gesagt, daß die Arbeiter ein sozialdemokratisches Bewußtsein *gar nicht haben konnten.* Dieses konnte ihnen nur von außen gebracht werden. Die Geschichte aller Länder zeugt davon, daß die Arbeiterklasse aus eigenen Kräften nur ein tradeunionistisches Bewußtsein hervorzubringen vermag, d.h. die Überzeugung von der Notwendigkeit, sich in Verbänden zusammenzuschließen, einen Kampf gegen die Unternehmer zu führen, der Regierung diese oder jene für die Arbeiter notwendigen Gesetze abzutrotzen u.a.m. Die Lehre des Sozialismus ist hingegen aus den philosophischen, historischen und ökonomischen Theorien hervorgegangen, die von den gebildeten Vertretern der besitzenden Klassen, der Intelligenz, ausgearbeitet wurden. Auch die Begründer des modernen wissenschaftlichen Sozialismus, Marx und Engels, gehörten ihrer sozialen Stellung nach der bürgerlichen Intelligenz an. Ebenso entstand auch in Rußland die theoretische Lehre der Sozialdemokratie ganz unabhängig von dem spontanen Anwachsen der Arbeiterbewegung, entstand als natürliches und unvermeidliches Ergebnis der ideologischen Entwicklung der revolutionären sozialistischen Intelligenz…

Das politische Klassenbewußtsein kann dem Arbeiter *nur von außen* gebracht werden, d.h. aus einem Bereich außerhalb des ökonomischen Kampfes, außerhalb der Sphäre der Beziehungen zwischen Arbeitern und Unternehmern. Das Gebiet, aus dem allein dieses Wissen geschöpft werden kann, sind die Beziehungen *aller* Klassen und Schichten zum Staat und zur Regierung, sind die Wechselbeziehungen zwischen *sämtlichen* Klassen …

(Quelle: W. I. Lenin, Was tun?, in: I. Fetscher (Hg.), Lenin. Studienausgabe Bd. 1, fi TB 6012, Frankfurt 1970, S. 59 ff.)

Aufgabe:
Legen Sie dar, wie Lenin die Funktion der Partei bestimmte.

Text 2: Notwendigkeit, Organisation und Aufgaben einer von Berufsrevolutionären geführten Partei

Die Organisation der Arbeiter muß erstens eine gewerkschaftliche sein; zweitens muß sie möglichst umfassend sein; drittens muß sie möglichst wenig konspirativ sein (ich spreche natürlich hier und weiter unten nur vom autokratischen Rußland). Die Organisation der Revolutionäre dagegen muß vor allem und hauptsächlich Leute erfassen, deren Beruf die revolutionäre Tätigkeit ist (darum spreche ich auch von der Organisation der *Revolutionäre,* wobei ich die revolutionären Sozialdemokraten im Auge habe). Hinter dieses allgemeine Merkmal der Mitglieder einer solchen Organisation *muß jeder Unterschied zwischen Arbeitern und Intellektuellen* völlig zurücktreten, von den beruflichen Unterschieden der einen wie der anderen ganz zu schweigen. Diese Organisation muß notwendigerweise nicht sehr umfassend und möglichst konspirativ sein. …

Nun behaupte ich: 1. Keine einzige revolutionäre Bewegung kann ohne eine stabile und die Kontinuität wahrende Führerorganisation Bestand haben; 2. je breiter die Masse ist, die spontan in den Kampf hineingezogen wird, die die Grundlage der Bewegung bildet und an ihr teilnimmt, um so dringender ist die Notwendigkeit einer solchen Organisation und um so fester muß diese Organisation sein (denn um so leichter wird es für allerhand Demagogen sein, die unentwickelten Schichten der Masse mitzureißen); 3. eine solche Organisation muß hauptsächlich aus Leuten bestehen, die sich berufsmäßig mit revolutionärer Tätigkeit befassen; 4. je mehr wir die Mitgliedschaft einer solchen Organisation *einengen,* und zwar so weit, daß sich an der Organisation nur diejenigen Mitglieder beteiligen, die sich berufsmäßig mit revolutionärer Tätigkeit befassen und in der Kunst des Kampfes gegen die politische Polizei berufsmäßig geschult sind, um so schwieriger wird es in einem autokratischen Lande sein, eine solche Organisation „zu schnappen", und 5. um so breiter wird der Kreis der Personen aus der Arbeiterklasse wie aus den übrigen Gesellschaftsklassen sein, die die Möglichkeit haben werden, an der Bewegung teilzunehmen und sich in ihr aktiv zu betätigen.

(W. I. Lenin, a. a. O., S. 123 ff.)

Aufgabe:
Fassen Sie Lenins Äußerungen zum Proletariat und zur Partei thesenförmig zusammen. Erörtern Sie die Rolle des Proletariats.

Text 3: Die Diktatur des Proletariats

Die folgenden Überlegungen zur Rolle des Proletariats nach der Revolution stammen aus Lenins Schrift „Staat und Revolution" aus dem Jahre 1917:

Sieht man sich den Mechanismus der kapitalistischen Demokratie genauer an, so findet man überall, sowohl in den „geringfügigen", angeblich geringfügigen, Einzelheiten des Wahlrechts (Ansässigkeitsklausel, Ausschließung der Frauen usw.) als auch in der Technik der Vertretungskörperschaften, in den tatsächlichen Behinderungen des Versammlungsrechts (die öffentlichen Gebäude sind nicht für „Habenichtse" da!) oder in der rein kapitalistischen Organisation der Tagespresse und so weiter und so fort – überall, wo man hinblickt, Beschränkungen auf Beschränkungen des Demokratismus. Doch von dieser kapitalistischen Demokratie – die unvermeidlich eng ist, die die Armen im stillen beiseite schiebt und daher durch und durch heuchlerisch und verlogen ist – führt die weitere Entwicklung nicht einfach, geradeswegs und glatt, „zu immer größerer Demokratie", wie die liberalen Professoren und kleinbürgerlichen Opportunisten die Sache darzustellen pflegen. Nein. Die weitere Entwicklung, d. h. die Entwicklung zum Kommunismus, geht über die Diktatur des Proletariats und kann auch gar nicht anders gehen, denn außer dem Proletariat ist niemand imstande, den *Widerstand* der kapitalistischen Ausbeuter *zu brechen,* und auf anderem Wege ist er nicht zu brechen.

Die Diktatur des Proletariats aber, d. h. die Organisierung der Avantgarde der Unterdrückten der herrschenden Klasse, um die Unterdrücker niederzuhalten, kann nicht einfach nur eine Erweiterung der Demokratie ergeben. Zugleich mit der gewaltigen Erweiterung des Demokratismus, der *zum erstenmal* ein Demokratismus für die Armen, für das Volk wird und nicht ein Demokratismus für die Reichen, bringt die Diktatur des Proletariats eine Reihe von Freiheitsbeschränkungen für die Unterdrücker, die Ausbeuter, die Kapitalisten. Diese müssen wir niederhalten, um die Menschheit von der Lohnsklaverei zu befreien, ihr Widerstand muß mit Gewalt gebrochen werden, und es ist klar, daß es dort, wo es Unterdrückung, wo es Gewalt gibt, keine Freiheit, keine Demokratie gibt.

Demokratie für die riesige Mehrheit des Volkes und gewaltsame Niederhaltung der Ausbeuter, der Unterdrücker des Volkes, d. h. ihr Ausschluß von der Demokratie – diese Modifizierung erfährt die Demokratie beim *Übergang* vom Kapitalismus zum Kommunismus.

Erst in der kommunistischen Gesellschaft, wenn der Widerstand der Kapitalisten schon endgültig gebrochen ist, wenn die Kapitalisten verschwunden sind, wenn es keine Klassen (d. h. keinen Unterschied zwischen den Mitgliedern der Gesellschaft in ihrem Verhältnis zu den gesellschaftlichen Produktionsmitteln) mehr gibt – erst dann „hört der Staat auf zu bestehen" und *„es kann von der Freiheit die Rede sein"*…

Also: In der kapitalistischen Gesellschaft haben wir eine gestutzte, dürftige, falsche Demokratie, eine Demokratie nur für die Reichen, für eine Minderheit. Die Diktatur des Proletariats, die Periode des Übergangs zum Kommunismus, wird zum erstenmal Demokratie für das Volk, für die Mehrheit bringen, aber zugleich wird sie notwendigerweise eine Minderheit, die Ausbeuter, niederhalten. Einzig und allein der Kommunismus ist imstande, eine wahrhaft vollständige Demokratie zu bieten, und je vollständiger diese sein wird, um so schneller wird sie entbehrlich werden, wird von selbst absterben.

(W. I. Lenin, Ausgewählte Werke. Band 2. Dietz Verlag, Berlin [Ost] 1961)

Aufgaben:

1. Was versteht Lenin unter der „Diktatur des Proletariats"?
2. Wie beurteilen Sie Marx' Einstellung zur Demokratie im Kapitalismus?

Thema: Lenins Aprilthesen

I. Lenins Aprilthesen (4. April 1917)

(1) In unserer Stellung zum Krieg, der seitens Rußlands auch unter der neuen Regierung Lwow und Konsorten, infolge des kapitalistischen Charakters dieser Regierung, unbedingt ein räuberischer, imperialistischer Krieg bleibt, sind auch die geringsten Zugeständnisse an die „revolutionäre Vaterlandsverteidigung" unzulässig.
Einem revolutionären Krieg, der die revolutionäre Vaterlandsverteidigung wirklich rechtfertigen würde, kann das klassenbewußte Proletariat seine Zustimmung nur unter folgenden Bedingungen geben: a) Übergang der Macht in die Hände des Proletariats und der sich ihm anschließenden ärmsten Teile der Bauernschaft; b) Verzicht auf alle Annexionen in der Tat und nicht nur in Worten; c) tatsächlicher und völliger Bruch mit allen Interessen des Kapitals.

(2) Die Eigenart der gegenwärtigen Lage in Rußland besteht im *Übergang* von der ersten Etappe der Revolution, die infolge des ungenügend entwickelten Klassenbewußtseins und der ungenügenden Organisiertheit des Proletariats der Bourgeoisie die Macht gab, *zur zweiten Etappe* der Revolution, die die Macht in die Hände des Proletariats und der ärmsten Schicht der Bauernschaft legen muß.
Diesen Übergang kennzeichnet einerseits ein Höchstmaß an Legalität (Rußland ist *zur Zeit* von allen kriegführenden Ländern das freieste Land der Welt), andererseits das Fehlen der Anwendung von Gewalt gegen die Massen, und schließlich die blinde Vertrauensseligkeit der Massen gegenüber der Regierung der Kapitalisten, der ärgsten Feinde des Friedens und des Sozialismus. Diese Eigenart fordert von uns die Fähigkeit, uns den *besonderen* Bedingungen der Parteiarbeit unter den unerhört breiten, eben erst zum politischen Leben erwachten Massen des Proletariats anzupassen.

(3) Keinerlei Unterstützung der Provisorischen Regierung, Aufdeckung der ganzen Verlogenheit aller ihrer Versprechungen, insbesondere hinsichtlich des Verzichts auf Annexionen. Entlarvung der Provisorischen Regierung statt der unzulässigen, Illusionen erweckenden „Forderung", *diese* Regierung, die Regierung der Kapitalisten, solle *aufhören,* imperialistisch zu sein.

(4) Anerkennung der Tatsache, daß unsere Partei in der Mehrzahl der Sowjets der Arbeiterdeputierten in der Minderheit, vorläufig sogar in einer schwachen Minderheit ist gegenüber dem *Block aller* kleinbürgerlichen, opportunistischen Elemente, die dem Einfluß der Bourgeoisie erlegen sind und diesen Einfluß in das Proletariat hineintragen ...

Solange wir in der Minderheit sind, leisten wir die Arbeit der Kritik und Klarstellung der Fehler, wobei wir gleichzeitig die Notwendigkeit des Übergangs der gesamten Staatsmacht an die Sowjets der Arbeiterdeputierten propagieren, damit die Massen sich durch die Erfahrung von ihren Fehlern befreien.

(5) Keine parlamentarische Republik – von den Sowjets der Arbeiterdeputierten zu dieser zurückzukehren wäre ein Schritt rückwärts –, sondern eine Republik der Sowjets der Arbeiter-, Landarbeiter- und Bauerndeputierten im ganzen Lande, von unten bis oben. Abschaffung der Polizei, der Armee, der Beamtenschaft.
Entlohnung aller Beamten, die durchweg wählbar und jederzeit absetzbar sein müssen, nicht über den Durchschnittslohn eines qualifizierten Arbeiters hinaus.

(6) Im Agrarprogramm Verlegung des Schwergewichts auf die Sowjets der Landarbeiterdeputierten.
Beschlagnahme der gesamten Ländereien der Gutsbesitzer. Nationalisierung des *gesamten* Bodens im Lande; die Verfügungsgewalt über den Boden steht den örtlichen Sowjets der Landarbeiter- und Bauerndeputierten zu. Schaffung besonderer Sowjets von Deputierten der armen Bauern. Errichtung von Musterwirtschaften aus allen großen Gütern (im Umfang von etwa 100 bis 300 Deßjatinen, je nach den örtlichen und sonstigen Verhältnissen und nach dem Ermessen der örtlichen Institutionen) unter Kontrolle der Landarbeiterdeputierten und für Rechnung der Gesellschaft.

(7) Sofortige Verschmelzung aller Banken des Landes zu einer Nationalbank und Errichtung der Kontrolle über die Nationalbank durch den Sowjet der Arbeiterdeputierten.

(8) Nicht „Einführung" des Sozialismus als unsere *unmittelbare* Aufgabe, sondern augenblicklich nur Übergang zur *Kontrolle* über die gesellschaftliche Produktion und die Verteilung der Erzeugnisse durch den Sowjet der Arbeiterdeputierten.

(zit. nach: H.-J. Lieber / K.-H. Ruffmann [Hg.], Der Sowjetkommunismus – Dokumente, Bd. 1: Die politisch-ideologischen Konzeptionen. Kiepenheuer & Witsch, Köln/Berlin 1963, S. 131–133)

Aufgabe:
Arbeiten Sie heraus, inwiefern Lenins Aprilthesen einerseits seinen weiterreichenden Zielen dienen, andererseits aber gleichzeitig den Wünschen des russischen Volkes entgegenkommen.

Thema: Beurteilung der Oktoberrevolution

I. Thesen des Zentralkomitees der Kommunistischen Partei der SU zum 100. Geburtstag Wladimir Iljitsch Lenins, 1970

Text 1: „Die große sozialistische Oktoberrevolution gab der Welt ein Modell für die Lösung der grundlegenden sozialen Probleme: Sturz der Macht der Ausbeuter und Errichtung der Diktatur des Proletariats; Verwandlung des Privateigentums der Bourgeoisie und der Gutsbesitzer in gesellschaftliches, in sozialistisches Eigentum; gerechte Lösung der Agrarfrage zugunsten der Bauern; Befreiung der abhängigen Völker vom nationalen und kolonialen Joch; Schaffung der politischen und ökonomischen Voraussetzungen für den Aufbau des Sozialismus … Die große sozialistische Oktoberrevolution war der erste siegreiche Akt der sozialistischen Weltrevolution. Sie veränderte radikal das politische und das sozial-ökonomische Antlitz eines riesigen Reiches, hob die internationale Befreiungsbewegung auf eine neue, höhere Stufe und hat der ganzen Welt, wie Lenin sagte, den Weg zum Sozialismus gewiesen und der Bourgeoisie gezeigt, daß es mit ihrer Herrlichkeit zu Ende geht …"

(G. B. Shaw, Sowjetunion heute. Heft 11, 1990)

II. Referat des Generalsekretärs des ZK der KPdSU, Michail Gorbatschow, anläßlich des 70. Jahrestages der Großen Sozialistischen Oktoberrevolution

Text 2: Die Oktoberrevolution war in der Tat eine Sternstunde der Menschheit, war deren Morgenröte. Bei der Oktoberrevolution handelte es sich um eine Revolution des Volkes und für das Volk, für den Menschen, für dessen Befreiung und Entwicklung.

Das Jahr 1917 hat gezeigt, daß die Wahl zwischen Sozialismus und Kapitalismus die soziale Hauptalternative unserer Epoche ist und daß es im 20. Jahrhundert kein Vorwärts gibt, wenn man nicht einer höheren Form der sozialen Organisation, dem Sozialismus, entgegengeht.

Diese fundamentale Leninsche These ist heute nicht weniger aktuell als damals, als sie aufgestellt wurde. Das ist die Gesetzmäßigkeit der gesellschaftlichen Aufwärtsentwicklung.

Die Revolution in Rußland bildete gleichsam einen Höhepunkt der Befreiungsbestrebungen, war eine lebendige Verkörperung der Träume der besten Geister der Menschheit – von den großen Humanisten der Vergangenheit bis zu den proletarischen Revolutionären des 19. und des 20. Jahrhunderts.

Das Jahr 1917 konzentrierte in sich die Energie des Volkskampfes für selbständige Entwicklung und Unabhängigkeit, der fortschrittlichen nationalen Bewegungen, der gegen die Leibeigenschaft gerichteten Bauernaufstände und -kriege, wie sie unsere Geschichte kennzeichnen. Es verkörperte das geistige Suchen der Aufklärer des 18. Jahrhunderts, der Helden und Märtyrer des Dekabristenaufstandes, der glühenden Tribunen der revolutionären Demokratie, den moralischen Opfermut unserer großen Kulturschaffenden.

(Sowjetunion heute, Sonderbeilage 1987)

Text 3: „Rußlands Ausschluß aus dem Welthandel war ein Akt der Blindheit und des Wahnsinns der kapitalistischen Mächte. Durch rasenden Terror gegen den Kommunismus boykottierten sie Rußland, das nunmehr auf die eigenen Ressourcen angewiesen war und sich durch die Entwicklung der eigenen physischen und kulturellen Kräfte retten mußte." (1932)

Text 4: „Eine großartige Ironie des Schicksals besteht darin, daß der Traum, von dem Ende des 18. Jahrhunderts die Klassiker der deutschen Literatur und der deutschen Wissenschaft besessen waren, der Traum von einer Internationale des Geistes, von einer „Gelehrtenrepublik", daß dieser Traum in einem Umfang, der die kühnsten Erwartungen übertrifft, ausgerechnet von den Bürgern der Sowjetunion verwirklicht wird, eben von jenen Menschen, auf die einst die europäische Welt mit arroganter Verachtung herabblickte." (1936)

(Lion Feuchtwanger, Sowjetunion heute. Heft 11, 1990)

Text 5: Gibt der Gewaltstreich der Bolschewisten gegen die Konstituierende Versammlung das Recht, davon zu sprechen, daß die Demokratie in Rußland nicht verwirklicht werden konnte, weil sie einer genügend soliden Basis entbehrte? Wenn diesem Gewaltstreich eine Terrorherrschaft folgte, die alle Anhänger der Demokratie zu Staatsfeinden und für vogelfrei erklärte? Uns scheint der Übergang zur Demokratie in Rußland nach einer jahrhundertelangen Korrumpierung des Volkes durch die Autokratie zwar außerordentlich schwierig gewesen zu sein; unmöglich war er nicht, es sei denn, man wollte dem russischen Volk jedes Freiheitsbedürfnis absprechen. Nicht nur die liberal-demokratische Lösung mußte in Rußland 1917 scheitern, weil es ihren Vertretern an Konsequenz und Entschlußkraft gebrach. Auch die gemäßigten Sozialisten … ließen es sowohl an politischem Geschick als auch an Klarheit des Willens fehlen. Sie wurden, …, durch den Zwiespalt zwischen ihren revolutionären Versprechungen auf der einen und ihrem Bestreben, die Anarchie zu vermeiden, auf der anderen Seite gelähmt. Es war jene Politik der halben Maßnahmen und des Zurückweichens in kritischen Momenten, die ihnen in allen entscheidenden Fragen dieser Monate die Initiative entriß: ob es sich um die Agrarreform, die Stellung zur Bourgeoisie, zum Kriege oder zu den Bolschewisten handelte. Sie hatten keinen Sinn für die entscheidende Bedeutung der Macht; um so mehr verstand Lenin davon.

Ordnete Lenin die Doktrin seinem Machtwillen unter? Bewußt bestimmt nicht. Die marxistische Ideologie war für ihn die Grundlage seines Handelns. Aber er wußte aus der Praxis zu lernen; und neben der Doktrin stand bei ihm die klare Erkenntnis der sich ändernden Machtverhältnisse und Möglichkeiten. Diese aber verstand er zu nutzen.

Eine weitere Frage ist, ob Lenin die Bolschewisten allein zum Siege hätte führen können. Der bolschewistische Sieg ist neben den genannten Faktoren in ganz entscheidendem Maße durch das Zusammenwirken von Lenin und Trotzkij begünstigt worden. Ergab sich doch hieraus eine personelle Konstellation von einzigartiger Schlagkraft. Was sich hier in wechselvoller Verteilung an demagogischer Leidenschaft und kaltem Zynismus, an dämonischem Machtwillen, an fanatischer Unduldsamkeit, an skrupellosem Geschick vereinigte, genügte, das einmal gesetzte Ziel zwar nicht sogleich, aber doch nach den drei Anläufen vom Mai, Juni und Juli zu erreichen. Was dem einen fehlte, fand sich im anderen ergänzt.

(Georg von Rauch, Geschichte des bolschewistischen Rußland. Fischer-Bücherei. Band 512/13. Frankfurt/M. und Hamburg 1963.)

Aufgabe:
Stellen Sie die Beurteilungen thesenartig gegenüber. Beziehen Sie Stellung zu diesen Äußerungen. Reflektieren Sie dabei Ihre eigene Position.

Thema: Das sozialistische Experiment des Kriegskommunismus

Material 1:

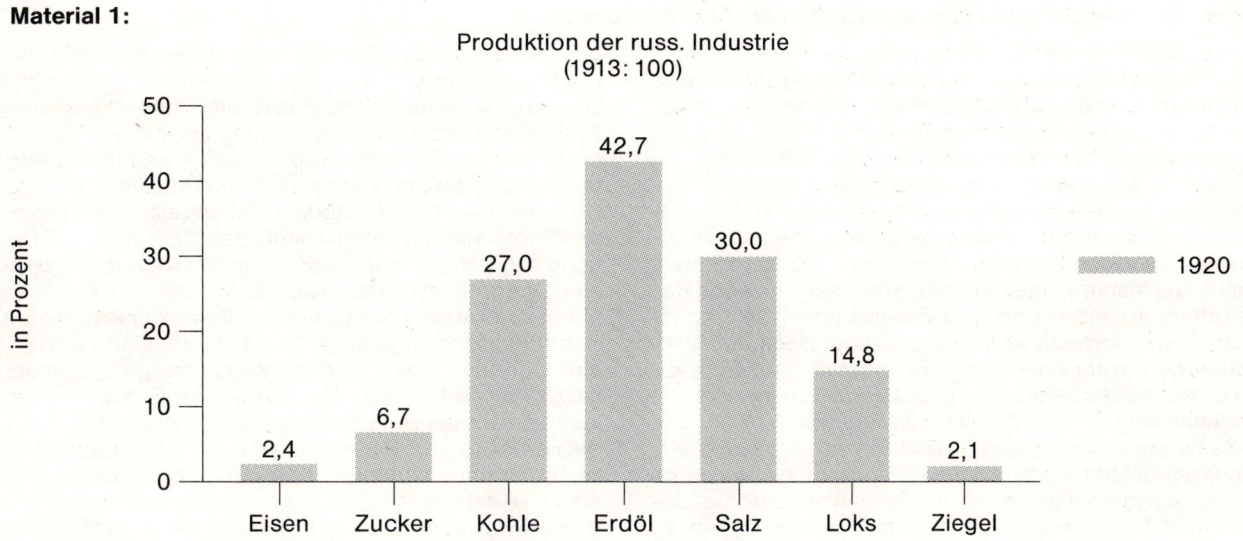

Produktion der russ. Industrie
(1913: 100)

Material 2:

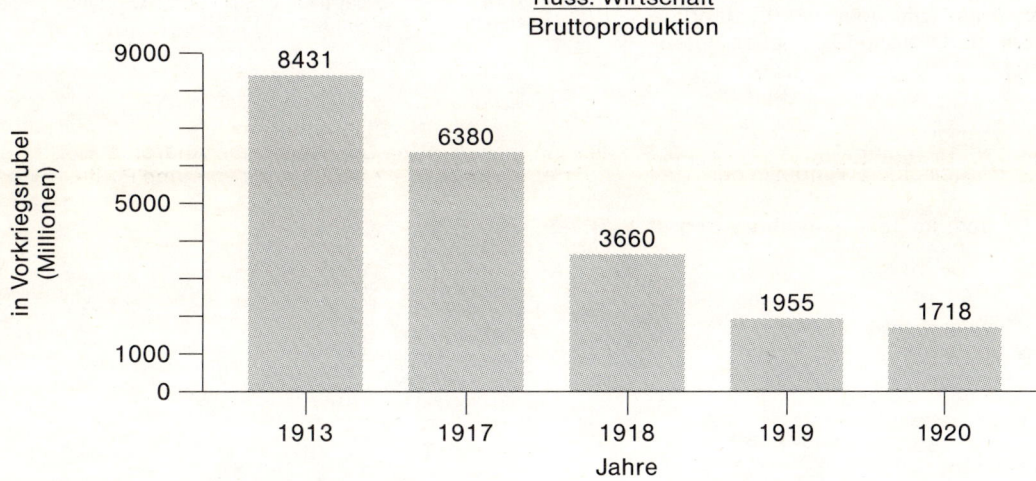

Russ. Wirtschaft
Bruttoproduktion

(beide nach: S. N. Prokopovicz: Rußlands Volkswirtschaft unter den Sowjets. Zürich–New York 1944. S. 181 f.)

Aufgaben:
1. Analysieren Sie die Zahlenangaben.
2. Begründen Sie die Entwicklung. Ziehen Sie dazu das Lehrbuch heran.

Text: Über das System des Kriegskommunismus

„Das Nationalisierungsdekret vom 28. Juni 1918 war das Vorspiel zum System des Kriegskommunismus. In den nächsten beiden Jahren kämpfte das bolschewistische Regime um Leben oder Tod mit inneren und äußeren Feinden … Die politischen und wirtschaftlichen Einrichtungen des Kriegskommunismus stellten ein Gemisch von offensichtlich utopischer und praktischer Politik dar. In der Industrie ging die Entwicklung auf eine Ersetzung des freien Warenaustauschs durch einen staatlich gelenkten Tauschhandel ohne Geld. Die Fabrikdisziplin wurde auf eine halbmilitärische Grundlage gestellt. Auch innerhalb der Partei wurde die Disziplin verschärft … Die Bauern wurden zahlreichen und rein willkürlichen Requisitionen unterworfen …

Mit Hilfe des Kriegskommunismus konnten die Bolschewiki den Bürgerkrieg gewinnen und sich an der Macht behaupten.

Aber dieses System … schuf ebenso neue Probleme. Die doppelte Frucht des Kriegskommunismus waren politische Unruhe und ein katastrophaler Rückgang der Produktion und des Verbrauchs … Die Parteiführer bemerkten, daß das System des Kriegskommunismus sie in eine Sackgasse führte. Auch wenn sie geglaubt haben mögen, daß sie sich mitten auf dem Wege zum Sozialismus befanden, so waren sie nicht blind für die Alarmsignale am Wegesrand … So kam es zum Rückzug der Neuen Ökonomischen Politik."

(B. Moore: Soviet Politics – the Dilemma of Power. Cambridge, Mass. 1950. S. 89 ff.)

Aufgaben:
1. Zeigen Sie den Argumentationsgang des Textes.
2. Erläutern Sie danach den Begriff Kriegskommunismus.

Thema: Neue Ökonomische Politik NEP

I. Das Programm der Neuen Ökonomischen Politik: Eine Kehrtwendung

Angesichts der höchst prekären Lage und unter dem Zwang, das Ernährungsproblem einer tragbaren Lösung zuführen zu müssen, leitete Lenin im März 1921 die Wendung [...] zur sogenannten „Neuen Ökonomischen Politik" [...] ein. [...]. Die wichtigste Sofortmaßnahme bestimmte die Einstellung der völlig willkürlichen Zwangseintreibungen von Agrarprodukten. An ihre Stelle sollte eine genau vorgeschriebene Naturalabgabe treten, die es den Bauern gestattete, etwaige Überschüsse auf dem Markt zu verkaufen. [Ferner wurde] der freie Binnenhandel fast uneingeschränkt, grundsätzlich auch das private Unternehmertum und in gewissem Umfang selbst ausländische Kapitalinvestitionen wieder zugelassen, die Vollsozialisierung nur im Bereich der Grundstoff- und Schwerindustrie aufrechterhalten [...], zumindest teilweise die Reprivatisierung kleinerer Betriebe erlaubt und [...] für eine kurze Zeitspanne sogar bäuerliches Eigentum geschaffen. [...]. Lenin selbst hat die neue Wirtschaftsordnung, die durch die NEP entstand, unumwunden als „Staatskapitalismus" gekennzeichnet. [...]. Die zum mindesten teilweise Rückkehr zu marktwirtschaftlichen Gepflogenheiten äußerte sich auch in einer veränderten Einstellung zum Geld. Dessen [...] ökonomische Notwendigkeit wurde wieder anerkannt, Ende 1922 der „Rote Rubel" (Tscherwonjez) als neue wertbeständige Rechnungseinheit eingeführt und Anfang 1924 neues Notengeld in Umlauf gesetzt. [...].

Einer kaum minder tiefgreifenden Revision wurde die Lohnpolitik unterworfen. [...] Richtungweisend war ein Dekret vom 16. September 1921, das die Wiederherstellung des Stücklohnes sowie die Aufstellung abgestufter Tarifsätze für die einzelnen Eignungsgruppen der Arbeiter und Angestellten verkündete und dabei wörtlich hinzufügte, daß „jegliche Gedanken an Gleichmacherei fallengelassen werden müssen". Entscheidend aber war die Begründung [...]: „Die Erhöhung des Lohnes soll gerade unmittelbar verbunden sein mit einer Vergrößerung der Produktivität, mit dem Grade der Teilnahme des Arbeiters an einer Erhöhung der Produktion". [...] Der eben noch abgelehnte [...] Leistungslohn wurde wieder eingeführt [...], weil man in ihm ein ausgezeichnetes Mittel bzw. den wohl wirksamsten Anreiz zur Erhöhung der allgemeinen Arbeitsproduktivität erblickte, die fortan ebenso wie die Forderung nach Rentabilität auch der verstaatlichten Betriebe zu den Hauptaufgaben und -problemen der sowjetischen Wirtschaftspolitik zählte (und heute wieder zählt). [...]. [Man] wird nicht außer acht lassen dürfen, daß in [der NEP] auch und gerade [...] die zentrale Wirtschaftsplanung und ihr Apparat weiter ausgebaut und verstärkt wurde.

(aus: K.-H. Ruffmann, Sowjetrußland. Struktur und Entfaltung einer Weltmacht, München ⁵/1975, S. 102–104.)

Aufgaben:
1. Erläutern Sie den im Text dargestellten Wandel in der Wirtschaftspolitik.
2. Nehmen Sie Stellung zu dem im Text genannten Begriff Staatskapitalismus.

Thema: Die Auseinandersetzung zwischen Stalin und Trotzki

I. Die Person Josef Stalins

21.12.1879:	**Josef Wassarionowitsch Dschugaschwili in Gori (Georgien) geboren;** Vater – er verstarb 1890 – war von Beruf Schuhmacher; Mutter sehr religiös
1888–1893:	Besuch der Kirchenschule in Gori
1894–1899:	Besuch des Priesterseminars in Tiflis
1898/1899:	Beitritt zur illegalen georgischen sozialdemokratischen Partei – Deckname „Koba" Ausschluß aus dem Priesterseminar
1901–1904:	Anführer von Streiks, Demonstrationen, wiederholte Verhaftung; Verbannung, aus der er aber flieht
1905:	Begegnung mit Lenin
1912:	Aufnahme ins Zentralkomitee der bolschewistischen Partei
1914–1917:	Verbannung in Sibirien am Jenissei
1917:	Rückkehr, Tätigkeit bei der „Prawda"; **an der Oktoberrevolution nicht aktiv beteiligt;** in der ersten bolschewistischen Regierung: Volkskommissar für die Angelegenheiten der Nationalitäten
1918–1921:	im Bürgerkrieg als Kommissar an mehreren Fronten tätig
1919:	Aufnahme ins Politbüro
1921–1923:	Volkskommissar für die Arbeiter- und Bauerninspektion
3. April 1922:	der XI. Parteitag wählt **Stalin** bei Abwesenheit des erkrankten Lenin zum **Generalsekretär der Partei**
4.1.1923:	**Lenin fordert Stalins Absetzung**
1927:	Ausschluß aller Gegner Stalins aus den Gremien der Partei
21.12.1929:	Stalin als „Woshdj", der „Führer", bezeichnet
1937:	Geheimprozesse gegen Tuchatschewski und andere Generäle der Roten Armee; Schauprozesse gegen „Altbolschewisten"
1938:	Schauprozeß gegen Bucharin u.a.
1939:	Nichtangriffspakt mit dem nationalsozialistischen Deutschland Einmarsch in den Ostteil Polens; Angriff auf Finnland; Annexion des Baltikums (1940)
1941:	Stalin übernimmt das Amt des Regierungschefs
1951:	Verhaftungswelle im Kaukasus
1953:	„Massensäuberungen"
5. März 1953:	**Stalin stirbt an einem Gehirnschlag**

II. Die Person Leo Trotzkis

7.11.1879:	**Leib Bronstein (Pseudonym: Lew Davidowitsch Trotzki) in Janovka in der Südukraine geboren.** Sein Vater war ein jüdischer Gutsbesitzer
1897:	Abitur in Nikolajev
1898:	Verhaftung wegen Gründung einer staatsfeindlichen Vereinigung
1899:	Verbannung nach Sibirien; dort intensives Studium des Marxismus
1902:	Flucht nach London
1903:	II. Kongreß der RSDAP: Trotzki unterstützt in der Frage der Organisation der Partei Martov, den Gegenspieler Lenins (Menschewiki)
1905:	aktive Beteiligung an der Revolution; erster Vorsitzender des Petersburger Arbeitersowjets
1906:	Verhaftung und 2. Verbannung nach Sibirien; erneute Flucht
1907–1914:	zusammen mit seiner Lebensgefährtin Natalja Sedowa im Exil in Wien
1908–1912:	Herausgeber der „Prawda"; Theorie der „permanenten Revolution"
1912:	Bolschewiki bilden eine eigene Partei; Trotzkis Versuch, die verschiedenen sozialistischen Gruppen zusammenzuführen, scheitert; Korrespondent auf dem Balkan – Erfahrungen im Balkankrieg
1914:	über die Schweiz nach Paris
1915:	Zusammenarbeit mit Lenin trotz Differenzen in der Frage der Parteiorganisation
1917:	nach Ausweisung aus Frankreich Reise nach New York
Mai 1917:	Rückkehr nach Rußland
Juni 1917:	Übertritt zur Partei Lenins
Nov. 1917:	Trotzki **Hauptorganisator der bolschewistischen „Oktoberrevolution"**
1918:	Volkskommissar des Äußeren und Unterhändler bei den Friedensverhandlungen mit Deutschland
März 1918:	Aufbau der Roten Armee und deren Befehlshaber im Bürgerkrieg, an dessen siegreichem Ende er erheblichen Anteil hat
1920:	Konflikt mit Lenin; propagiert die „Militarisierung der Arbeit"
1923/24:	Kritik am allmächtigen Parteiapparat Stalins; nur drei Anhänger im vierzigköpfigen ZK unterstützen Trotzki
1925:	nach Angriffen auf Kamenew und Sinowjew als Kommissar für das Kriegswesen abgelöst
1926:	Gründung der „Vereinigten Opposition" gegen Stalin
1927:	Parteiausschluß
1928:	Verbannung nach Alma-Ata
1929–1940:	Exil in Frankreich, Norwegen und Mexiko
21.8.1940:	**Trotzki erliegt einem Mordanschlag in Mexiko.**

Beilage zu 927849

III. „Permanente Revolution"

Q 1:

… Die permanente Revolution in dem Sinne, den Marx diesem Begriff gegeben hat, bedeutet eine Revolution, die sich mit keiner Form der Klassenherrschaft abfindet, die bei der demokratischen (= bürgerlichen) Etappe nicht haltmacht, zu sozialistischen Maßnahmen und zum Kriege gegen die Reaktion von außen übergeht, also eine Revolution, deren jede weitere Etappe in der vorangegangenen verankert ist und die nur enden kann mit der restlosen Liquidierung der Klassengesellschaft überhaupt …

Erstens umfaßt sie das Problem des Übergangs der demokratischen Revolution in die sozialistische. Dies ist eigentlich die historische Entstehung der Theorie … Lautete die traditionelle Meinung, daß der Weg zur Diktatur des Proletariats über eine lange Periode der Demokratie führe, so stellte die Theorie der permanenten Revolution fest, daß für die zurückgebliebenen Länder der Weg zur Demokratie über die Diktatur des Proletariats gehe …

Der zweite Aspekt der „permanenten" Theorie charakterisiert bereits die sozialistische Revolution als solche. Während einer unbestimmt langen Zeit und im ständigen inneren Kampfe werden alle sozialen Beziehungen umgestaltet … Ausbrüche von Bürgerkriegen und äußeren Kriegen wechseln mit Perioden „friedlicher" Reformen. Revolutionen der Wirtschaft, der Technik, der Wissenschaft, der Familie, der Sitten und Gebräuche entwickeln sich in komplizierten Wechselwirkungen und lassen die Gesellschaft nicht ins Gleichgewicht kommen. Darin besteht der permanente Charakter der Revolution als solcher …

Der internationale Charakter der sozialistischen Revolution, der den dritten Aspekt der Theorie der permanenten Revolution bildet, ergibt sich aus dem heutigen Zustande der Ökonomik und der sozialen Struktur der Menschheit … Die sozialistische Revolution beginnt auf nationalem Boden. Sie kann aber auf diesem Boden nicht vollzogen werden. Die Aufrechterhaltung der proletarischen Revolution in nationalem Rahmen kann nur ein provisorischer Zustand sein, wenn auch, wie die Erfahrung der Sowjetunion zeigt, einer von langer Dauer. Bei einer isolierten proletarischen Diktatur wachsen die inneren und äußeren Widersprüche unvermeidlich zusammen mit den wachsenden Erfolgen. Isoliert bleibend, muß der proletarische Staat schließlich Opfer dieser Widersprüche werden. Der Ausweg besteht für ihn nur in dem Siege des Proletariats der fortgeschrittenen Länder … Die internationale Revolution stellt einen permanenten Prozeß dar, trotz aller zeitlichen Auf- und Abstiege …

(Aus: Leo Trotzki: Die permanente Revolution. Frankfurt 1969, S. 26–29; in: Telekolleg II Geschichte, TR-Verlagsunion München, 1972, S. 143 f.)

Aufgaben:

1. Beschreiben Sie die Thesen und Argumente Trotzkis. Versuchen Sie, diese begrifflich zu umschreiben.
2. Zeigen Sie, wie Trotzki die Chancen zur Durchsetzung des Sozialismus in Rußland beurteilt.
3. Legen Sie dar, auf wen sich Trotzki beruft, und begründen Sie, warum er es tut.

IV. „Sozialismus in einem Lande"

Q 2: Stalins „Antwort"

a) auf dem XIV. Parteikongreß:

„Wie aber, wenn es der internationalen Revolution beschieden sein sollte, mit Verspätung einzutreffen? Gibt es da irgendeinen Lichtblick für unsere Revolution? Bei Trotzki gibt es keinen Lichtblick, denn ‚die Widersprüche in der Stellung der Arbeiterregierung … werden nur … in der Arena der Weltrevolution des Proletariats ihre Lösung finden können'. Nach diesem Plan verbleibt unserer Revolution nur die eine Perspektive: in ihren eigenen Widersprüchen fortzuvegetieren und in Erwartung der Weltrevolution auf dem Halm zu verfaulen."

J. W. Stalin, Werke Bd. 6, Berlin 1952, S. 329
(in: G. v. Rauch, Machtkämpfe und soziale Wandlungen in der Sowjetunion seit 1923, Klett 42611, S. 9, T14)

b) … Da aber nun im Westen der Sieg noch nicht da ist, so bleibt der Revolution in Rußland nur die „Wahl": entweder auf dem Halm zu verfaulen oder zu einem bürgerlichen Staat zu entarten. Nicht von ungefähr spricht Trotzki schon seit zwei Jahren von der „Entartung" unserer Partei. Nicht von ungefähr prophezeite Trotzki im vorigen Jahr den „Untergang" unseres Landes. Wie soll man diese seltsame „Theorie" mit Lenins Theorie vom „Siege des Sozialismus in einem Lande" in Einklang bringen? Wie soll man diese seltsame „Perspektive" mit der Perspektive Lenins in Einklang bringen, daß die Neue Ökonomische Politik uns die Möglichkeit geben wird, „das Fundament der sozialistischen Ökonomik zu errichten"? … Es ist klar, daß es hier keinen Einklang gibt noch geben kann … Unglaube an die Kräfte und Fähigkeiten unserer Revolution, Unglaube an die Kräfte und Fähigkeiten des russischen Proletariats – das ist die Grundlage der Theorie der „permanenten Revolution" …

(Aus: Stalin: Die Oktoberrevolution und die Taktik der russischen Kommunisten, in: ders.: Werke (1924) Bd. 6. Berlin 1952, S. 336 ff.)

(in: Telekolleg II, S. 144)

… Also, ist die Errichtung der sozialistischen Wirtschaft in unserem Lande möglich, ohne den vorherigen Sieg des Sozialismus in anderen Ländern, ohne daß das siegreiche Proletariat des Westens direkte Hilfe mit Technik und Ausrüstung leistet?

Ja, sie ist möglich. Und sie ist nicht nur möglich, sondern auch notwendig und unausbleiblich. Denn wir bauen bereits den Sozialismus auf, indem wir die nationalisierte Industrie entwickeln und sie mit der Landwirtschaft zusammenschließen, indem wir das Genossenschaftswesen auf dem Lande entfalten und die bäuerliche Wirtschaft in das allgemeine System der sowjetischen Entwicklung einbeziehen, indem wir die Sowjets beleben und den Staatsapparat mit den Millionenmassen der Bevölkerung verschmelzen, indem wir eine neue Kultur aufbauen und ein neues gesellschaftliches Leben entfalten. Es besteht kein Zweifel, daß es auf diesem Wege eine Unzahl von Schwierigkeiten gibt, daß uns noch eine ganze Reihe von Prüfungen bevorsteht. Es besteht kein Zweifel, daß unsere Aufgabe von Grund aus erleichtert würde, wenn uns der Sieg des Sozialismus im Westen zu Hilfe käme. Aber erstens wird der Sieg des Sozialismus im Westen nicht so schnell „zustande gebracht", wie wir das wünschen, und zweitens lassen sich diese Schwierigkeiten überwinden, und wir überwinden sie bekanntlich schon.

(Aus: Stalin: Fragen und Antworten, in: ders.: Werke (1925) Bd. 7. Berlin 1952, S. 173 f.)

(in: Telekolleg II. S. 144 f.)

Aufgaben:

1. Beschreiben Sie die Thesen und Argumente Stalins.
2. Zeigen Sie, auf wen er sich beruft.

Beilage zu 927849

Thema: Stalin – Sozialismus in einem Land

I. Stalin, Sozialismus in einem Lande (April 1925)

Text 1: Auf dem XIV. Parteikongreß hielt Stalin am 9. April 1925 eine Rede, in der er sein Prinzip des Sozialismus in einem Lande erläuterte.

Es besteht kein Zweifel, daß unsere Aufgabe von Grund aus erleichtert würde, wenn uns der Sieg des Sozialismus im Westen zu Hilfe käme. Aber erstens wird der Sieg des Sozialismus im Westen nicht so schnell „zustande gebracht", wie wir das wünschten, und zweitens lassen sich diese Schwierigkeiten überwinden, und wir überwinden sie bekanntlich schon. Über alles das habe ich bereits … gesprochen … Ich sagte, daß die Verneinung der Möglichkeiten des sozialistischen Aufbaus in unserem Lande Liquidatorentum bedeutet, das zur Entartung der Partei führt. Es ist wohl kaum erforderlich, jetzt noch einmal zu wiederholen, was früher schon mehrfach gesagt wurde …
Worin besteht die Wichtigkeit dieser Frage vom Standpunkt der Parteipraxis?
Darin, daß sie die Frage der Perspektive unseres Aufbaus, der Aufgaben und Ziele dieses Aufbaus berührt. Man kann nicht wirklich aufbauen, wenn man nicht weiß, mit welchem Ziel man baut … Bauen wir für den Sozialismus auf, den Sieg des sozialistischen Aufbaus voraussetzend, oder bauen wir aufs Geratewohl, ins Blinde hinein, um „in Erwartung der sozialistischen Revolution in der ganzen Welt" den Boden für die bürgerliche Demokratie zu düngen – das ist jetzt eine der Grundfragen. Man kann nicht wirklich arbeiten und aufbauen, wenn diese klare Frage nicht ebenso klar beantwortet ist …
Die große Bedeutung des Leninismus besteht unter anderem darin, daß er einen Aufbau aufs Geratewohl, ins Blinde hinein nicht anerkennt, daß er einen Aufbau ohne Perspektive nicht denken kann, daß er auf die Frage nach der Perspektive unserer Arbeit eine klare und bestimmte Antwort gibt, indem er erklärt, daß wir alles haben, was notwendig ist, um die sozialistische Wirtschaft in unserem Lande zu errichten, daß wir die vollendete sozialistische Gesellschaft aufbauen können und müssen.
So ist es um die Frage nach der Möglichkeit der Errichtung der sozialistischen Wirtschaft bestellt.

(Aus: Hans-Joachim Lieber – Karl-Heinz Ruffmann [Hrsg.]. Der Sowjetkommunismus. Dokumente. (Band 1. a.a.O.)

Aufgaben:
1. Weshalb möchte Stalin den Sozialismus auf ein Land beschränkt sehen?
2. Welchen Zusammenhang sieht Stalin beim Aufbau des Sozialismus zwischen Industrie, Landwirtschaft und Verteidigungspolitik?

II. Zeittafel

Kollektivierung und Industrialisierung

1925	Der 14. Parteitag fordert, die „UdSSR aus einem Land, das Maschinen und Ausrüstung importiert, in ein Land, das Maschinen und Ausrüstung exportiert, zu verwandeln" *drei Zielsetzungen:* – Entfaltung der Produktivkräfte – Hebung des Lebensstandards – Ausweitung der sozialistischen Wirtschaftsformen erstmals wird ein Jahreswirtschaftsplan ausgearbeitet. Privater Sektor der Volkswirtschaft erwirtschaftet 54% des Nationaleinkommens (Landwirtschaft, Handel, Kleinindustrie). **„Warenhungerkrise":** *die Überschuß produzierenden Bauern ziehen sich vom Markt zurück, da es der Industrie nicht möglich war, sie ausreichend mit Geräten und Konsumgütern zu versorgen.*
1927/1928	**15. Parteitag** betont die Bedeutung des wirtschaftlichen Gleichgewichts, warnt vor einseitiger Forcierung der Schwerindustrie. Angesetzte Wachstumsraten: 10–20% (vgl. westl. Industrieländer 2–4%) **„Getreidekrise":** *trotz guter Ernte liegt die Getreidebeschaffung unter den Erwartungen; durch die ausfallenden Agrarexporte ist die Industrialisierung erneut bedroht.* Die Bereitschaft wächst, die *Verhältnisse in der Landwirtschaft radikal zu ändern,* Stalin übernimmt das Zukunftsprogramm der eben noch bekämpften „linken Opposition": forcierte Industrialisierung und radikale Kollektivierung. Kulaken und reichere Bauern müssen Requisitionen der Getreideüberschüsse hinnehmen, sie dürfen kein Inventar mehr verpachten, Einstellung von Lohnarbeitern und Kauf neuer Geräte war für sie erschwert, Verlust des Stimmrechts.
Ende 1928	wirtschaftlicher Entwicklungsstand von 1913 erreicht

Beilage zu 927849

| April 1929 | **1. Fünfjahresplan** (1928–32) bedeutet neue Industrialisierungspolitik und Bruch mit der Politik der NEP: Ausbau der Schlüsselindustrien (Metallproduktion, Maschinenbau, Energieerzeugung); Ziel: Entwicklung nachholen, für die andere Länder Jahrzehnte und Jahrhunderte brauchten – durch: ununterbrochenes Betriebsjahr, Einführung des ständigen Wettbewerbs (Bewegung der Stoßarbeiterbrigaden, bei Planrückständen eingesetzt). **4,5 % kollektiviert.**
Losung: "Fünfjahresplan in vier Jahren!" *Massenkollektivierung fordert Traktoren, Landmaschinen und Automobile, was wiederum von Metall- und Erdölindustrie erhöhte Leistung erfordert. Ziel: statt 91 000 443 000 Traktoren (1923: 6 Stück).* |

| Oktober | *Der private Markt wird abgeschafft: ökonomische Basis der Kulaken zerstört. Massenbewegung in Kollektivwirtschaften, die Regierung und Partei nicht unter Kontrolle hat. Massenschlachtungen.* |

| Dezember | *4,1 % in Kolchosen. Kollektivierung offiziell beschlossen;*
Stalin: "Offensive gegen das Kulakentum" |

| 1930–1932 | *"Liquidierung des Kulakentums als Klasse" (2–3 Mio. verschleppt)*
Einzelerfolge: Durchgangsverkehr auf der Turkestan-Sibir. Eisenbahn eröffnet (1500 km); in Rostov Landmaschinenwerk, in Stalingrad Traktorenwerk. Einzelne Industriezweige erreichen Planziel frühzeitig, worauf der 16. Parteitag ein neues Zentrum der Schwerindustrie beschließt (Ural-Kuzneck-Kombinat: Kohlefelder und Erzvorkommen) und Normen hochsetzt. |

| März 1930 | **58 % Kollektivierung;** *Stalin kritisiert Parteifunktionäre: Zwang und Terror führten zu wachsendem passiven Widerstand – Frühjahrsbestellung gefährdet – Kollektivierungstempo wurde zurückgenommen. – Kollektivwirtschaften lösen sich auf;* |

| Mai | **23,6 % kollektiviert** |

| Ende 1930 | *neuer Kollektivierungsprozeß; Einzelbauern zahlen höhere Steuern, Kolchosbauern bekommen Nachlässe, Kredite, Maschinen. $^4/_5$ in Getreideanbaugebieten kollektiviert, $^7/_{10}$ der Gesamtanbaufläche. Stalin: "Die Partei hat erreicht, daß die UdSSR aus einem Land kleinbäuerlicher Wirtschaft bereits zum Lande der größten landwirtschaftlichen Betriebe der Welt geworden ist."* |

| 1931 | **52,7 % kollektiviert;** Jahresplan sah Zuwachsrate um 45 % vor, Stalin: "Das Tempo darf nicht herabgesetzt werden! Im Gegenteil … Wir sind hinter den fortgeschrittenen Ländern um 50–100 Jahre zurückgeblieben. Wir müssen diese Distanz in 10 Jahren durchlaufen. Entweder wir bringen das zuwege oder wir werden zermalmt." Stalin fordert Beendigung der Lohngleichheit ("materielle Gleichheit erst im Kommunismus") |

| 1931/32 | **Hungersnot durch Mißernte;** durchschnittlicher Produktionszuwachs geht auf 8,5 % zurück; **2. Fünfjahresplan** (1933–37), **Ziel:** Hebung der Arbeitsproduktivität, Verbesserung der Qualität durch Anhebung des techn.-kulturellen Niveaus der Arbeiter – Betriebsberufsschulen und Arbeiterlehrkombinate werden errichtet, **Beseitigung des Analphabetentums** (1926: 56,6, 1939: 87,4 Lese- und Schreibkundige) |

| 1932/33 | **Hungersnot durch Mißernte; freier Kolchosmarkt errichtet:** Verkauf direkt an Verbraucher; freier Marktpreis 50–100 % über Staatspreis. – Bauernfamilien ziehen in die Städte, Volkswirtschaft steht am Abgrund |

| 1933 | *neues Erfassungs- und Preissystem: für landwirtschaftliche Erzeugnisse feste Ablieferungsnormen, die im voraus festgesetzt werden; Eigenverbrauch der Landwirtschaft sollte reguliert, Vorratsbildung verhindert, der Einfluß der Bauern auf den Markt ausgeschaltet werden, damit für den Industrialisierungsprozeß die steigende Menge der Nahrungsmittel und Rohstoffe sichergestellt werden kann.* |

| 1935 | Hunderttausende von Arbeitern legen technisches Examen ab; Stachanov-Bewegung eingeleitet.
Musterstatut verlangt Überführung der landwirtschaftlichen Nutzfläche in Kollektivwirtschaften der genossenschaftlichen Kolchosen und der staatlichen Sowchosen. Der einzelnen Bauernfamilie bleibt $^1/_2$ ha zur privaten Nutzung und bescheidene Viehhaltung. Schulgesetz stellt Autorität des Lehrers wieder her; Einführung von Zeugnissen und Noten (galt seit der NEP als "bürgerlich") |

| 1936 | **über 90 % Kollektivierung;** Stalin-Verfassung verabschiedet |

| 1939 | SU hat den Produktionsumfang nach Frankreich, England und Deutschland überholt, liegt aber bei Pro-Kopf-Produktivität weit zurück.
18. Parteitag: in 10 Jahren Vorsprung einholen! |

| 1940 | *Getreideproduktion dreimal höher als 1928/29; bei Fleisch- und Milchversorgung wieder aufgeholt* |

Aufgabe:

Was wurde mit der Kollektivierung bezweckt? Welche Probleme entstanden dabei?
Erarbeiten Sie Phasen und Methoden der Kollektivierung.

Beilage zu 927849

Thema: Probleme der Industrialisierung; Urteile über die Wirtschaftspolitik Stalins

I. Probleme der Industrialisierung

Erzeugung ausgewählter Rohstoffe und Industrieprodukte (1913–1940)

		1913	1917	1928	1940
Elektroenergie	Mrd. kWh	1,9	2,6	5,0	48,3
Erdöl	Mill. t	9,2	8,8	11,6	30,1
Erdgas	Mrd. m^3	0,0	?	0,3	3,4
Kohle	Mill. t	29,1	31,3	35,5	165,9
Roheisen	Mill. t	4,2	3,0	3,3	14,9
Stahl	Mill. t	4,2	3,1	4,3	18,3
Traktoren	1000 Stück	–	–	1,3	31,6
Kraftfahrzeuge	1000 Stück	0,0	–	0,8	145,4
Lederschuhe	Mill. Paar	60	50	58	211

(aus: Informationen zur politischen Bildung, 139: Die Sowjetunion, S. 22)

Aufgabe:

Werten Sie die Statistik aus! Beachten Sie dabei die Zusammenhänge zur Kollektivierung!

Stalin zum Kampf gegen die „Gleichmacherei"

In einer Reihe unserer Betriebe sind die Tarifsätze so festgesetzt, daß der Unterschied zwischen qualifizierter und unqualifizierter Arbeit, zwischen schwerer und leichter Arbeit fast verschwindet. Die Gleichmacherei führt dazu, daß der unqualifizierte Arbeiter kein Interesse daran hat, sich zum qualifizierten Arbeiter fortzubilden, und somit keine Perspektive hat vorwärtszukommen, sich daher im Betrieb als „Sommerfrischler" fühlt, der nur zeitweilig arbeitet, um „etwas Geld zu verdienen" und dann anderweitig „sein Glück zu versuchen". Die Gleichmacherei führt dazu, daß der qualifizierte Arbeiter gezwungen ist, von Betrieb zu Betrieb zu wandern, bis er schließlich einen Betrieb findet, wo man qualifizierte Arbeit gebührend zu schätzen weiß.
Daher die „allgemeine" Wanderung aus einem Betrieb in den andern, die Fluktuation der Arbeitskraft.
Um dieses Übel abzustellen, muß man die Gleichmacherei abschaffen und das alte Tarifsystem zerschlagen.

(Haseloff u. a. [Hg.], Die UdSSR, S. 65 f.)

Aufgaben:

1. Mit welchen Methoden wurde die Industrialisierung vorangetrieben?
2. Welche Probleme nennt Stalin?

II. Urteile über die Wirtschaftspolitik Stalins

1930–34 in der Sicht der KPdSU

Als Ergebnis der Erfüllung des ersten Fünfjahresplans wurde in unserem Lande das unerschütterliche Fundament der sozialistischen Wirtschaft gelegt, nämlich eine erstklassige sozialistische Schwerindustrie und die kollektive maschinisierte Landwirtschaft aufgebaut, es wurde die Arbeitslosigkeit beseitigt, die Ausbeutung des Menschen durch den Menschen abgeschafft und die Bedingungen für eine ununterbrochene Verbesserung der materiellen Lage und der Erhöhung des Kulturniveaus der Werktätigen unserer Heimat geschaffen.
Diese gigantischen Erfolge sind von der Arbeiterklasse, den Kollektivbauern und allen Werktätigen unseres Landes dank der kühnen, revolutionären und weisen Politik der Partei und der Regierung errungen worden.

(aus: Geschichte der Kommunistischen Partei der Sowjetunion [Bolschewiki] – Gebilligt vom ZK der KPdSU 1938, Berlin 1945, S. 399)

Der Historiker Laqueur, 1967

„… Für Stalin war … die Industrialisierung und Kollektivierung kein bloßer Kunstgriff der Wirtschaftspolitik, sondern Mittel, die unmittelbare Kontrolle des totalitären Staates innerhalb kürzester Frist auf die größtmögliche Zahl von Menschen auszudehnen. Die wirtschaftliche Sicht ist außerdem nicht die einzige: was wirtschaftlich vielleicht nötig erscheint, braucht nicht ‚wirklich notwendig' zu sein, wenn der Preis an Menschenleben und Verlusten an Wohlstand zu hoch ist."

(W. Laqueur, Mythos der Revolution. Frankfurt/Main 1967, S. 123.)

III. Der Historiker A. Antonow-Owsejenko, 1985

SPIEGEL: Worin sehen Sie die Verdienste Stalins?
ANTONOW: Es gibt überhaupt keine Verdienste Stalins. Ohne ihn wäre unser Land schneller vorangekommen, die Industrialisierung effektiver gewesen. Stalin war beim Wirtschafts- und Staatsaufbau der Bremser. Abenteurertum, Unfähigkeit und Gewalt waren die Hauptmerkmale von Stalins Regierung. Und das bürokratische System. Er hat es sogar in den Kriegsjahren erhalten.

(in: Der Spiegel, Nr. 28, 1985)

Aufgaben:

1. Worin liegen die Unterschiede in der Beurteilung der Wirtschaftspolitik Stalins?
2. Vergleichen Sie die Urteile, und prüfen Sie die jeweiligen Begründungen.

Thema: Soziale Auswirkungen der Politik Stalins

Die sozialen und politischen Auswirkungen der Wirtschaftspolitik Stalins

1.

	Bevölkerung	
	1929	1939
Land	?	ca. 10,2 Mio.
Stadt	28,7	56,1 = 19%

2.

Zahl der	1926	1939
Städte	709	922
Großstädte (100 000)	31	82
städt. Siedlungen	125	1484

Aufgabe:
Welche Tendenzen sind erkennbar?

3.

Schicht	% der Bevölkerung	Anteil am Volksvermögen
Intelligenz	14	33
Arbeiter	22	33
Bauern	53	29
Zwangsarbeiter	11	2–3

(nach: G. v. Rauch: Geschichte der Sowjetunion, Stuttgart 1969, S. 297)

Aufgabe:
Was läßt sich über die Arbeiter aussagen?

4. Zusammensetzung, Umfang und soziale Stellung der „Neuen Intelligenz":

„Das Monopol, das die neue Klasse im Namen der Arbeiterklasse über die ganze Gesellschaft errichtet, ist hauptsächlich ein Monopol über die Arbeiterklasse selbst. Dieses Monopol ist zunächst ein geistiges, das sie als sogenannte Avantgarde des Proletariats für sich beansprucht, schließlich aber ist es ein allumfassendes."

„Die neue Klasse bezieht ihre Macht, ihre Vorrechte, ihre Ideologie und ihre Gewohnheiten aus einer speziellen Form des Eigentums – aus dem Kollektiveigentum, das die Klasse ‚im Namen' des Volkes und der Gesellschaft verwaltet und verteilt."

„Die neue Klasse ist gierig und unersättlich, genauso wie es die Bourgeoisie war. Sie besitzt aber nicht Tugenden wie Genügsamkeit und Sparsamkeit, die der Bourgeoisie eigen waren. Die neue Klasse ist ebenso exklusiv, wie es einmal die Aristokratie war, ohne über die kultivierten Sitten und die stolze Ritterlichkeit dieser Aristokratie zu verfügen." (Djilas)

(aus: G. v. Rauch, Machtkämpfe, S. 30 f.)

5. Die „Neue Intelligenz" und die Verschmelzung von Partei und Staatsverwaltung

„Je mehr die Parteiführung von der komplizierten Aufgabe in Anspruch genommen war, eine Gesellschaft zu dirigieren, die sich im Prozeß schneller Industrialisierung befand, desto abhängiger wurde sie von den fachlichen Fähigkeiten der neuen Managerklasse. Von der Mitte der dreißiger Jahre an legte die Partei steigenden Wert darauf, Mitglieder der neuen technischen Intelligenz in ihren Reihen aufzunehmen. Auf dem XVIII. Parteitag 1939 fielen die letzten Schranken:

Durch eine Abänderung des Parteistatuts wurden die Eintrittsbedingungen für leitendes und technisches Personal gelockert. Die Aufnahme der technischen Intelligenz in die Partei war ein wichtiger Schritt zur Verschmelzung von Partei und Staatsverwaltung. Die proletarische Basis der Partei wurde überlagert, und die veränderte soziale Zusammensetzung der Partei war Ausdruck des wachsenden Gewichts der neuen Funktionärs- und Manager-Elite.

In dem Maße, wie sich die neue Elite herausbildete und feste Form gewann, strebte sie danach, ihre Autorität zu stärken und ihre Privilegien zu erhöhen ... Die Direktoren erhielten größere Machtbefugnisse, und die Einmannleitung wurde allgemein in der Industrie eingeführt. Die Rechte der Gewerkschaften wurden beschnitten und die Grundorganisationen der Partei angewiesen, nicht in Einzelheiten der Betriebsführung einzugreifen, sondern sich auf allgemeine Kontrolle zu beschränken. Die Fabrikdirektoren wurden ermächtigt, über die ihnen anvertrauten Mittel weitgehend frei zu verfügen, solange sie nur ihre Planziele erfüllten."

(Merle Fainsod, Wie Rußland regiert wird, S. 124 f.)

Aufgaben:
1. Wodurch ist die neue Schicht gekennzeichnet?
2. Wie verhielt sich die Staatsführung zu ihr?

Thema: Das System des Stalinismus in der Sowjetunion

I. Die Herrschaft Stalins

In den zwanziger Jahren entwickelte sich in der Sowjetunion ein neuartiges politisches und gesellschaftliches System, das wesentlich von Joseph W. Stalin geprägt wurde und das daher mit „Stalinismus" zutreffend definiert ist. Der Stalinismus ging zwar aus dem Leninismus hervor, er bedeutete gleichwohl aber die Negierung vieler Prinzipien des Kommunismus. Auch wenn die Entartung des revolutionären Sowjetregimes zum Stalinschen Polizeistaat bereits in der Lenin-Ära wurzelte, entwickelte sich unter Stalin doch eine durchaus eigenständige neue gesellschaftliche und politische Ordnung.

Werner Hofmann definierte den Stalinismus als „exzessiv machtorientierte Ordnung der Innen- und Außenpolitik einer Gesellschaft des erklärten Überganges zum Sozialismus" (Hofmann, Werner: Leninismus und Antikommunismus, Frankfurt 1967, S. 13). Der Stalinismus ist m. E. allgemeiner als die Herrschaft der Apparate, der Bürokratie zu kennzeichnen. Auf der Grundlage der revolutionären Veränderungen (Staatseigentum an Produktionsmitteln, Planwirtschaft, Macht der Kommunistischen Partei) bestimmten die Führung und der Apparat (d.h. die hauptamtlichen Angestellten in Partei, Verwaltung, Wirtschaft, Massenorganisationen und Kommunikationsmitteln, das Offizierkorps der Armee und die Geheimpolizei) als politisch und materiell privilegierte Oberschicht über Arbeiter, Bauern und Intelligenz.

Die politische Form des Stalinismus war die kommunistische Einparteienherrschaft; bei völliger Ausschaltung der innerparteilichen Demokratie lag die gesellschaftliche und politische Entscheidungsgewalt und damit die Macht in den Händen der hierarchisch strukturierten Parteispitze. Die Volksvertretungen (Sowjets) wurden nicht von der Bevölkerung, sondern von der Partei eingesetzt und übten lediglich Scheinfunktionen aus. Die Partei beherrschte auch die Staatsverwaltung, die Justiz und die Massenorganisationen, die straff zentralistisch aufgebaut wurden; sie verfügte über das Monopol der Meinungsbildung. Weitere Kennzeichen des Stalinismus waren das Fehlen jeder politischen Freiheit und Diskussion in Gesellschaft, Staat und Partei, die Beherrschung des öffentlichen Lebens und terroristische „Säuberungen" durch die politische Geheimpolizei, Militarisierung und Reglementierung aller Lebensbereiche, Ausschaltung der Grundrechte des Bürgers, chauvinistische Unterdrückung der nichtrussischen Nationalitäten der UdSSR, schließlich eine dogmatische Ideologie („Marxismus-Leninismus"), die die Herrschaft der Apparate verschleiern und absichern sollte und im Personenkult um Stalin gipfelte. Als soziale Merkmale des Stalinismus sind zu nennen: eine starke soziale Differenzierung der Gesellschaft, die Beherrschung der zentralistisch geplanten, verstaatlichten bzw. kollektivierten Wirtschaft durch den Apparat, eine materielle Privilegierung der bürokratischen Oberschicht, das Fehlen jeder ernsthaften Mitbestimmung der Arbeiter und Bauern in der Wirtschaft und im Betrieb, die völlige Unterordnung der Gewerkschaften unter den Löhne und Normen festsetzenden Staat, die Ein-Mann-Leitung in Betrieb und Gesamtwirtschaft. Die Machtausübung im Stalinismus stellte eine politische Willkürherrschaft dar; die despotische Gewalt der Führung war in der Realität weder durch Gesetze noch durch Institutionen beschränkt. (...) Der Stalinismus war Gewalt par excellence, und zwar Gewalt in der barbarischsten Form des Terrors.

(aus: H. Weber, Der Stalinismus. in: Aus Politik und Zeitgeschehen. Beilage zur Wochenzeitschrift DAS PARLAMENT Nr. 4/77, S. 5f., hg. von der Bundeszentrale für politische Bildung Bonn)

Aufgaben:
1. Welche Merkmale stalinistischer Herrschaft nennt der Text?
2. Versuchen Sie danach den Begriff „Stalinismus" zu definieren.

II. Der Begriff „Stalinismus"

Die Bezeichnung wird in mehrfacher Bedeutung verwendet.

Er bezeichnet

1. eine _____ _____

   Beginn: 1924: _____ _____, _____ durch _____
   oder
   1930: _____ der _____ _____
   durch Stalin

   Ende: 1953: _____ _____
   oder
   1956: XX. Parteitag der KPdSU: Beginn der Entstalinisierung mit Chruschtschows Geheimrede
   „Über den Personenkult und seine Folgen"
   oder
   1990: Das ZK der KPdSU beschließt Aufgabe des Machtmonopols der Partei

2. eine _____ _____

   _____, _____ _____, _____ einer Person,

   _____ _____, Herrschaft der _____,

   _____ _____.

3. eine _____ _____

   _____ in _____ _____, _____, _____ und

   _____ von _____, _____, industrieller Aufbau

   ist gleich _____ des _____, _____ der KPdSU im Weltkommunismus.

Beilage zu 927849

Schwerpunkte / Problemstellungen:
– die rückständige, spätfeudale Agrarverfassung
– die Gesellschaftsstruktur im Vergleich
– volkswirtschaftliche und soziale Folgen der Bauernbefreiung

Unterrichtsmaterialien:
– Arbeitsblatt 1
– Lehrbuch/Quellensammlung
– Hektographie
– Folie

Unterrichtsformen	Unterrichtsinhalte und -materialien	Unterrichtsformen	Unterrichtsinhalte und -materialien
U'schritt 1: Die russische Gesellschaft		Lehrervortrag	Zar als größter Großgrundbesitzer mit rd. 2,5 Mio. ha Land (mehr als die Hälfte der Gesamtfläche des bebauten Landes); rd. 30 000 Grundbesitzer besaßen 90 % des bebauten Landes.
Analyse einer Karikatur	Lehrbuch oder Folie		
U'gespräch	Vorläufige Beurteilung der Gesellschaft des zaristischen Rußland		Bürgertum war schwach entwickelt, v. a. Kleinbürger; kaum politisches oder ökonomisches Bewußtsein; häufig im Staatsdienst
	Aufgaben:		
	1. Was zeigt das Flugblatt?	**U'schritt 3: Die „Bauernbefreiung" und ihre Folgen**	
	2. Erläutern Sie Ihre Deutung durch Verbalisierung des Inhalts.	Lehrervortrag	Modernisierungszwang in Rußland
	3. Zeigen Sie, welche politische Intention hinter dieser Darstellung steckt, und begründen Sie Ihre Meinung.		– Erhaltung der Großmachtstellung und der Rolle als „Polizist Europas"
			– Absicht, das Reich in Asien und auf dem Balkan zu vergrößern
	Ergebnis: Verdeutlichung der ungeheuren sozialen Mißverhältnisse, der Unterdrückung und Ausbeutung; Armee und Polizei als die wahren Garanten des Zarismus; Schlüsselrolle der Armee bei einer Revolution		– verlorener Krimkrieg als Schock (Rußland als „Koloß auf tönernen Füßen")
			– halbherzige Modernisierung (nur Armee, Wirtschaft, Verwaltung)
			– Landwirtschaft in der Rolle des Geldgebers
U'schritt 2: Die sozialen Verhältnisse im zaristischen Rußland		U'gespräch	Verlauf und Regelungen der „Bauernbefreiung"
Textinterpretation	Arbeitsblatt 1: Soziale Schichtung Rußlands und Lage der Bauern	Tafelanschrieb	Ergebnisse:
Partnerarbeit	Folie: Gesellschaftsstruktur		– Bauern werden persönlich frei und rechtsfähig
U'gespräch	Aufgaben:		– Bauern erhalten Wahlrecht für die lokalen Selbstverwaltungsorgane
	1. Wie sieht die Zusammensetzung der Gesellschaft um 1897, wie um 1913 aus?		– Einschränkung der Frondienste und des Bodenzinses
	2. Beschreiben Sie anhand der Texte die Stellung der Bauern in der Gesellschaft.		– Ausstattung der Bauern mit Land gegen Ablösezahlungen
	3. Erläutern Sie die russische Gutsherrschaft und zeigen Sie die Stellung des Adels.		
	4. Beurteilen Sie die These, die Lage der russischen Bauern könne man mit der der amerikanischen Sklaven vergleichen.		
	Ergebnis: Rußland als sozial rückständig mit spätfeudaler Gesellschaft; 80 % leben auf dem Lande in totaler Knechtschaft;		

Unterrichtsformen	Unterrichtsinhalte und -materialien	Unterrichtsformen	Unterrichtsinhalte und -materialien
U'schritt 4: Die Folgen der „Bauernbefreiung"		Lehrervortrag	Zitat eines deutschen Historikers:
evtl. Analyse eines Lehrbuchtextes	Folgen für die verschiedenen gesellschaftlichen Gruppen und den Staat		„Was sich spätestens seit den neunziger Jahren in Rußland darbot, war eine agrarische Dauerkrise, die sich in wiederkehrenden Katastrophen entlud, in Hungerepidemien, in Massenelend von so gewaltigen Dimensionen, daß den gesitteten Zeitungsleser damals schon jenes Schaudern überkam, das so manche von uns empfinden mögen, wenn Berichte vom Massensterben in Indien kommen" (D. Geyer)
U'gespräch	Problematisierung der Agrarreform		
Tafelanschrieb			
Lehrerergänzung			
	– Verringerung des Bauernlandes;		
	– weiterhin Bindung an die Scholle, nun an die Dorfgemeinschaft Mir;		Zitat Lenins aus den neunziger Jahren:
	– Verschuldung des Bauern v. a. an den Staat auf 49 Jahre (Schuldknechtschaft)		„Diese Hungersnot ist das unmittelbare Ergebnis der Organisation der Gesellschaft, und so lange die Dinge so bleiben wie sie sind, wird es immer wieder Hungersnöte geben. Doch sie bringen die Bauern dazu, sich über die Gegebenheiten unserer kapitalistischen Gesellschaft Gedanken zu machen, und dann beginnen sie, der sozialen Ordnung die Schuld an ihrer Notlage zu geben. Ihr Vertrauen in den Zaren und den Zarismus wird zerstört."
	– Bauern zumeist Inhaber von Bettelanteilen		
keine Hausaufgabe		**Alternativen / Exkurse / Erweiterungen:** Erweiterung zu U'schritt 2: Vergleich mit der Gesellschaft der Sowjetunion Erweiterung zu U'schritt 3: Schülerreferat über Verlauf und Regelungen der Bauernbefreiung Erweiterung zu U'schritt 4: Bedeutung der Mir und der Obcina	

Tafelanschrieb (2. Stunde)

Die „Bauernbefreiung" Alexanders II. 1861

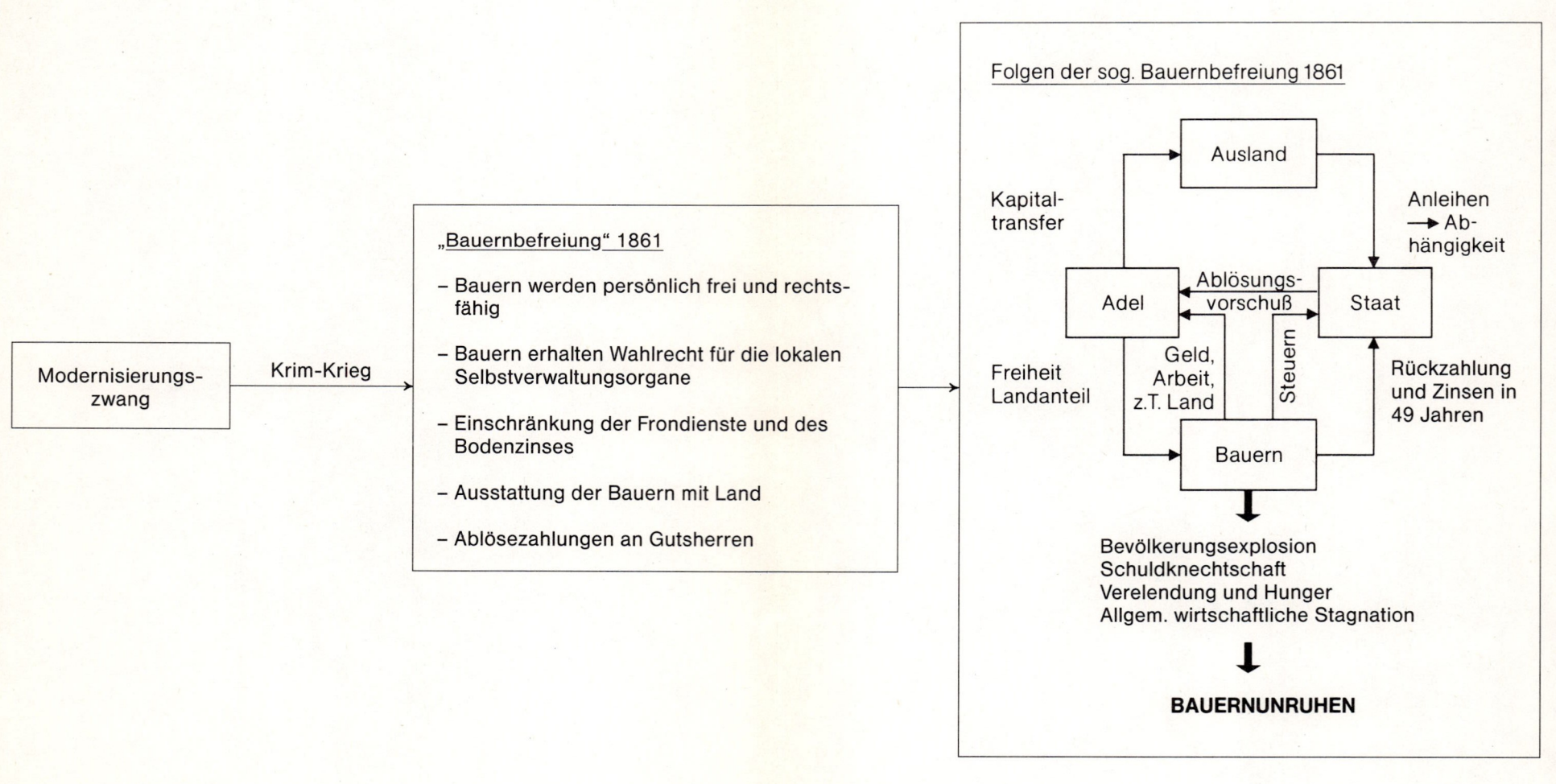

Modernisierungs-zwang

→ Krim-Krieg →

„Bauernbefreiung" 1861

– Bauern werden persönlich frei und rechts-fähig

– Bauern erhalten Wahlrecht für die lokalen Selbstverwaltungsorgane

– Einschränkung der Frondienste und des Bodenzinses

– Ausstattung der Bauern mit Land

– Ablösezahlungen an Gutsherren

Folgen der sog. Bauernbefreiung 1861

Ausland

Kapital-transfer

Anleihen → Ab-hängigkeit

Adel ← Ablösungs-vorschuß → Staat

Freiheit Landanteil

Geld, Arbeit, z.T. Land

Steuern

Rückzahlung und Zinsen in 49 Jahren

Bauern

Bevölkerungsexplosion
Schuldknechtschaft
Verelendung und Hunger
Allgem. wirtschaftliche Stagnation

BAUERNUNRUHEN

Schwerpunkte / Problemstellungen:
– Rückständigkeit der russischen Wirtschaft
– Abhängigkeit des zaristischen Rußland vom Ausland
– Probleme der Marxschen Revolutionstheorie

Unterrichtsmaterialien:
– Arbeitsblatt 2
– Folie/Hektographie
– Wandkarte/Atlas/Karte

Unterrichtsformen	Unterrichtsinhalte und -materialien	Unterrichtsformen	Unterrichtsinhalte und -materialien

U'schritt 1: Rolle der Arbeiter (Lenin)

Lehrerimpuls

Leninzitat über die Rolle der russischen Arbeiterschaft bei der Revolution:
„Den russischen Arbeitern ist die Ehre und das Glück zuteil geworden, als erste die Revolution, das heißt den Krieg der Unterdrückten gegen die Unterdrücker, den legitimen und gerechten Krieg zu beginnen."

Überleitende und problematisierende Frage:
Inwieweit gab es in Rußland vor 1917 ein Industrieproletariat, das Träger einer Revolution hätte werden können?

U'schritt 2: Die russische Industrie vor dem Ersten Weltkrieg

Partnerarbeit:
Analyse von Statistiken

U'gespräch

Tafelanschrieb

U'gespräch

Lehrerhinweis

Arbeitsblatt 2: Erste Industrialisierung Rußlands

Aufgaben:
1. Erläutern Sie die vorgelegten Zahlen.
2. Zeigen Sie, woher das in Rußland benötigte Kapital kam, und geben Sie dafür eine Begründung.
3. Nennen Sie Auswirkungen dieser Entwicklung.

Karte: Die Industriezentren Rußlands vor 1914
– Konzentration auf wenige Ballungsgebiete

Struktur der russischen Industrie
– Vernachlässigung der Konsumgüterindustrie zugunsten der Schwer- und Rüstungsindustrie
– großer Konzentrationsgrad und fehlende Basis aus kleinen und mittelständischen Unternehmen
– fast völliges Fehlen großer Unternehmerpersönlichkeiten (Ausnahme: Putilow)
– entscheidende Rolle der vom Ausland beeinflußten Großbanken

U'schritt 3: Die russische Arbeiterschaft

Analyse von Statistiken
Stillarbeit

Arbeitsblatt 2: Die russische Arbeiterschaft

Aufgaben:
1. Beschreiben Sie anhand der Zahlen die Entwicklung und Verteilung der russischen Arbeiterschaft.
2. Hätte dann nach Marx in Rußland eine Revolution ausbrechen dürfen?
3. Woher nahm Lenin seinen Optimismus im Hinblick auf eine revolutionäre Umgestaltung des Landes?

U'gespräch

Ergebnisse:
1. – Arbeiterschaft als kleine Minderheit
   – Ballung an wenigen Industriezentren
   – arbeitsmäßige Dominanz der Textilindustrie, dem klassischen „Startsektor", dann folgen Metall- und Nahrungsmittelindustrie

Lehrerhinweis

Ergänzung zu Aufgabe 1:
1895 arbeiteten rd. 45% der Arbeiter in Betrieben mit mehr als 500 Beschäftigten; in Deutschland waren es zur selben Zeit nur etwa 15%;
1914 arbeiteten etwa 50% der russischen Arbeiter in Betrieben mit mehr als 1000 Beschäftigten; im Vergleich dazu die USA: knapp 18%.

2. für Marx war Rußland nicht reif für eine Revolution: kein entwickeltes Proletariat, Bauern zu konservativ und nicht revolutionär
3. Lenin glaubte an die Revolution, da
   – Landwirtschaft kapitalisiert
   – Hungersnöte die Bauern revolutionär machen würden (Bündnis mit Proletariat)
   – „Sprengkraft des Elends" durch Ballung des Proletariats an wenigen wichtigen Zentren

Hausaufgabe:
– Vorbereitende Lehrbucharbeit: Die Revolution von 1905
– Analyse der „Petition Petersburger Arbeiter" (9.2.1905) (Arbeitsblatt 3)

Alternativen / Exkurse / Ergänzungen:
Exkurs zu U'schritt 2: Vergleichende Graphik zur Entwicklung in Großbritannien, Deutschland und Rußland
Erweiterung zu U'schritt 3: Vergleich Rußlands mit modernen Entwicklungsländern

Strukturskizze (3. Stunde)

Die erste Industrialisierung Rußlands

1. die rückständige Gesellschaftsstruktur:
   - der spätfeudale Agrarstaat
   - die verspätete und unzureichende Agrarreform
   - das Analphabetentum
   - das Fehlen einer wachstumsorientierten Bourgeoisie
2. die Armut der Landbevölkerung = geringe Kaufkraft
3. der Kapitalmangel
   Folge der adligen Kapitalflucht
   der unproduktiven Investitionen
   und des brachliegenden Kapitals
4. die unproduktiven Produktionsmethoden
5. die Probleme des Raumes und des Klimas

– niedriges Volkseinkommen und niedriges Lohnniveau
– Verelendung der Arbeiter
– revolutionäres Potential als Folge der Ballung

hemmen → **Industrialisierung als Notwendigkeit** ← **fördern**

1. der staatliche Kapitalbedarf (Erhöhung des Steueraufkommens)
2. das niedrige Lohnniveau lockt v. a. ausländisches Kapital an
3. die staatlichen Investitionshilfen und die staatliche Industrieförderung
4. die reichen Lager an Bodenschätzen locken Kapital und ausländische Unternehmen

– niedriger Stand der technischen Entwicklung
– starke Produktionssteigerung, aber geringe Produktivität
– hohe Kapitalkonzentration und regionale Ballung
– Exportabhängigkeit, da zu kleiner Binnenmarkt

„aufgepropfte" Industrialisierung macht Rußland zur „Halbkolonie"

Probleme ergeben sich v. a.
– aus der einseitigen Kapitalabhängigkeit
– aus der Begrenztheit des Binnenmarktes
d. h. die russische Wirtschaft ist sehr krisenanfällig!

Schwerpunkte / Problemstellungen:
– Kritik am autokratischen Zarismus
– Die Revolution von 1905 und ihr Scheitern
– Der „Scheinkonstitutionalismus" nach 1905

Unterrichtsmaterialien:
– Arbeitsblatt 3
– Hektographie/Quellensammlung
– Folie/Hektographie

Unterrichtsformen	Unterrichtsinhalte und -materialien	Unterrichtsformen	Unterrichtsinhalte und -materialien
U'schritt 1: Die revolutionäre Lage in Rußland			Antworten:
U'gespräch	Leitfrage: – Worin lagen die möglichen Ursachen revolutionärer Bewegungen?		1. Revolution von 1905 als „Prolog", da Vorwegnahme wesentlicher Elemente der Revolutionen von 1917; Schwächung des zaristischen Regimes; Auftreten der revolutionären Gruppen und deren Ziele: – liberale Bourgeoisie (politische Rechte) – Arbeiterschaft (Sowjets) – Bauern (Boden)
Tafelanschrieb	Ergebnisse: – in der gescheiterten Agrarreform – in der Verelendung der Bauern und den Hungerkatastrophen – im Haß auf die adligen Großgrundbesitzer – in der forcierten Industrialisierung bei einer spätfeudalen Gesellschaft – im bürokratischen Staatsapparat – in der fehlenden sozialen Sicherheit der Arbeiter – in der allgemeinen Unfreiheit und Rechtsunsicherheit		2. Schuld sind die Liberalen, da sie aus Angst, ihre eigene Stellung zu verlieren, den Zarismus nicht beseitigten; es gelang nicht, die Armee gegen den Zaren aufzuwiegeln. (Tafelbild)
Lehrervortrag	<u>Illustrierendes Zitat von 1902</u> „Wir haben keinen Boden, man soll uns zu essen geben, sonst holen wir es uns selbst. Man gebe jedem fünf Pud Brot und fünf Desjatinen Land."	U'gespräch	<u>Auswerten einer Hausaufgabe: Arbeitsblatt 3:</u> <u>Petition der Petersburger Arbeiter</u> Aufgaben: 1. Erläutern Sie die Forderungen, die in den beiden Texten erhoben werden. 2. Versuchen Sie, die Texte ideologisch einzuordnen. 3. Beschreiben Sie das Vorgehen der Arbeiter.
U'schritt 2: Vorrevolutionäre Tendenzen in Rußland			Ergebnisse: 1. Rechtsstaatlichkeit, persönliche Freiheit, Glaubensfreiheit. Amnestie;
U'gespräch	<u>Folie/Hektographie/Lehrbuch</u> Knappe Schilderung der vorrevolutionären Tendenzen im 19. Jahrhundert (Dekabristen, Slawophile, Westler, Anarchisten, Nihilisten, Narodniki)		Beendigung des Krieges mit Japan Beseitigung der Willkür der Grundbesitzer und der Fabrikherren
U'schritt 3: Die Revolution von 1905			Abschaffung der menschenfeindlichen Bürokratie
Stillarbeit:	<u>Arbeitsblatt 3: Trotzki über das Scheitern der</u> <u>Revolution von 1905</u>		Arbeiterschutzgesetze, Achtstundentag, Arbeitervertretungen, Mitspracherecht bei Löhnen und Entlassungen, verbesserte sanitäre Einrichtungen, Abschaffung von Überstunden oder doppelten Lohn; Minimallöhne
U'gespräch	Fragestellung: 1. Welchen Stellenwert hatte für Trotzki die Revolution von 1905? 2. Wie begründet er ihr Scheitern?		eine Volksvertretung

Unterrichtsformen	Unterrichtsinhalte und -materialien	Unterrichtsformen	Unterrichtsinhalte und -materialien
	2. konstitutionell-demokratisch und zugleich sozialistisch geprägt, ohne marxistisch zu sein; für Reformen und Mitbestimmung, ohne das Zarentum abzuschaffen	Folieneinsatz	Die russische Verfassung von 1906 Kennzeichnung: oktroyierte Verfassung ohne eigentliche Mitwirkung des Parlaments und ohne echte Verwirklichung der Menschenrechte. Einzelheiten: s. Folien-Vorschlag.
	3. Bittschrift an den Zaren; Streik und friedliche Demonstration mit Ikonen und Zarenbildern		
Lehrervortrag	<u>Schilderung der Ereignisse während der Revolution von 1905</u>	Lehrervortrag	<u>zwei Zitate zur Absicht des Zaren</u>
	– Protestaktionen der Liberalen und der Intelligenz gegen den Krieg – Forderung nach Wahlen und nach einer Verfassung – Streikbewegung der Arbeiter – Petersburger „Blutsonntag": Militär schießt in eine demonstrierende Menge, mehr als 1000 Tote – Bildung eines „Rats der Arbeiterdeputierten" (Sowjet) in Petersburg – Bauernunruhen – Einsatz von Militär → Vertrauen in den Zaren zerstört.		„Ich werde an den Grundsätzen der Selbstherrschaft so unerschütterlich festhalten, wie mein unvergeßlicher verstorbener Vater. Diejenigen, welche glauben, an der Herrschaft teilhaben zu können, geben sich sinnlosen Träumen hin." (1894) „Wir haben den Thron aus Gottes Hand empfangen. Wir haben ihn zu erhalten und unversehrt an unseren Sohn weiterzugeben. Und wieviel leichter ist es, ein autokratischer Herrscher zu sein als einer, der auf eine Verfassung eingeschworen ist." (Die Zarin an ihren Gemahl 1906)

U'schritt 4: Ergebnis der Revolution: Der Scheinkonstitutionalismus

U'schritt 5: Das Scheitern der Revolution von 1905

Unterrichtsformen	Unterrichtsinhalte und -materialien	Unterrichtsformen	Unterrichtsinhalte und -materialien
U'gespräch	Frage: Welches waren die wichtigsten Ergebnisse der Revolution?	U'gespräch	<u>Lehrbuch: Scheitern der Revolution</u>
	Ergebnisse: Entstehung eines politischen Bewußtseins in der Bevölkerung		Gründe für das Scheitern: – zu spezifische Gruppeninteressen – Fehlen einer einheitlichen Führung – der zu schwache Liberalismus – die Regimetreue der Armee – die Reformunfähigkeit des Zaren und der gesellschaftlich dominierenden Gruppen (Tafelbild)
	Gründung politischer Parteien		
	bürgerliche Freiheiten und Wahlen zu einer Reichsduma		

Hausaufgabe:
Quellenarbeit:
„Befehl Nr. 1 des Petrograder Sowjets" und
„Deklaration der Provisorischen Regierung"
(Arbeitsblatt 4)

Alternativen / Exkurse / Ergänzungen:
Alternative zu Unterrichtsschritt 2: Schülerreferate
Erweiterung zu U'schritt 3:   Die Rolle des russisch-japanischen Krieges

Die Revolution von 1905

Die Revolution von 1905

Soziale und wirtschaftliche Ursachen

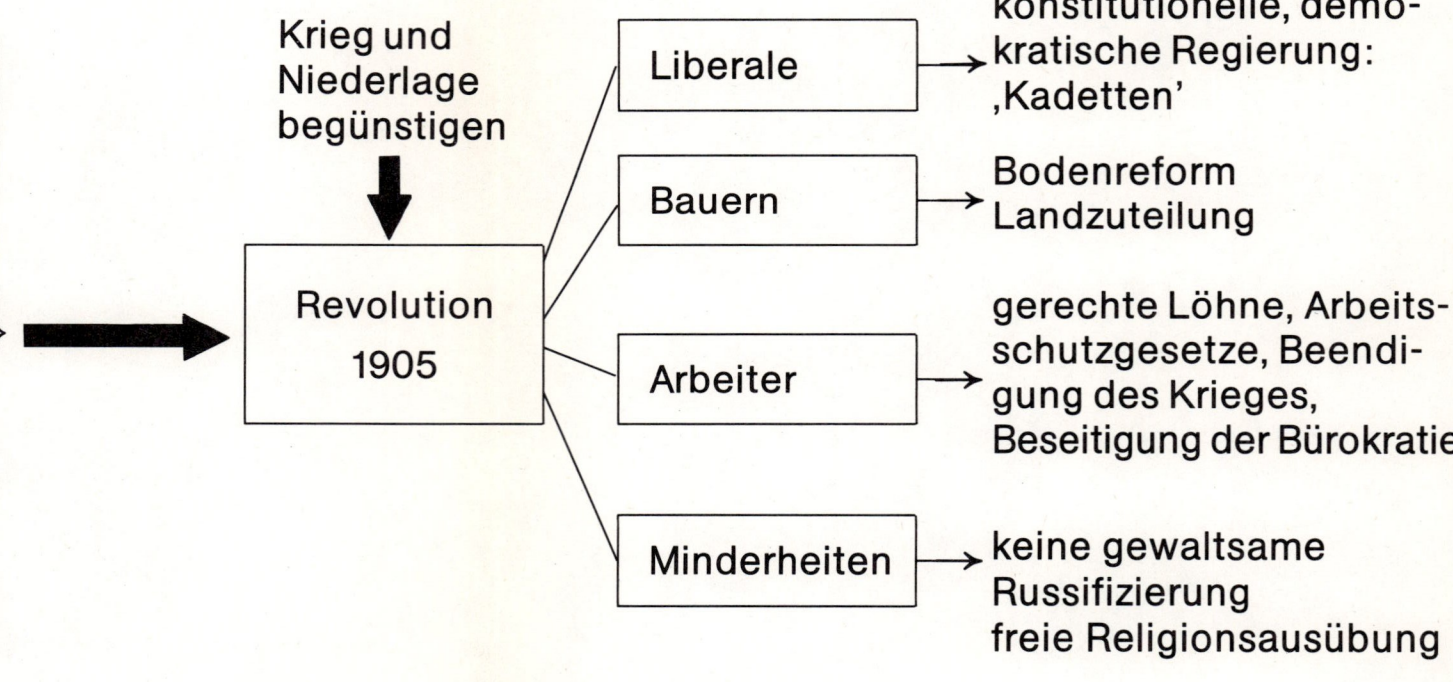

- gescheiterte Agrarreform
- Verelendung der Bauern
- Versorgungskrisen
- forcierte Industrialisierung bei spätfeudaler Sozialstruktur mit bürokratischem Staatsapparat
- Unfreiheit und Rechtsunsicherheit

Krieg und Niederlage begünstigen

Revolution 1905

Liberale → konstitutionelle, demokratische Regierung: ‚Kadetten'

Bauern → Bodenreform Landzuteilung

Arbeiter → gerechte Löhne, Arbeitsschutzgesetze, Beendigung des Krieges, Beseitigung der Bürokratie

Minderheiten → keine gewaltsame Russifizierung freie Religionsausübung

Gründe für das Scheitern:

- spezifische Gruppeninteressen
- keine einheitliche Führung
- zu schwacher Liberalismus
- Armee blieb nahezu regimetreu
- Reformunfähigkeit der Herrschenden

Schwerpunkte / Problemstellungen:
– Entstehung einer revolutionären Situation
– Zusammenhang Krieg und Revolution /
– Parlamentarisches System und Rätesystem

Unterrichtsmaterialien:
– Arbeitsblatt 4
– Hektographie
– Folie

Unterrichtsformen	Unterrichtsinhalte und -materialien
U'schritt 1: Der „Scheinkonstitutionalismus"	
U'gespräch	Rückgriff auf letzte Stunde: Stolypinsche Reform und russ. Verfassung von 1906 als „Scheinkonstitution".
	Ergebnis: Zar ernennt Regierung, hat Vetorecht, kann Notstandsmaßnahmen und Ausnahmezustand bewirken, Gesetze aufheben, Duma auflösen; Zensuswahlrecht; Mitwirkungsrecht der Duma bei Gesetzgebung, Interpellations- und Budgetrecht.
	→ oktroyierte Verfassung
U'schritt 2: Reformmaßnahmen und wirtschaftliche Instabilität	
Lehrervortrag	Reformmaßnahmen: – Austritt der Bauern aus Mir mit eigenem Land möglich – Stärkung der Eigenverantwortung – Kredite für Landerwerb und Abwanderung aus übervölkerten Gebieten; dadurch: Entstehen einer wohlhabenden bäuerlichen Mittelschicht, der Kulaken
Auswertung einer Statistik	Lebensmittelpreise – Preise für Gebrauchsgüter – Tageslöhne
U'gespräch	Aufgaben: Vergleichen Sie die Preise 1914 mit denen von 1917. Beachten Sie dabei das Verhältnis zwischen Preissteigerungen und Reallöhnen. Welche Probleme können durch diese Wirtschaftslage entstehen?
	Ergebnis: Produktionssteigerungen bei Rüstungsindustrie – Konsumgüterindustrie vernachlässigt – Preissteigerungen
Lehrervortrag	Bauern lieferten weniger ab – arbeitsfähige Bauern im Krieg – Frauen und Jugendliche in Industrie – Löhne hinken hinter Preisen zurück
Tafelbild	

Unterrichtsformen	Unterrichtsinhalte und -materialien
U'schritt 3: Krieg und Revolution	
Auswertung einer Folie U'gespräch	Aufgabe: Erörtern Sie die Bedeutung der Zunahme der Kriegskosten; beachten Sie dabei die wirtschaftlichen Verhältnisse.
	Ergebnis: wachsende Anforderungen an Heer, Wirtschaft und Technik; Zerfall des Zarismus beschleunigt
Lehrervortrag	8 Mio. Vermißte, Verwundete und Tote bis Februar 1917, Offizierskorps geschwächt, Truppen schlechter ausgerüstet, Rohstoffmangel, Transport- und Versorgungsschwierigkeiten.
U'gespräch	Welcher Zusammenhang besteht zwischen Krieg und Revolution? These: Kriege können als Ablenkung von inneren Schwierigkeiten benutzt werden! These: Verlorene Kriege können ein System kippen!
U'schritt 4: Die „Doppelherrschaft"	
Quellenauswertung	Arbeitsblatt 4 Aufgabenstellung: 1. Welche Prinzipien stehen jeweils hinter diesen Forderungen? 2. Welche Ziele sollen damit erreicht werden?
	Ergebnis: „Sowjet-System" auf das Heer ausgedehnt – „Rätesystem" – Prinzip der Wahl von der Basis aus – „Identitätsprinzip".
Ergänzung durch den Lehrer	Dagegen: typische Forderungen nach parlamentarischer Demokratie – Vertreter des Adels und des gehobenen Bürgertums – 2.–4. und 6. u. 8. als „bürgerliche Forderungen"
	Ziele: „Befehl Nr. 1": totale Veränderung – Demokratisierung – neues System – Beendigung des Krieges „Provis. Reg.": teilweise Demokratisierung – Fortführung des Krieges

Unterrichtsformen	Unterrichtsinhalte und -materialien	Unterrichtsformen	Unterrichtsinhalte und -materialien

U'schritt 5: „Doppelherrschaft" als Problem

U'gespräch

Fragen:
1. Was haben Provisorische Regierung und „Sowjets" gemeinsam? Was trennt sie?
2. Welche Erfolgschancen hat diese „Doppelherrschaft" angesichts der Probleme in Rußland?
3. Inwiefern ist es berechtigt, diese Phase der Revolution als „bürgerliche Nachholrevolution" zu bezeichnen?

Ergebnisse:
1. Ablehnung des Zarismus – unterschiedliche Demokratieansätze – Einstellung zum Krieg
2. Fortsetzung des Krieges als ein grundlegendes Problem – sozialpolitische Vorstellungen unvereinbar; Problem des Eigentums.

3. Rußland hinkt hinter übrigen europäischen Staaten hinterher (vgl. 1848); relativ späte Bauernbefreiung. Begriff „Nachholrevolution" eventuell übertrieben – spontane Massenbewegung – verstärkt durch Kriegssituation.

Alternativen / Exkurse / Ergänzungen

Erweiterung zu U'schritt 1: Vergleich mit der deutschen Reichsverfassung von 1871.

Hausaufgabe: Lenins Imperialismustheorie (siehe Arbeitsblatt 5)

Tafelbild (5. Stunde)

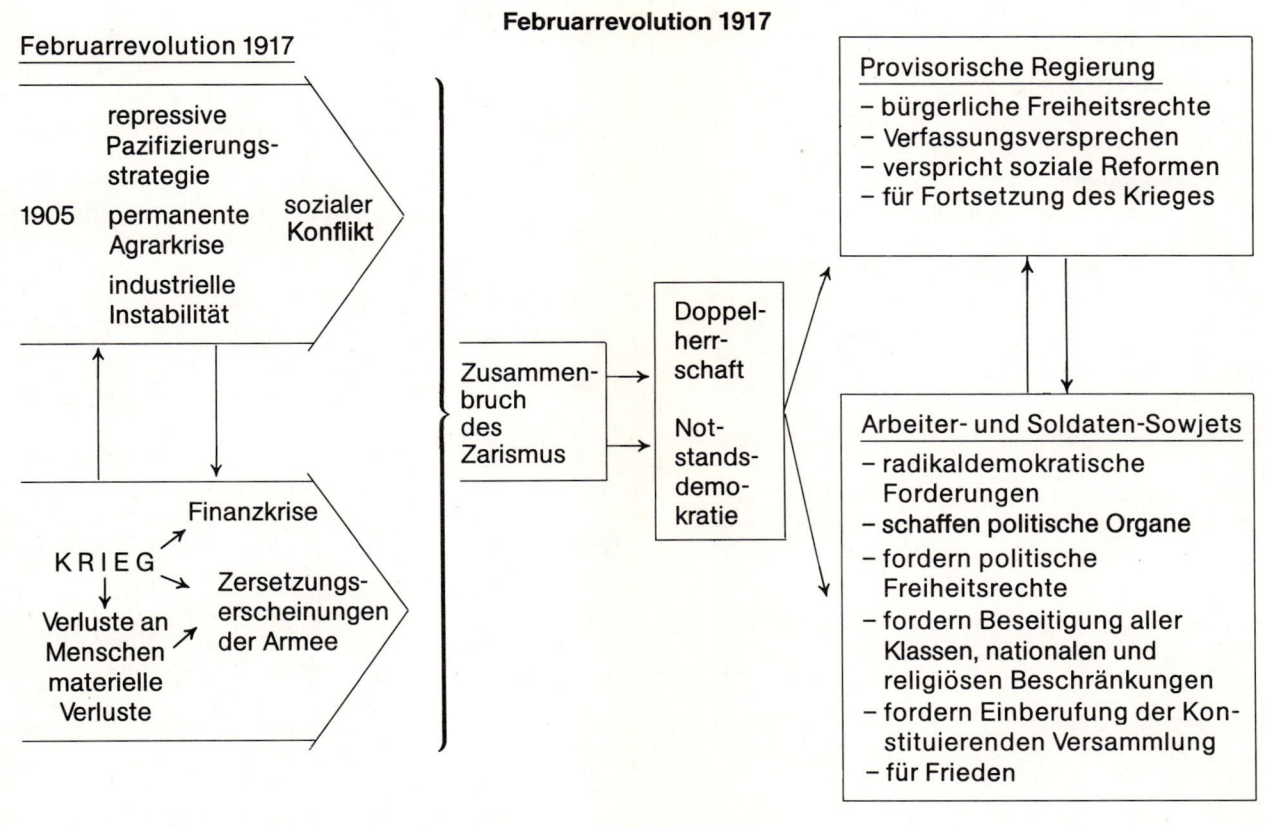

Februarrevolution 1917

repressive Pazifizierungsstrategie

1905 permanente Agrarkrise

industrielle Instabilität

sozialer Konflikt

Finanzkrise

K R I E G

Verluste an Menschen materielle Verluste

Zersetzungserscheinungen der Armee

Zusammenbruch des Zarismus

Doppelherrschaft

Notstandsdemokratie

Provisorische Regierung
– bürgerliche Freiheitsrechte
– Verfassungsversprechen
– verspricht soziale Reformen
– für Fortsetzung des Krieges

Arbeiter- und Soldaten-Sowjets
– radikaldemokratische Forderungen
– schaffen politische Organe
– fordern politische Freiheitsrechte
– fordern Beseitigung aller Klassen, nationalen und religiösen Beschränkungen
– fordern Einberufung der Konstituierenden Versammlung
– für Frieden

Schwerpunkte / Problemstellungen:
– Theorievergleich
– Marxismus – Leninismus
– Revolutions- und Imperialismustheorie

Unterrichtsmaterialien:
– Arbeitsblatt 5
– Folie

Unterrichtsformen	Unterrichtsinhalte und -materialien

U'schritt 1: Revolutionstheorie von Marx

U'gespräch	**Fragen:** 1. Unter welchen Voraussetzungen ist nach Marx eine Revolution möglich? 2. Was sagt Marx über Dauer, Verlauf der Revolution, deren Träger und die Rolle der Partei? **Mögliche Ergebnisse:** 1. in Ländern mit fortgeschrittener Industrialisierung, auf hoher Stufe des Kapitalismus 2. kurz – Enteignung weniger Monopolkapitalisten: kurze Phase des Sozialismus – Übergang zum Kommunismus – durch klassenbewußtes Proletariat – Partei als Massenorganisation mit demokratischer Ordnung Weltrevolution – abhängig von sozio-ökonom.-kulturellen Vorbedingungen.

U'schritt 2: Lenins Imperialismustheorie

Textauswertung	**Arbeitsblatt 5:** Lenins Imperialismustheorie
Aufgabe:	Erarbeiten Sie Merkmale der Leninschen Imperialismustheorie, vor allem im Hinblick auf die Zielsetzung. **Ergebnis:** Die Krise des kapitalistischen Systems sucht Ausweg im Imperialismus = höchstes Stadium des Kapitalismus – Einbau in die Geschichtskonstruktion von Marx.

U'schritt 3: Imperialismustheorie und Revolution

Textauswertung	**Arbeitsblatt 5:** Stellen Sie zusammen, welche Schlüsse Lenin aus der Imperialismustheorie für die Situation in Rußland zieht.
U'gespräch Tafelbild	**Mögliche Ergebnisse:** Rußland selbst imperialistische Macht – Ungleichmäßigkeiten der Entwicklung – Widersprüche: an der Peripherie kann „Kette des Weltkapitalismus" reißen – Revolution somit in rückständigem Land möglich

Unterrichtsformen	Unterrichtsinhalte und -materialien

Alternativen / Exkurse / Ergänzungen:

Exkurs zu U'schritt 2: Entstehung des Imperialismus nach Hobson – Vergleich mit Lenins Theorie (s. Vorschlag für eine Folie).

Tafelbild (6. Stunde)

Lenin: „Der Imperialismus als höchstes Stadium des Kapitalismus"

Schwerpunkte / Problemstellungen:
– Frage der Parteiorganisation
– Revolutionäres Bewußtsein
– Diktatur des Proletariats

Unterrichtsmaterialien:
– Folie
– Arbeitsblatt 6

Unterrichtsformen	Unterrichtsinhalte und -materialien
U'schritt 1: Frage der Parteimitgliedschaft	
Analyse einer Karikatur	Folie: Was wird auf der Karikatur dargestellt? – Spaltung der russ. Sozialdemokratie Vergleich der Formulierungen über die Parteimitgliedschaft – Lenin: straff organisierte, zentralistisch geleitete konspirative Partei von Berufsrevolutionären; Martov: lockere Organisation
Lehrerhinweis	seit dem Parteitag 1903: „Bolschewiki" und „Menschewiki"
U'schritt 2: Lenins Parteikonzeption	
Gruppenarbeit: Textanalyse	Arbeitsblatt 6 Gruppe I: Das revolutionäre Bewußtsein des Proletariats Gruppe II: Partei von Berufsrevolutionären Gruppe III: Diktatur des Proletariats
U'schritt 3: Das revolutionäre Bewußtsein des Proletariats	
Präsentation der Ergebnisse	Gruppe I: – Arbeiter haben nur gewerkschaftliches Bewußtsein – sozialistisches Bewußtsein ist von außen in das Proletariat zu tragen – Intelligenz führt als Elite die Partei
U'gespräch	Ist diese Position Lenins mit der von Marx vereinbar? Ergebnisse: – Marx: Entstehung des revol. Bewußtseins als Produkt der Produktionsverhältnisse; – dadurch selbständiges Fortschreiten des revol. proletarischen Bewußtseins; – geringe Rolle der Partei

Hausaufgabe:
Lenins Aprilthesen (Arbeitsblatt 7)

Unterrichtsformen	Unterrichtsinhalte und -materialien
U'schritt 4: Notwendigkeit, Organisation und Aufgaben einer von Berufsrevolutionären geführten Partei	
Präsentation der Ergebnisse	Gruppe II: – gewerkschaftliches Bewußtsein reicht nicht aus, führt nur zu Verbesserungen innerhalb des bestehenden Systems; – sozialist. Revolution nur durch eine Partei von Berufsrevolutionären als Avantgarde des Proletariats
U'schritt 5: Diktatur des Proletariats	
Präsentation der Ergebnisse	Gruppe III: – Mittelpunkt seiner Theorie; – Rätesystem als Demokratie bei Diktatur gegenüber anderen Klassen; – notwendig zur Sicherung und Weiterführung der Revolution; – an keinerlei Gesetze gebunden

Alternativen / Exkurse / Ergänzungen:
– Alternative zu U'schritt 1: Darstellung und Erörterung des Lenin-Kults
– Ergänzung zu U'schritt 3: Historischer Vergleich mit den Führern der Französischen Revolution.

Tafelbild zur 7. Stunde

Revolutionäres Potential

Bolschewistische Partei = Avantgarde

Arbeiterklasse — Bauern

Bourgeoisie   Gutsbesitzer

Schwerpunkte / Problemstellungen:
– Scheitern des demokratischen Wegs
– Machtergreifung der Bolschewiki

Unterrichtsmaterialien:
– Arbeitsblatt 7
– Hektographien

Unterrichtsformen	Unterrichtsinhalte und -materialien	Unterrichtsformen	Unterrichtsinhalte und -materialien
U'schritt 1: Lenins Aprilthesen		**U'schritt 3: Bolschewiki erobern die Macht**	
Besprechung der Hausaufgabe (Textanalyse)	Lenin: Aprilthesen Aufgabe: Arbeiten Sie heraus, inwiefern Lenins Aprilthesen seinen weiterreichenden Zielen dienen und gleichzeitig den Wünschen des russ. Volkes entgegenkommen. Ergebnis: Ziel: proletarische Revolution – bürgerliche Revolution als 1. Etappe der russ. Revolution kann Frieden nicht sichern – Bildung von Arbeiter- und Soldatenräten – Staatsgewalt in Händen des Proletariats und der Bauern – Krieg beenden „ohne Annexionen und Kontributionen" – Aufteilung von Grund und Boden – Nationalisierung der Banken – Absetzbarkeit der Beamten – Volksheer diskreditiert altes Regime – Beseitigung alter Macht- und Unterdrückungsstrukturen (Tafelbild)	Lehrervortrag U'gespräch	Arbeiter- und Soldatenräte als „Transmissionsriemen" – Bolschewiki Mehrheit in Moskau und Leningrad – geplanter Aufstand unter Trotzki – „In weiten Teilen der Stadt wurden diese Vorgänge kaum wahrgenommen, das Theater- und Konzertleben erlitt keine Unterbrechung." (Geyer) Auswertung: Bolschewiki füllten Machtvakuum – niemand setzte sich für die Provisorische Regierung ein
		U'schritt 4: Weshalb siegten die Bolschewiki?	
U'schritt 2: Bürgerlicher oder sozialistischer Weg		U'gespräch	Bolschewiki zwar keine Mehrheit im Volk – rechneten mit Gleichgültigkeit und Uninteressiertheit der Massen – Kriegssituation (Näherrücken der Deutschen)
U'gespräch	Vergleichen Sie die Forderungen Lenins mit den Grundproblemen des russischen Volkes. Ergebnis: Direkt deckungsgleich – dadurch Vorteile für die Bolschewiki	**Alternativen / Exkurse / Ergänzungen:**	
Stillarbeit (Analyse einer Zeittafel) U'gespräch	Zeittafel: In welcher Situation befanden sich Menschewiki und Sozialrevolutionäre? Ergebnis: einerseits als Gehilfen der Bourgeoisie angeprangert – andererseits Schutz der Demokratie vor Militärdiktatur Welche weiteren Probleme ergaben sich? Ergebnis: „Aprilkrise" – Anforderungen des Krieges zu hoch – Reformmaßnahmen unmöglich einzuleiten – Bolschewiki werden aktiv (Tafelbild)	Ergänzung zu U'schritt 1: Vergleich mit der Pariser Kommune 1871. (Vorschlag für ein Arbeitsblatt). Ergänzung zu U'schritt 4: „Weshalb scheiterte das demokratische Experiment?" (Vorschlag für ein Arbeitsblatt).	

Tafelbild (8. Stunde)

Lenins Aprilthesen und die Entwicklung zur Oktoberrevolution

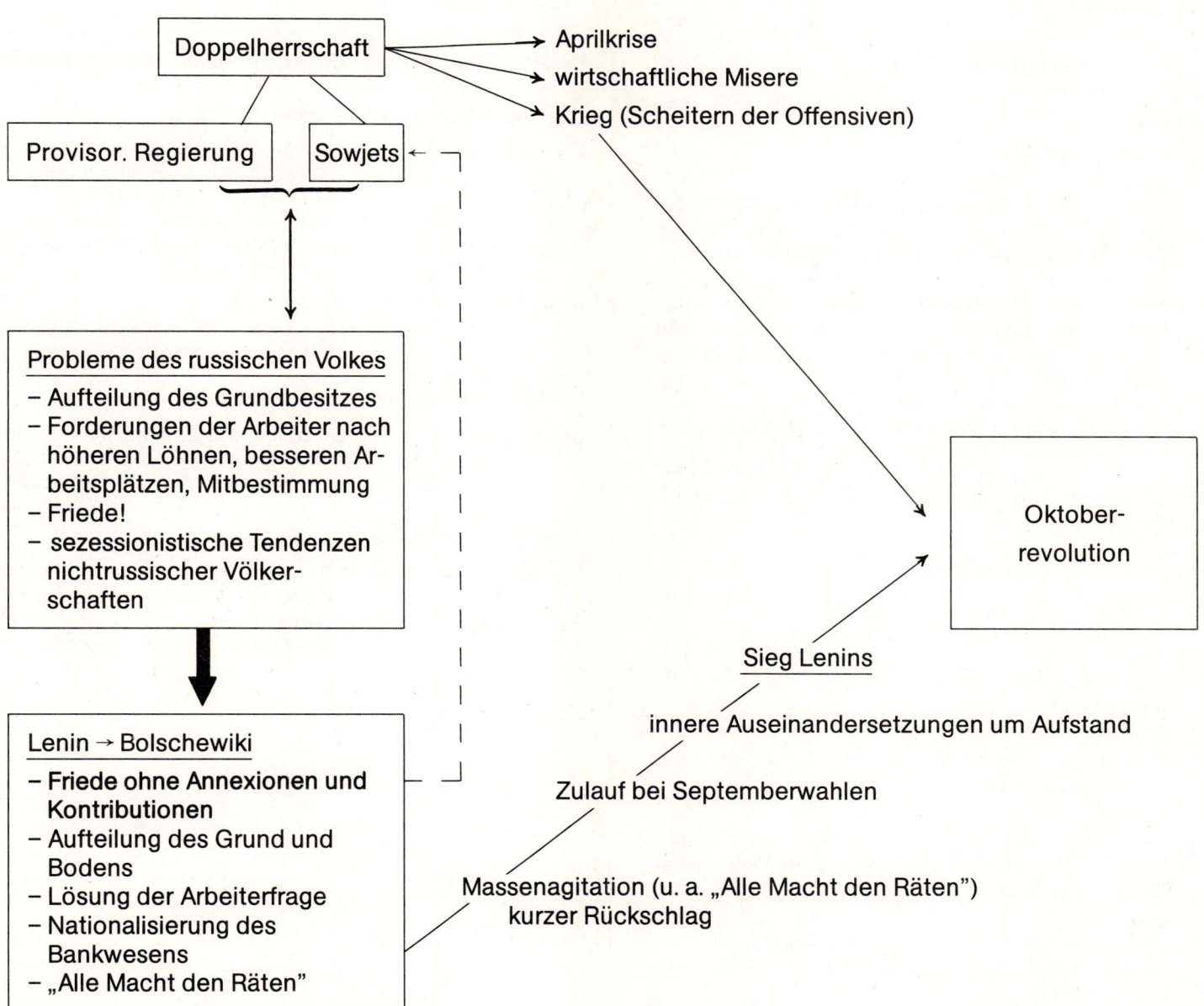

Schwerpunkte / Problemstellungen:
– Gesamtbeurteilung einer historischen Entwicklung
– Stellungnahme zu einem historischen Ereignis
– Erkenntnis der eigenen Position

Unterrichtsmaterialien:
– Arbeitsblatt 8

Unterrichtsformen	Unterrichtsinhalte und -materialien	Unterrichtsformen	Unterrichtsinhalte und -materialien
U'schritt 1: Zustimmung		**U'schritt 2: Kritik an der Oktoberrevolution**	
	Arbeitsblatt 8: Thesen des ZK der KPdSU – Gorbatschow – Shaw – Feuchtwanger	Textanalyse	Arbeitsblatt 8: von Rauch-Text Welches Problem ist für den Autor vorrangig? Welche These stellt er auf?
Textvergleich	Stellen Sie die Beurteilungen thesenartig zusammen. Beziehen Sie Stellung zu diesen Äußerungen. Reflektieren Sie dabei Ihre eigene Position.	U'gespräch	Erwartete Ergebnisse: Demokratie als Maßstab: sie wäre in Rußland möglich gewesen – persönliches Versagen bzw. Skrupellosigkeit; Fatalismus als Erklärung.
U'gespräch	Erwartete Ergebnisse: zu den Thesen von 1970: Oktoberrevolution als Modell zur Lösung sozialer Probleme – Befreiung der Völker aus nationalem und kolonialem Joch – durch Diktatur des Proletariats – Verwandlung des Privateigentums in gesellschaftliches Eigentum	**U'schritt 3: Fragen zur Beurteilung der Oktoberrevolution**	
		Fragen als Anregung	1. Wie sah die Zielsetzung der Bolschewiki aus, wie das Ergebnis ihrer Politik? 2. In welcher politischen Form wurde vorgegangen? 3. Welche Bedeutung hat die Oktoberrevolution bis heute?
	zu Gorbatschow: Oktoberrevolution als Sternstunde der Menschheit – im 18. Jh. schon angelegt – Revolution des Volkes für das Volk – Entscheidung im 20. Jh. für Sozialismus gegen Kapitalismus	U'gespräch	Mögliche Ergebnisse: 1. Beseitigung der Reste des Zarismus – Beseitigung der Unterdrückung des Menschen durch den Menschen – Verstaatlichung – Bodenreform – Beendigung des Krieges
	zu Shaw: unkluge Reaktion des Westens durch Isolierung der UdSSR		2. Kaum Partizipationsmöglichkeiten für den einzelnen – Berufsrevolutionäre organisierten bewaffneten Aufstand – Unterdrückung
	zu Feuchtwanger: Vergleich mit deutscher Klassik – Traum von der „Internationalen des Geistes"		3. Oktoberrevolution und Sozialismus zu verstehen als Reaktion auf den Kapitalismus und die damit zusammenhängende soziale Frage – osteuropäischen Ländern aufgezwungen – Modell für Länder der Dritten Welt – außenpolitischer Gegensatz zu den westlichen Staaten bis zum Ende der Ära Breschnew
U'gespräch	Wovon ist unser eigenes Urteil abhängig? Möglicher Ansatz: – von den eigenen sozio-ökonomischen Verhältnissen – von dem Umfeld unserer Erziehung – von unserem eigenen Sozialisationsprozeß – von bisherigen Erfahrungen im Kapitalismus – von den (momentanen) Mißerfolgen der sozialistischen Systeme, die kapitalistische Elemente übernehmen		
U'gespräch	Inwiefern ist dadurch nicht jede Kapitalismuskritik hinfällig?		

Hausaufgabe:
Analyse der Dekrete von 1917/18. (Lehrbuch/Quellenheft)

Alternativen / Exkurse / Ergänzungen:
Exkurs zu U'schritt 1: Feuchtwanger-Text als Ausgangspunkt eines Vergleichs mit Ansätzen im 18. Jh. und in der deutschen Klassik

Vorschlag für ein Tafelbild

Thesen des ZK zum 100. Geburtstag Lenins	Gorbatschow-Rede zum 70. Jahrestag der Oktoberrevolution	von Rauch
Oktoberrevolution / Lenin schuf: – Modell für Lösung sozialer Probleme – Diktatur des Proletariats durch Sturz der Ausbeuter – Verwandlung des Privateigentums in gesellschaftliches Eigentum – Lösung der Agrarfrage – Befreiung der Völker aus nationalem und kolonialem Joch – Aufbau des Sozialismus	– Oktoberrevolution = Sternstunde der Menschheit – war eine Revolution des Volkes für das Volk – schließt die Entwicklung seit dem 18. Jh. ein – im 20. Jh. Entscheidung zwischen Sozialismus und Kapitalismus	– Demokratie wäre in Rußland möglich gewesen – persönliches Versagen bzw. Skrupellosigkeit als Erklärung
G. B. Shaw: Isolierung der UdSSR war unklug	Feuchtwanger: Traum von der „Internationalen des Geistes" gerade in Rußland erfüllt – Vergleich zur deutschen Klassik	

Aufgabe: Überprüfen Sie kritisch die jeweiligen Thesen und Erklärungen.
Stellen Sie zusammen, welche Probleme heute noch aktuell sind.

Schwerpunkte / Problemstellungen:
– Begriff „Sozialistisches Experiment" des Kriegskommunismus
– Beurteilung dieser Politik

Unterrichtsmaterialien:
– Arbeitsblatt 9
– Lehrbuch/Quellenheft

Unterrichtsformen	Unterrichtsinhalte und -materialien	Unterrichtsformen	Unterrichtsinhalte und -materialien
U'schritt 1: Absichten und Ziele des „Kriegskommunismus" Lenins			Einschränkung des Privateigentums und Übernahme der Produktionsmittel de facto durch lokale, staatliche Organe; staatliche Nutzung der Arbeitskraft sowie deren Kontrolle, Abschaffung des Geldes und der Marktwirtschaft, dafür proletarische Naturalwirtschaft.
U'gespräch	Fragen: – Welche wesentlichen Ziele mußten nach der erfolgreichen Revolution verfolgt werden? – War deren Durchsetzung ohne weiteres möglich? Ergebnisse: s. Tafelbild		– möglichst rascher Übergang zur sozialistischen Gesellschaft (Tafelbild)
U'schritt 2: Maßnahmen der Bolschewiki 1917/18		**U'schritt 3: Auswirkungen und Folgen des „sozialistischen Experiments"**	
U'gespräch	Auswerten einer Hausaufgabe Die Dekrete 1917 und 1918 Aufgaben: – Nennen Sie die ergriffenen Maßnahmen. Gliedern Sie diese nach übergeordneten Bereichen. – Erläutern Sie den Begriff „Sozialisierung". – Beurteilen Sie die Maßnahmen. Ziehen Sie dazu auch Lenins „Aprilthesen" heran.	Stillarbeit (Analyse von Statistiken)	Arbeitsblatt 9 Statistik: Wirtschaftliche Entwicklung in Rußland Aufgaben: – Analysieren Sie die Zahlenangaben. – Begründen Sie die Entwicklung. Ziehen Sie dazu das Lehrbuch heran.
	Erwartete Antworten: – Auflösung des Gutsbesitzes; Übernahme von dessen Verwaltung durch Dorfkomitees und Bauernräte; Aufhebung des privaten Landbesitzes, des Verkaufs- und Verpachtungsrechts; Nutzungsrecht für alle Bauern; Verstaatlichung der Bodenschätze, der Gewässer und Wälder; deren Nutzung durch die lokalen Selbstverwaltungsorgane; Verbot bezahlter Landarbeiter; Verstaatlichung von Industrie und Handel; Demokratisierung der Betriebe;	U'gespräch	Ergebnisse: – Rückgang der Produktion um 2/3 gegenüber 1913; kaum noch Eisen- und Ziegelproduktion, ebenso von Zucker
		Lehrerergänzung	Rückgang der landwirtschaftlichen Produktion um rd. 50%
	– „Sozialisierung": Unterscheidung von „Besitz des ganzen Volkes" (alles Ackerland) und „Besitz des Staates" (Bodenschätze, die Wälder und Gewässer, Inventar); Unterschied liegt in der Ausübung der Verfügungsgewalt: Sowjets über „Volksbesitz", Regierung über „Staatsbesitz"; d.h.	U'gespräch	– Folge der vielen Kleinbetriebe, der unzulänglichen Verwaltung und der zu geringen Zahl an Genossenschaften ferner der Verstaatlichung, des Lohnsystems ohne Anreize; sowie der allgemeinen Probleme bei der Umstellung einer Kriegs- auf eine Friedenswirtschaft Staat verschärft Krise durch Ablieferungspflicht und Requisitionssystem (Verweigerung der Bauern), Militarisierung der Arbeit (Tafelbild)

Unterrichtsformen	Unterrichtsinhalte und -materialien	Unterrichtsformen	Unterrichtsinhalte und -materialien
Lehrerergänzung	„Proletarische Naturalwirtschaft" – kostenlose Abgabe von Nahrungsmitteln, staatlichen Dienstleistungen und Konsumgütern – Tausch: Naturalien gegen Industrieprodukte Naturalabgaben statt Geldsteuern		statt freier Warenaustausch geldloser Tauschhandel willkürliche Requirierungen, militärische Arbeitsdisziplin negative Wirkung auf Produktion und Verbrauch – einerseits Notbehelf, andererseits Versuch der raschen sozialistischen Umgestaltung; Bürgerkriegspolitik, Kriegsnotstand und sozialistischer Dogmatismus
U'schritt 4: Das System des „Kriegskommunismus" – Beurteilung		Lehrervortrag	
Stillarbeit (Textanalyse)	<u>Arbeitsblatt 9</u> Über das System des Kriegskommunismus Aufgaben: – Zeigen Sie den Argumentationsgang des Textes. – Erläutern Sie vom Text ausgehend den Begriff „Kriegskommunismus".		Zitat von Ustrjalow (1925) „Ein Mensch, der beschlossen hätte, sich den kommunistischen Dekreten zu fügen, wäre ein paar Wochen nach seinem Entschluß Hungers gestorben, denn ‚legal' war außer dem bekannten Achtel zweifelhaften Brotes und außer einem Teller Brühe aus fauligen Kartoffeln nichts aufzutreiben. …"
U'gespräch	Antworten: – Kriegskommunismus als Folge des Kampfes gegen innere und äußere Feinde Kriegskommunismus als Mischung von Utopie und Praxis		

Hausaufgabe:
Rußland im Bürgerkrieg (Lehrbuch)

Alternativen / Exkurse / Erweiterungen:
Erweiterung zu U'schritt 4: Der Aufstand von Kronstadt

Strukturskizze (Tafelbild) (Stunde 10)

Lenins „sozialistisches Experiment": Der „Kriegskommunismus" (1917–1921)

Hauptziele

1. Rettung der Revolution

2. „Demokratisierung" aller Bereiche, besonders der Armee

3. Durchführung einer „Agrarrevolution"

4. Aufbau einer „sozialistischen" Gesellschaftsordnung ohne jede Einschränkung

Maßnahmen/Dekrete

„Dekret über die Verstaatlichung von Grund und Boden" (Nov. 1917)

„Dekret über die Arbeiterkontrolle" (Nov. 1917)

„Dekret über die Nationalisierung der Industrie" (Juni 1918)

– Auflösung des alten Gutsbesitzes
– dessen Übernahme und Verwaltung durch Dorfkomitees und Bauernräte
– Aufhebung des privaten Landbesitzes
– bloß Nutzungsrechte für die Bauern
– Verbot, bezahlte Landarbeiter einzustellen
– Verstaatlichung aller Bodenschätze, aller Gewässer und größeren Wälder
– deren Bewirtschaftung durch die lokalen Selbstverwaltungsorgane
– Verstaatlichung von Industrie, Banken und Handel
– Demokratisierung aller Betriebe

Auswirkungen und Ergebnisse

Katastrophale Ernährungslage mit Hungersnöten

– Kleinbetriebe, zu wenig Produktionsgenossenschaften
– keine Verkaufs- und Produktionsanreize

Sinken der Arbeitsproduktivität; Produktionsverfall

– lähmende Überbürokratisierung
– Löhne unabhängig von Leistung und Produktion
– fehlende Kooperation
– Zerstörung der Wirtschaftseinheit und der Produktionsstrukturen
– akuter Rohstoffmangel

Zusammenbruch der Kapitalversorgung

Politische Folgen

„Ernährungsdiktatur"

– Ablieferungspflicht und Requisitionssystem

„Militarisierung der Arbeit"

– Planwirtschaft
– Subbotniks

„Proletarische Naturalwirtschaft"

– Abschaffung des Geldes und der Geldsteuern
– Verrechnung der Arbeit gegen Naturalien
– kostenlose staatliche Dienstleistungen

Unruhen auf dem Land (Produktionsverweigerung)

Kronstädter Matrosenaufstand gegen Parteidiktatur

Schwerpunkte / Problemstellungen:
– Zwangsweiser Wandel in der Wirtschaftspolitik
– Sowjetsystem 1922–1924

Unterrichtsmaterialien:
– Arbeitsblatt 10
– Lehrbuch/Quellensammlung
– Hektographie/Zeittafel
– Folie

Unterrichtsformen	Unterrichtsinhalte und -materialien	Unterrichtsformen	Unterrichtsinhalte und -materialien
U'schritt 1: Die politische Situation 1918–1921		U'gespräch	Antworten: 1. siehe Tafelanschrieb 2. Staatskapitalismus im Sinne Lenins: ein vom Staat kontrollierter, partieller Kapitalismus mit Rückkehr zum Monetarismus und partieller Marktwirtschaft bei weiterem Ausbau von Planung und zentraler Lenkung; eine Mischung von Kollektivismus und Individualismus, von Zentralverwaltungswirtschaft und Marktwirtschaft. (Tafelbild)
U'gespräch	Auswerten einer Hausaufgabe (Lehrbuch) – Bedrohung der Staatseinheit durch Nationalismus der Minderheiten – Sommer/Herbst 1918: Krise der Sowjetmacht – Abtrennung Estlands und Lettlands 1918 – Landung englischer, französischer, amerikanischer Interventionstruppen – Vordringen der „konservativ-monarchischen" Kräfte (Koltschak, Wrangel, Denikin) – 1919 verstärkter „antibolschewistischer Kreuzzug" Englands und Frankreichs – 1920/21: Sieg der Roten Armee (Trotzki)		
		Lehrervortrag	Zusatzinformation: GOELRO-Plan (1920): Bau von 30 Überlandkraftwerken („Kommunismus ist Sowjetmacht plus Elektrifizierung"); zentrale staatliche Planungskommission (1921: GOSPLAN)
Lehrerimpuls	Welches waren die Gründe für die Niederlage der „Weißen"?		
U'gespräch	Antworten: – Uneinigkeit der „Weißen" – Fehlen eines gesellschaftlichen und ökonomischen Konzepts; kein Agrarprogramm – restaurativ-konservative Gesinnung der Führer – Angst der Bauern, alte Gutsherren könnten zurückkehren	**U'schritt 3: Das Sowjetsystem 1922 bis 1924**	
		Lehrervortrag	Merkmale des politischen Systems Inhalte: – 1921/22: Parteienverbot; Rußland als Einparteienstaat – Dez. 1922: Gründung der UdSSR – Juli 1923: neue Verfassung Kennzeichen: – föderatives Prinzip – „Arbeiter- und Bauernstaat" auf der Basis der „Diktatur des Proletariats" – „proletarische Demokratie" – de facto Herrschaft der Partei und ihres Apparates – Instrumentalisierung der Sowjets und der gesellschaftlichen Massenorganisationen – innerparteiliches Fraktionsverbot und strikte Parteidisziplin
U'gespräch	Wiederholung der Folgen des „Kriegskommunismus" Ergebnis: siehe Tafelanschrieb		
U'schritt 2: Die NEP – der Weg zum Wiederaufbau von Wirtschaft und Gesellschaft			
(Textanalyse) Partnerarbeit	Arbeitsblatt 10: K.-H. Ruffmann, Das Programm der NEP Aufgaben: 1. Erläutern Sie den Text im dargestellten Wandel in der Wirtschaftspolitik. 2. Nehmen Sie Stellung zu dem im Text genannten Begriff „Staatskapitalismus".		

Unterrichtsformen	Unterrichtsinhalte und -materialien	Unterrichtsformen	Unterrichtsinhalte und -materialien
	– 3 Organe sorgen für die Einheit der Partei: Politbüro = Machtzentrale (es bestimmt die „Generallinie", hat Weisungsrecht) Organisationsbüro Sekretariat (Kontrolle des Apparates)	**Hausaufgabe:** Vorbereitung anhand des Lehrbuches: 1. Die Entwicklung der UdSSR nach Lenins Tod 2. Die unterschiedlichen Positionen führender Politiker in der Partei	
	– Merkmale des neuen Systems sind: – zunehmender Zentralismus und starke Bürokratisierung – Aufbau eines Unterdrückungssystems	**Alternativen / Exkurse / Ergänzungen:** Alternative zu U'schritt 2: Lenins Grundsatzreferat von 1921 Erweiterung zu U'schritt 2: Lenins Kennzeichnung der russischen Volkswirtschaft (Folie)	

Tafelbild

Die Neue Ökonomische Politik NEP 1921–1928

Ausgangslage 1920/21

1. Sieg über die »weiße Konterrevolution«

2. Zusammenbruch des gesamten Wirtschaftssystems

→ Versorgungskrise und Hungersnöte

→ Millionen Hungertote

NEP

1. Naturalabgaben; Geldsteuer → Währungsreform (»Roter Rubel«)
2. Privater Markt für Lebensmittel und Konsumgüter
3. Reprivatisierung der Landwirtschaft
4. leistungsbezogener Lohn
5. Förd. d. Privatinitiative: Prämiensystem
6. Investitionserlaubnis für kap. Ausland im Bereich **Bergbau,** Maschinenbau, Erdöl
7. Schlüsselind., Banken, Außenhandel bleiben staatlich.

Säuberungen

Sieg der Praxis

über die Theorie

Konsolidierung der Machtverhältnisse und Stärkung der Parteidisziplin.

„Staatskapitalismus" (Lenin)

12. Stunde: Kontroversen innerhalb der Partei über den weiteren Weg (1924–1929): Die Auseinandersetzung Stalin/Trotzki

Schwerpunkte / Problemstellungen:
– Die KPdSU ist keine monolithische Partei
– Kampf um die Nachfolge Lenins auf ideologischem Gebiet

Unterrichtsmaterialien:
– Lehrbuch
– Arbeitsblatt 11/Zeittafel

Unterrichtsformen	Unterrichtsinhalte und -materialien	Unterrichtsformen	Unterrichtsinhalte und -materialien
U'schritt 1: Die Phase der NEP			Antworten:
Lehrervortrag	K.-H. Ruffmann über die Wirkung der NEP		1. Sicherung der Versorgung angesichts neuer Agrarkrise
	„Die ‚Neue Ökonomische Politik' brachte der Wirtschaft und Gesellschaft Sowjetrußlands eine mehrjährige Atempause zwischen zwei rigorosen Sozialisierungsphasen"		Aufbau und Ausbau der Industrie, Einholen anderer Industriestaaten
			Aufbau einer „sozialistischen Gesellschaft" mit einem starken Proletariat
U'gespräch	Fragen:		2. Lenin 1918: in Rußland sei Sozialismus Realität, aber in 2 Hälften zerrissen: Herrschaft des Proletariats und industrielle Rückständigkeit. Zusammenführung beider Hälften sei Voraussetzung für Fortschritt und Sozialismus; dies gelinge nur durch Industrialisierung und Zentralisierung
	1. Was meint Ruffmann mit dieser Aussage?		
	2. Wodurch unterscheidet sich die erste Sozialisierungsphase von der NEP?		
	Antworten:		3. zwei Lösungsansätze: siehe Tafelanschrieb
	1. Ruffmann bezieht sich einmal auf den sog. „Kriegskommunismus", zum anderen auf die Kollektivierungen der Stalin-Ära;		
	2. im Kriegskommunismus war Staat alleiniger Eigentümer der Industrie und Banken; er allein betrieb die Verteilung; er kontrollierte Arbeit und Arbeitskräfte; Geld als Wertmesser abgeschafft; Ernährungsdiktatur; Militarisierung der Arbeit;	**U'schritt 3: Stalin und Trotzki**	
		Schülerreferat/ Lehrervortrag	Arbeitsblatt 11: Die Personen Stalin und Trotzki
	während der NEP begrenzter Privathandel (teilweise Wiederherstellung des Marktes); leistungsbezogene Löhne; private Kleinbetriebe; aber: zentrale Wirtschaftsplanung ausgebaut.	**U'schritt 4: Die Kontroverse Stalin–Trotzki**	
		Gruppenarbeit (Textanalyse)	Arbeitsblatt 11: Auseinandersetzung zwischen Stalin und Trotzki
U'schritt 2: Konflikt in der Partei: Parteilinke gegen Parteirechte			Aufgaben:
U'gespräch	Auswerten einer Hausaufgabe (Lehrbuch)		Gruppe 1:
	Erschließende Aufgaben:		1. Beschreiben Sie die Thesen und Argumente Trotzkis. Versuchen Sie, diese begrifflich zu umschreiben.
	1. Welches waren die Grundprobleme der UdSSR nach 1921?		2. Zeigen Sie, wie Trotzki die Chancen zur Durchsetzung des Sozialismus in Rußland beurteilt.
	2. Begründen Sie, warum schon Lenin die Industrialisierung für eine zentrale Aufgabe hielt?		3. Legen Sie dar, auf wen Trotzki sich beruft, und begründen Sie, warum er es tat.
	3. Beschreiben Sie, welche Lösungsmöglichkeiten in der Partei diskutiert wurden.		Gruppe 2:
			1. Beschreiben Sie die Thesen und Argumente Stalins.
			2. Zeigen Sie, auf wen er sich beruft.
			Die Ergebnisse werden im Tafelbild festgehalten.

Hausaufgabe:
Analyse der Stalin-Rede vom April 1925 (Arbeitsblatt 12)

Alternativen / Exkurse / Ergänzungen:
Ergänzung zu U'schritt 4: Trotzkis „drei fundamentale Irrtümer" (Stalin)

Tafelanschrieb Stunde 12 (U'schritt 2)

Kontroversen in der Partei über den „richtigen Weg" zum Sozialismus (1924 bis 1929)

„Parteilinke"	←→	„Parteirechte"
(Leo Trotzki; Sinowjew)		(Bucharin; Rykow; Tomskij)

Priorität der industriellen Entwicklung (Schwerindustrie) – Rußland noch immer ein unterentwickeltes Agrarland – Industrie kann Konsumbedürfnisse nicht befriedigen Landwirtschaft als Motor der Industrialisierung – agrarische Großbetriebe – technischer Bedarf – Freisetzen von Arbeitskräften Zentrale Lenkung mit der Partei als Initiatorin und Leiterin der Industrialisierung – strikte gesellschaftliche Kontrolle Konsumorientierung ist unmarxistisch und bürgerlich schnelles Tempo nötig	Priorität der Landwirtschaft – kooperative Formen – private Mittel- und Kleinbetriebe – privater Gewinn als Produktionsanreiz Leicht- und Konsumgüterindustrie vor Schwerindustrie Harmonischer Austausch zwischen Industrie und Landwirtschaft Dezentralisierung und Mitbestimmung der städtischen und ländlichen Sowjets Verringerung des Staatsapparates „Konsumentendruck" als Ersatz für den fehlenden Marktwettbewerb behutsame Entwicklung
SOZIALISMUS	**SOZIALISMUS**

Tafelbild Stunde 12 (U'schritt 4)

Die Auseinandersetzung zwischen Stalin und Trotzki

Trotzki — Marx	Stalin — Lenin
Permanente Revolution und Weltrevolution, bis Klassenherrschaft beseitigt	Sozialismus in einem Land durch Diktatur des Proletariats
Sozialismus nie isoliert realisierbar – Gefährdung von außen: Kapitalistische Staaten und deren Vorbild – Klassenherrschaft	Sozialismus in einem Land möglich – Sozialismus bereits im Aufbau – sonst Gefährdung durch bürgerl. Elemente im Innern – Gefährdung des sowjetischen Weltkommunismus – ausreichende russische Basis – Kapitalistische Staaten gefestigt

Schwerpunkte/Problemstellungen:
– Ideologie des „Sozialismus in einem Lande"
– Die Sozialstruktur in der sowjetischen Landwirtschaft
– Die Kollektivierung der Landwirtschaft

Unterrichtsmaterialien:
– Arbeitsblatt 12
– Folien

Unterrichtsformen	Unterrichtsinhalte und -materialien	Unterrichtsformen	Unterrichtsinhalte und -materialien
U'schritt 1: Grundlagen von Stalins Wirtschaftspolitik		U'gespräch	4. Die Kulaken: größere Bauern mit landwirtschaftl. Inventar und Lohnarbeitern, wirtschaftlicher und politischer Einfluß auf dem Land.
Besprechung der Hausaufgabe	Arbeitsblatt 12: Stalin-Rede: Sozialismus in einem Lande 1. Warum möchte Stalin den Sozialismus auf ein Land beschränken? 2. Welchen Zusammenhang sieht Stalin zwischen Industrie, Landwirtschaft (und Verteidigungspolitik)?		„Reproduktion alter Abhängigkeits- und Ausbeutungsverhältnisse auf dem Land"? – Position der Kulaken birgt die Möglichkeit der Erneuerung solcher Abhängigkeitsverhältnisse.
U'gespräch	Ergebnisse: 1. Entwicklung in Westeuropa ist noch nicht reif für eine Revolution; deshalb Festigung und Erhaltung des Sozialismus in einem Land notwendig. 2. siehe Tafelbild.	**U'schritt 3: Kollektivierung der Landwirtschaft**	
		Lehrervortrag	Die Voraussetzungen für eine Kollektivierung Inhalte: – günstig durch traditionelle russ. Bauernwirtschaft (geringer Privatbesitz) und durch geographische Bedingungen (Großräumigkeit) – Übergang zum Großbetrieb günstiger als in Westeuropa
U'schritt 2: Reproduktion alter Abhängigkeitsverhältnisse durch neue Sozialstrukturen auf dem Land?			
Lehrervortrag	Änderungen durch die NEP. Inhalt: Einführung der Naturalsteuer – Ablieferung nur die Hälfte des Ertrags – Rest auf freiem Markt verkaufen. dadurch: Vergrößerung der Anbauflächen – rationellere Bewirtschaftung – höhere Erträge – Versorgung der Städte gesichert – 1925 die Vorkriegsproduktion erreicht.	Stillarbeit (Analyse einer Zeittafel)	Arbeitsblatt 12: Zeittafel zur Kollektivierung und Industrialisierung Was wurde mit der Kollektivierung bezweckt? Welche Probleme entstanden dabei?
Lehrervortrag	„Sozialstruktur auf dem Land" (siehe: Vorschlag für eine Folie) Vier neue soziale Gruppen: 1. Das Landproletariat: unselbständige Landarbeiter 2. Die Dorfarmut: Zwergbauern ohne Geräte 3. Die Mittelbauern: Familienbetriebe mit ausreichend Inventar	U'gespräch	Ergebnisse: Drei Phasen der Kollektivierung: 1. Durch Druck unorganisierte Massenbewegung, wildes Kollektivieren, passiver Widerstand durch Abschlachten des Viehs 2. Kurzfristige Rücknahme der Kollektivierung führt zu erneuter Verwirrung, Austritte aus dem Kollektiv 3. Seit 1930 verschärfte Zwangskollektivierung, 97% der Betriebe erfaßt.
		U'gespräch	Stellungnahme zu der Methode des Vorgehens.
Hausaufgabe: Probleme der Industrialisierung (Arbeitsblatt 13; Auswertung der Statistik)		**Alternativen/Exkurse/Ergänzungen:** Erweiterung zu U'schritt 1: Lehrervortrag über die Verknüpfung von Wirtschafts- und Verteidigungspolitik Erweiterung zu U'schritt 3: Verluste in der sowjetischen Viehwirtschaft (Vorschlag für eine Folie) Exkurs zu U'schritt 3: Vergleich mit den LPGs in der ehemaligen DDR.		

Tafelanschrieb (13. Stunde)

Sozialstruktur

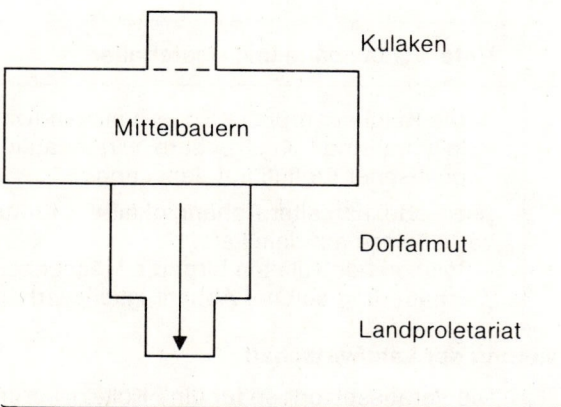

Kulaken

Mittelbauern

Dorfarmut

Landproletariat

„Reproduktion alter Abhängigkeits- und Ausbeutungsverhältnisse"?

Ergebnisse

für die Bevölkerung

- weitgehend enteignet
- gibt 3–5 mal soviel für
  dieselbe Menge Industrie-
  ware aus
- Keine festen Löhne
  (Jahreslohn ca. ein Paar
  Stiefel)
- Geringe Leistung führt
  zur Erduldung von
  Zwangsmaßnahmen
- Arbeitspflicht
- Freizügigkeit aufgehoben

für den Staat

Administration einfacher
durch Zusammenlegung
- Durch Mechanisierung
  Landarbeiter für Industrie
  frei
- Ernährung der Städte
  gesichert
- Produkterfassung
  leichter
- Überwachung erleichtert
  (MTS)

Tafelanschrieb (13. Stunde)

Stalins Wirtschaftspolitik

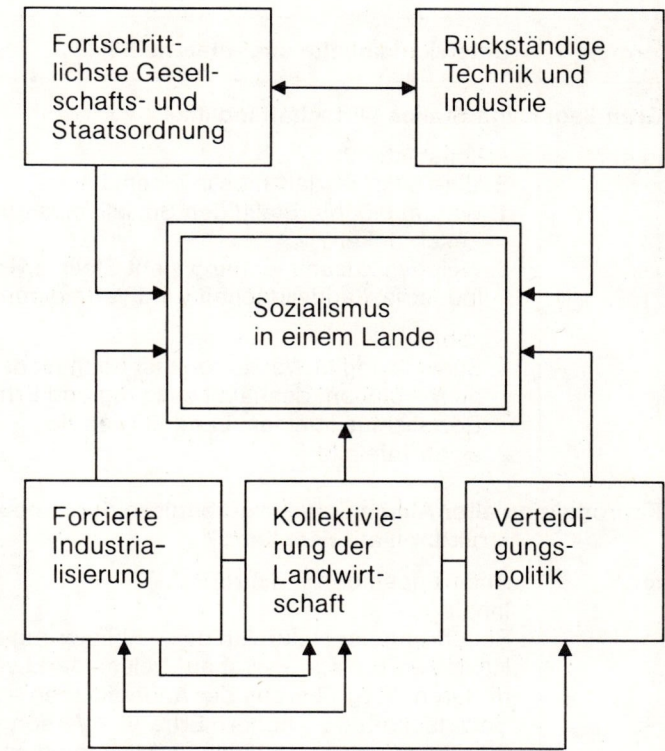

Fortschritt-
lichste Gesell-
schafts- und
Staatsordnung

Rückständige
Technik und
Industrie

Sozialismus
in einem Lande

Forcierte
Industria-
lisierung

Kollektivie-
rung der
Landwirt-
schaft

Verteidi-
gungs-
politik

Schwerpunkte / Problemstellungen:
– Ziele, Probleme und Methoden der Industrialisierung
– Beurteilung der Wirtschaftspolitik

Unterrichtsmaterialien:
– Arbeitsblätter 12 und 13

Unterrichtsformen	Unterrichtsinhalte und -materialien	Unterrichtsformen	Unterrichtsinhalte und -materialien

U'schritt 1: Ziele der Industrialisierung

Analyse einer Zeittafel

Arbeitsblatt 12:
Zeittafel zur Kollektivierung und Industrialisierung:
Welche Ziele verfolgte die NEP?

U'gespräch

Ergebnisse:
– Bedeutung der Schwerindustrie,
aber: innerhalb eines dynamischen wirtschaftlichen Gleichgewichts.
– „Die UdSSR aus einem Land, das Maschinen und Ausrüstung importiert, in ein Land, das Maschinen und Ausrüstung exportiert" zu verwandeln.
(Siehe Tafelbild!)

U'schritt 2: Probleme der Industrialisierung

Besprechung der Hausaufgabe

Arbeitsblatt 13:
Statistik über Rohstoffe und Industrieprodukte:
Werten Sie die Statistik aus. Beachten Sie dabei die Zusammenhänge zur Kollektivierung.

Ergebnisse:
Vorrang der Produktionsmittelindustrie gegenüber den Verbrauchsgütern – Vorrang der Schwerindustrie gegenüber der Leichtindustrie – Disproportionen als Folge – Bedarf an Landmaschinen durch Massenkollektivierung

Lehrervortrag

Umstände, unter denen die Produktionssteigerung zustande kam:
Konsumverzicht der Bevölkerung – Probleme bei der Infrastruktur (Transportmittel)
(Siehe Tafelbild!)

U'schritt 3: Methoden der Industrialisierung

Textanalyse

Arbeitsblatt 13:
Stalin: „Kampf gegen die Gleichmacherei": Mit welchen Methoden wurde die Industrialisierung vorangetrieben? – Welche Probleme nennt Stalin?

U'gespräch

Ergebnisse:
zuerst „Gleichmacherei, die zum Schlendrian führt" – Lohnsystem wird zur Disposition gestellt – Lohnabstufungen zur Leistungssteigerung – Widerstand der Gewerkschaften

Lehrervortrag

Begriff: Kommando-Wirtschaft
Plan – Paßzwang – Einführung von Arbeitsbüchern zur Verhinderung von Arbeitsplatzwechsel
(Siehe Tafelbild!)

U'schritt 4: Urteile über Stalins Wirtschaftspolitik

Textanalyse

Arbeitsblatt 13:
Texte von der KPdSU, von Laqueur und von Antonow-Owjesenko

U'gespräch

Ergebnisse:
– KPdSU: sowohl ideologisch als wirtschaftlich unkritisch positive Beurteilung
– Laqueur (1967): Dominanz des politischen Aspekts (Kontrolle des totalitären Staates) über den wirtschaftlichen Nutzen
– Antonow-Owjesenko (1985): negative Beurteilung der gesamten Stalin-Ära.

Keine Hausaufgabe

Alternativen / Exkurse / Ergänzungen:
Erweiterung zu U'schritt 3: Lehrervortrag über das Stachanow-System
Exkurs zu U'schritt 3:   Vergleich zur Kommando-Wirtschaft des Nationalsozialismus und zur sozialen Marktwirtschaft.

Strukturskizze/Tafelbild

Veränderungen der Industrie

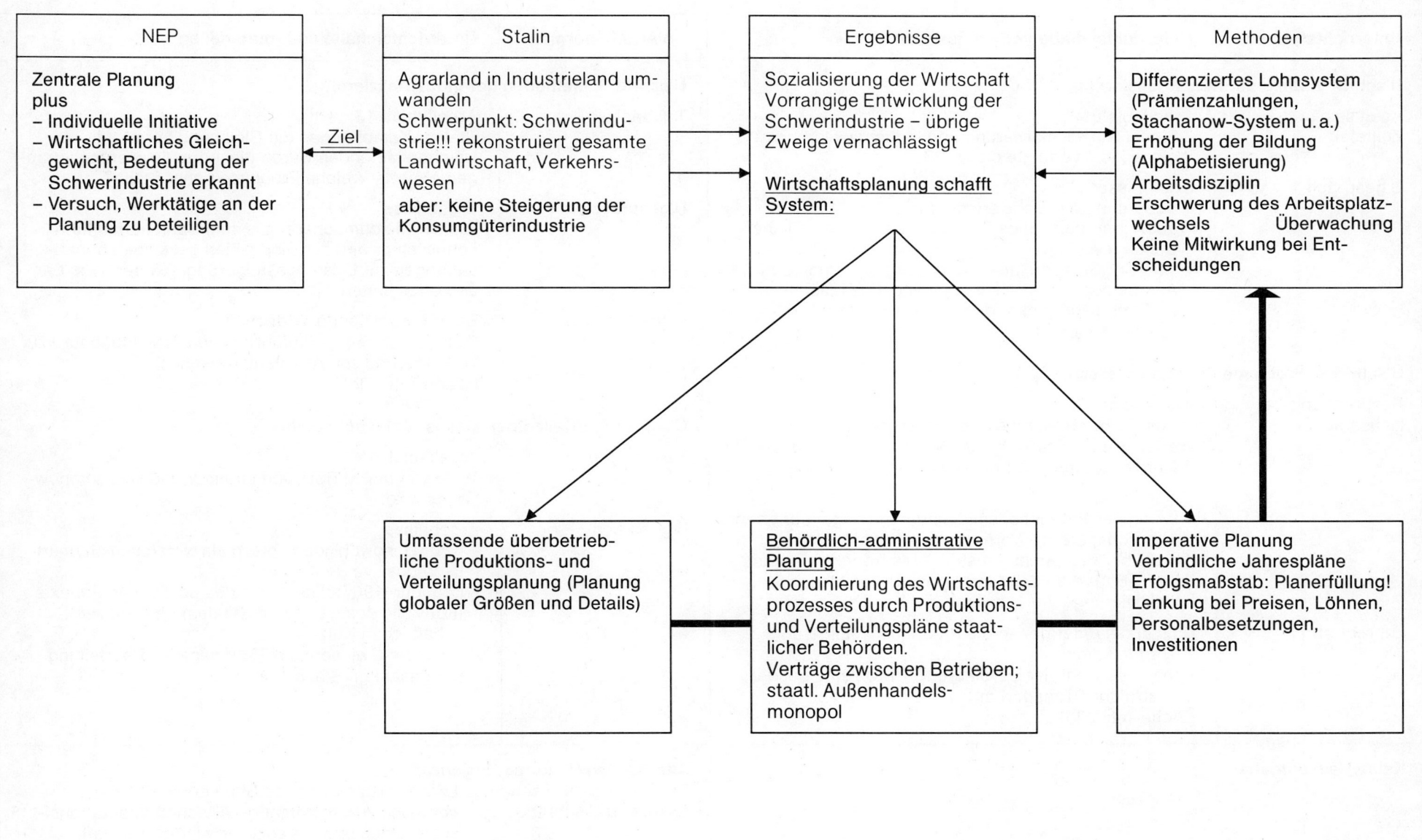

NEP	Stalin	Ergebnisse	Methoden
Zentrale Planung plus – Individuelle Initiative – Wirtschaftliches Gleichgewicht, Bedeutung der Schwerindustrie erkannt – Versuch, Werktätige an der Planung zu beteiligen	Agrarland in Industrieland umwandeln Schwerpunkt: Schwerindustrie!!! rekonstruiert gesamte Landwirtschaft, Verkehrswesen aber: keine Steigerung der Konsumgüterindustrie	Sozialisierung der Wirtschaft Vorrangige Entwicklung der Schwerindustrie – übrige Zweige vernachlässigt Wirtschaftsplanung schafft System:	Differenziertes Lohnsystem (Prämienzahlungen, Stachanow-System u. a.) Erhöhung der Bildung (Alphabetisierung) Arbeitsdisziplin Erschwerung des Arbeitsplatzwechsels Überwachung Keine Mitwirkung bei Entscheidungen

Ziel

Umfassende überbetriebliche Produktions- und Verteilungsplanung (Planung globaler Größen und Details)

Behördlich-administrative Planung
Koordinierung des Wirtschaftsprozesses durch Produktions- und Verteilungspläne staatlicher Behörden.
Verträge zwischen Betrieben; staatl. Außenhandelsmonopol

Imperative Planung
Verbindliche Jahrespläne
Erfolgsmaßstab: Planerfüllung!
Lenkung bei Preisen, Löhnen, Personalbesetzungen, Investitionen

Schwerpunkte / Problemstellungen:
– Stalins „Revolution von oben"
– politische und soziale Folgen

Unterrichtsmaterialien:
– Arbeitsblatt 14
– Hektographie

Unterrichtsformen	Unterrichtsinhalte und -materialien
U'schritt 1: Stalins „Revolution von oben"	
Vorlesen eines Zitats	„Stalins ‚Revolution von oben' hat die gesellschaftliche Struktur Rußlands weitaus stärker umgestaltet als Lenins Oktoberrevolution."
U'gespräch	Rückgriff auf gesamte Entwicklung seit 1917: Beseitigung des Adels – Beseitigung der Kulaken – Anwachsen der Arbeiterklasse „Revolution von oben": Abgrenzung von sonstigem Revolutionsbegriff
U'schritt 2: Nivellierungsprozeß auf dem Land	
Analyse einer Statistik	Arbeitsblatt 14: Statistiken 1 und 2. Soziale und politische Auswirkungen Welche Tendenzen sind erkennbar?
U'gespräch	Ergebnisse: Anwachsen der Städte – Zunahme der Zahl der Arbeiter – Herausbildung einer neuen Klasse: Intelligenz
Lehrervortrag	Abwanderung in die Städte wegen Zwangskollektivierung – forcierte Industrialisierung benötigt Arbeitskräfte – Nivellierungsprozeß auf dem Land fördert Abwanderung (Siehe Tafelbild!)
U'schritt 3: Sozialer Differenzierungsprozeß in der Stadt	
Analyse einer Statistik	Arbeitsblatt 14: Statistik 3 Was läßt sich über die Arbeiter aussagen?
U'gespräch	Ergebnisse: Arbeiter vermögender als Bauern – Intelligenz jedoch bevorzugt
Lehrervortrag	Unterschiede im Lohnsystem – progressiver Leistungslohn – Prämiensystem – Differenzierungsprozeß (Siehe Tafelbild!)

Keine Hausaufgabe

Unterrichtsformen	Unterrichtsinhalte und -materialien
U'schritt 4: „Neue Intelligenz"	
Textanalyse	Arbeitsblatt 14: Texte von Djilas und von Fainsod. Wodurch ist diese Schicht gekennzeichnet? – Wie verhielt sich die Staatsführung zu ihr?
U'gespräch	Ergebnisse: Kritik an der neuen Schicht – steht „über der Arbeiterklasse" – jedoch notwendig zur Lösung fachlich schwieriger Aufgaben – besitzt technische Bildung – eine neue Elite – Privilegien zugestanden – Verstärkung des Differenzierungsprozesses (Siehe Tafelbild!)
U'schritt 5: Bedeutung von Stalins „Revolution von oben"	
U'gespräch	An welchen Kriterien ist diese „Revolution" zu messen? – Begriff des „Sozialismus in einem Lande" – Weiterführung der Weltrevolution? – Aufhebung der Unterdrückung des Menschen durch den Menschen? – Partizipationsmöglichkeiten der Menschen an Entscheidungen? – Alternative für Westeuropa?
	Mögliche Ergebnisse: – „Sozialismus in einem Lande" sichert die Revolution in Rußland; jedoch: Gewaltherrschaft – keine Weltrevolution; im Gegenteil: Stalins Gewaltherrschaft wirkte abschreckend – weiterhin Unterdrückung und Ausbeutung des Menschen durch den Menschen – so gut wie keine Partizipationsmöglichkeiten des einzelnen an politischen und gesellschaftlichen Entscheidungen.

Alternativen / Exkurse / Ergänzungen:
Ergänzung zu U'schritt 5: Lew Kopelew: Warum ich Stalinist wurde.
(Vorschlag für ein Arbeitsblatt)

Tafelanschrieb

„Stalins ‚Revolution von oben' hat die gesellschaftliche Struktur Rußlands weitaus stärker umgestaltet als Lenins Oktoberrevolution"

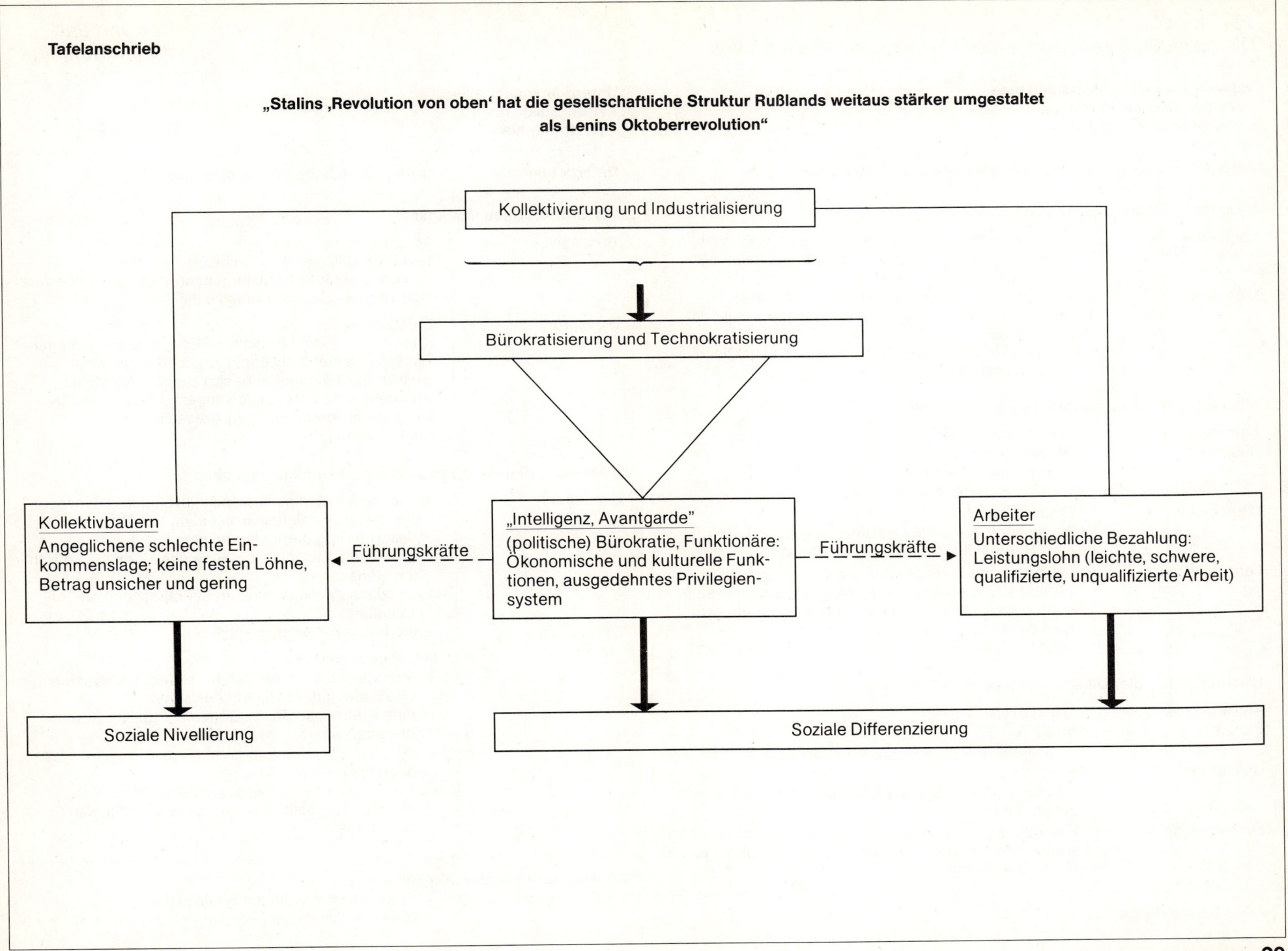

Kollektivierung und Industrialisierung

Bürokratisierung und Technokratisierung

Kollektivbauern
Angeglichene schlechte Ein-
kommenslage; keine festen Löhne,
Betrag unsicher und gering

Führungskräfte ◄

„Intelligenz, Avantgarde"
(politische) Bürokratie, Funktionäre:
Ökonomische und kulturelle Funktionen, ausgedehntes Privilegien-
system

► Führungskräfte

Arbeiter
Unterschiedliche Bezahlung:
Leistungslohn (leichte, schwere,
qualifizierte, unqualifizierte Arbeit)

Soziale Nivellierung

Soziale Differenzierung

Schwerpunkte / Problemstellungen:
– „Stalinismus" als Begriff und als Umschreibung für eine Epoche und ein Herrschaftssystem

Unterrichtsmaterialien:
– Arbeitsblatt 15
– Folien

Unterrichtsformen	Unterrichtsinhalte und -materialien	Unterrichtsformen	Unterrichtsinhalte und -materialien
U'schritt 1: Hypothesenbildung		**U'schritt 3: Beurteilung des Stalinismus**	
Lehrervortrag	Der Historiker R. Hingley: „Seit Stalins Tod prägen traumatische Erinnerungen an seine Herrschaft die politische Atmosphäre in der Sowjetunion, und bis zum heutigen Tag lastet sein Schatten auf ihr."	U'gespräch	Gesprächsimpulse: 1. Inwieweit steht Stalin in der marxistisch-leninistischen Tradition? 2. Warum wird heute verstärkt die Zeit Stalins als „Trauma" empfunden?
U'gespräch	Gesprächsimpulse: 1. Was meint der Verfasser? 2. Was wissen Sie über Stalins Herrschaft?	Lehrerergänzung	Antworten mit Ergänzungen durch den Lehrer: 1. „Sozialismus in einem Land" als „Abkehr vom revolutionären Internationalismus Lenins"
U'schritt 2: Der Begriff „Stalinismus"			Stalin stand in Gegensatz zu fast allen führenden Bolschewiki, erhielt aber Zustimmung bei den mittleren und unteren Kadern und bei einem großen Teil des Parteivolkes, da seine Politik dem traditionellen russischen Nationalismus entsprach
Textanalyse	Arbeitsblatt 15: H. Weber, Stalinismus Fragen zum Text: 1. Welche Merkmale stalinistischer Herrschaft nennt der Text? 2. Können Sie danach den Begriff „Stalinismus" definieren?		„Sowjetpatriotismus", Betonung der Heimat, der Glaube an Autarkie entsprangen eher dem bürgerlichen Nationalismus des 19. Jahrhunderts
U'gespräch	Ergebnisse: 1. siehe Tafelanschrieb		Sozialismus wurde reduziert auf Industrialisierung Der Personenkult stand im krassen Gegensatz zur Lehre von der Gleichheit und zum Gedanken des Kollektivs als Basis der Gesellschaft
Lehrerergänzung	KPdSU als Hüterin der Lehren von Karl Marx und Friedrich Engels, der einzigen humanistischen Ideologie; dies als die Grundlage ihres allumfassenden Machtmonopols bis 1990.		Grundlagen der Parteidiktatur, des Fraktionsverbotes und wesentliche Elemente der „Befehlswirtschaft" stammten bereits von Lenin und wurden von Stalin weiterentwickelt und pervertiert
Lehrerergänzung	2. Stalinismus bedeutet demnach „Willkürherrschaft" mit einer dogmatischen Ideologie ohne Beschränkung, eine „industriepolitische Entwicklungsdiktatur mit totalitären Zügen" (G. Trautmann).		2. „Trauma" v. a. deshalb, weil damals jegliche Rechtssicherheit und jegliche Freiheit fehlten;
Ausfüllen eines Arbeitsblattes	Arbeitsblatt 15: Der Begriff „Stalinismus" Folieneinsatz (siehe Folie)		es war ein Terrorsystem, in dem Menschen willkürlich verhaftet und hingerichtet wurden (man spricht heute von mehr als 9 Millionen Opfern).

Hausaufgabe:
Vorbereitende Lehrbucharbeit: Erste Entstalinisierung unter Chruschtschow ab 1956

Alternativen / Exkurse / Ergänzungen:
Erweiterung zu U'schritt 2: „Soziale Differenzierung" (Folie)
Ergänzung zu U'schritt 2: Bilder zum Personenkult Stalins (Lehrbuch/Film)
Erweiterung zu U'schritt 3: Zur Nationalitätenfrage

Das System des „Stalinismus in der Sowjetunion"

1. Herrschaft des bürokratischen Apparates

- - - - - - - - - - - - - - - - - - -

2. Einparteienherrschaft
   Parteihierarchie
   Parteiherrschaft über
   alle Bereiche
   keine freie Diskussion
   dogmatische Ideologie
   Scheinfunktion der
   Volksvertretung
   } Demokratischer Zentralismus

- - - - - - - - - - - - - - - - - - -

3. Unfreiheit, staatlicher
   Terror } Polizeistaat

- - - - - - - - - - - - - - - - - - -

4. Gesellschaftliche Differenzierung

- - - - - - - - - - - - - - - - - - -

5. Planwirtschaft

- - - - - - - - - - - - - - - - - - -

Willkürherrschaft ohne Beschränkung mit dogmatischer Ideologie!

1. Sozialismus in
   einem Land –
   realpolitischer
   Hintergrund
   Sowjetpatriotismus   ⟷   revolutionärer Internationalismus

- - - - - - - - - - - - - - - - - - -

2. Klassenherrschaft
   der Technokraten
   und Bürokraten;
   Sozialismus ≙
   Industrialisierung   ⟷   revolutionärer gesellschaftlicher Wandel zur klassenlosen Gesellschaft

Schwerpunkte / Problemstellungen: – Der XX. Parteitag und Chruschtschows „Neuer Kurs" – Entwicklung der Sowjetunion 1946–1960 – Reformbeispiel: die Reformen von 1957		**Unterrichtsmaterialien:** – Arbeitsblatt 16 – Folie/Hektographie – Informationen zur politischen Bildung Nr. 113/115	
Unterrichtsformen	**Unterrichtsinhalte und -materialien**	**Unterrichtsformen**	**Unterrichtsinhalte und -materialien**

U'schritt 1: „Tauwetter in der UdSSR"

Unterrichtsformen	Unterrichtsinhalte und -materialien
Bildbetrachtung	Arbeitsblatt 16: Zwei Karikaturen aus dem Jahre 1953 Frage: Wie beurteilen die Karikaturisten den Tod Stalins und welche Erwartungen haben sie?
U'gespräch	Antworten: – in ironischer Form wird dargestellt, daß Stalin kaum ins Paradies kommen wird – der Wind scheint umgeschlagen zu haben, daher Hoffnung auf Veränderungen

U'schritt 2: Der XX. Parteitag der KPdSU und Chruschtschows „Neuer Kurs"

Unterrichtsformen	Unterrichtsinhalte und -materialien
Partnerarbeit	Arbeitsblatt 16: Chruschtschows „Geheimrede" 1956
Textanalyse	Aufgaben: 1. Nennen Sie die Vorwürfe, die Chruschtschow gegen Stalin erhebt. 2. Zeigen Sie, worauf er diese Vorkommnisse zurückführt. 3. Beurteilen Sie die Rede Chruschtschows.
U'gespräch	Antworten: 1 und 2 siehe Tafelanschrieb 3. erstmals Angriff auf Stalin seit Ausschaltung der Opposition in den 30er Jahren, allerdings nicht vor der Öffentlichkeit (Gegensatz zu Gorbatschow) Hauptvorwurf: Personenkult und persönlicher Machtmißbrauch seien unleninistisch

Stalins Alleinschuld entlastet die Partei, die zu Selbstreinigung fähig sei, daher sei eine Opposition außerhalb der Partei unnötig und illegal

weiterhin führende Rolle der Partei, Rechtfertigung ihrer Monopolstellung

Stalins Politik der 20er Jahre nicht in Frage gestellt

U'schritt 3: Die Sowjetunion in der Zeit des 4. und 5. Fünfjahresplanes (1946 bis 1955)

Unterrichtsformen	Unterrichtsinhalte und -materialien
Schülerreferat/ Lehrervortrag	Der 4. und 5. Fünfjahresplan (gegliedert in Wirtschaft, Innenpolitik, Außenpolitik) Grundlage: Informationen zur politischen Bildung Nr. 113/115; Ploetz oder Fischer Weltalmanach '68

U'schritt 4: Chruschtschows Reformpolitik am Beispiel der Reformen von 1957

Unterrichtsformen	Unterrichtsinhalte und -materialien
Lehrervortrag	Die Reformen des Jahres 1957 Basis: K. Segbers, Der sowjetische Systemwandel 1957: Gesetz zur „Einrichtung von regionalen und lokalen Volkswirtschaftsräten" Territorialprinzip bei „Leitung von Industrie- und Bauwesen" Auflösung von 141 Ministerien Gosplan behält allg. Planung, Koordination und Rohstoffverteilung größere Mitwirkung vor Ort Fehlschlag, da „Lokalismus" Zusammenarbeit erschwerte, Abstimmungsprobleme und Kompetenzgerangel förderte und weil sie „eine Reform in den Grenzen des seit 1928/29 geltenden sowjetischen Wirtschaftssystems" war.

Hausaufgabe: Interview mit sowjetischen Jugendlichen (Arbeitsblatt 17)	**Alternativen / Exkurse / Ergänzungen:** Ergänzung zu U'schritt 3: Auflistung der Veränderungen Alternative zu U'schritt 3: Die Zeit des sechsten Fünfjahresplanes (1956–1960) Erweiterung der U'stunde: Die Ära Breschnew – eine Phase der Stagnation?

Erster Versuch der Entstalinisierung
durch Chruschtschow

– Ablehnung des Personenkultes als
unleninistisch

– Verurteilung der persönlichen Terrorherrschaft Stalins

– Verurteilung des Mißbrauchs von
Ideologie, Partei und Staat durch
Stalin

– Versuch einer Dezentralisierung der
Wirtschaft („Volkswirtschaftsräte")

– Alleinschuld des machtbesessenen
Stalins

– Schonung der Partei und Festhalten
an ihrer Monopolstellung in Staat,
Wirtschaft und Gesellschaft

– Wirtschaftsreformen nur innerhalb
des Systems von 1928/29

d. h. keine Veränderung des Systems

scheitert an den inneren Widersprüchen des Systems

Schwerpunkte / Problemstellungen:
– Bedeutung der Perestroika
– Probleme des gesellschaftlichen Wandels
– Bedeutung von Personen in einem politischen Prozeß

Unterrichtsmaterialien:
– Arbeitsblatt 17
– Folien
– Hektographien

Unterrichtsformen	Unterrichtsinhalte und -materialien	Unterrichtsformen	Unterrichtsinhalte und -materialien

U'schritt 1: Das Interesse an Perestroika

Besprechung der Hausaufgabe

Arbeitsblatt 17:
Interview mit Jugendlichen
Welche Probleme sind für russische Jugendliche wesentlich? – Wie stehen Sie selbst zu diesen Fragen?

Ergebnisse:
– Perestroika als große Hoffnung – Kritik an der wirtschaftlichen Versorgung – Forderung nach Freiheit der Medien – Gefahr eines Bürgerkriegs bei Scheitern der Perestroika – Forderung nach Beseitigung des bürokratischen Apparats – Betonung der Individualität – Forderung nach Demokratisierung des Lebens – Wunsch nach Auslandsreisen

Lehrervortrag

Definition von Perestroika und von Glasnost:
Perestroika: Umbau, Erneuerung, Veränderung; Bezeichnung für die Politik Gorbatschows, der sie als „revolutionäre Erneuerung der Sowjetgesellschaft" versteht.
Glasnost: Offenheit, Transparenz

U'schritt 2: **Die Notwendigkeit von Perestroika**

Lehrervortrag

Das stalinistische System der Wirtschaft (s. a. Vorschlag für ein Arbeitsblatt/eine Folie)
Drei Ursachenkomplexe:
1. Das „Versagen" des Faktors Mensch
2. falsche Struktur- und Investitionspolitik
3. Leistungsmängel des planwirtschaftlichen Systems

Textanalyse

Arbeitsblatt 17:
Gorbatschow: Die Notwendigkeit …
Welches Bild der politischen und sozialen Verhältnisse in der UdSSR zeichnet Gorbatschow?

Ergebnisse:
– Wachstums-, Planerfüllungs- u. Produktivitätsprobleme
– Stagnation und Sinken des BSPs – Engpässe in Industrie, im Transport- und Bauwesen – Stagnation des Konsums – Tempo der Kapitalbildung rückläufig
– Wachstum der Rüstungsausgaben geht zurück

U'schritt 3: Ziele der Perestroika

U'gespräch

Ausgangspunkt: Zitat Gorbatschows.
„Wir wollen unser Land in einen vorbildlichen, hochentwickelten Staat umgestalten zu einer Gesellschaft mit fortgeschrittenster Ökonomie, breitester Demokratie, mit der humansten und höchsten Moral."
(Festhalten des Zitats an der Tafel)
Siehe: Vorschlag für eine Folie!

Fragen:
1. Welche Bereiche sollen umgestaltet werden?
2. Sind diese Ziele systemkonform oder systemüberwindend?
3. Beurteilen Sie diese Zielsetzung.

Antworten:
1. Erfassung sämtlicher Bereiche des Systems.
2. Gorbatschow beruft sich auf Lenin; zu Recht?
3. Stichworte: Verbrauchermentalität, Sachwertorientierung

U'schritt 4: **„Neues Denken" in der sowjetischen Außenpolitik**

U'gespräch

Die außenpolitischen Merkmale der Breschnew-Zeit.

Fragen:
Ziele? Voraussetzungen, Grundlagen, Weltsicht?

Ergebnisse:
– Ziel: Sieg des Sozialismus – ideologischer Klassenkampf – Zweiteilung der Welt – „Friedliche Koexistenz" als eine Form des Klassenkampfes – Abgrenzung als Strukturmerkmal – Breschnew-Doktrin – militär. Stärke

Textanalyse, ergänzender Lehrervortrag

Vorschlag für ein Arbeitsblatt
Erwartete Ergebnisse:
– Ziel: gemeinsames Haus Europa – Kritik als Strukturmerkmal – ideologischer Streit zwischen gleichberechtigten Partnern – Einheit der Welt, Überwindung der Teilung – Bewußtsein der gemeinsamen Sicherheit
– „Freiheit der Wahl" – Militärs bleiben innenpolitischer Faktor
(siehe Tafelbild)

Unterrichtsformen	Unterrichtsinhalte und -materialien	Unterrichtsformen	Unterrichtsinhalte und -materialien
U'schritt 5: Perestroika und Gorbatschow			– Mannigfaltigkeit der Strukturen und der Lebenshaltungen – Wirkung bisheriger fehlgeschlagener Reformansätze – Fehlen ökonomischer Reserven – Unterschiedlichkeit der Interessen
Lehrervortrag/ Schülerreferat	Kurzer Abriß des Lebenswegs Gorbatschows Quelle: Interview (siehe: Lehrerinformation)		
U'gespräch	– Was fällt an der Biographie auf? – Inwiefern sind Unterschiede zum Lebensweg westlicher Politiker zu erkennen? – Was scheint Gorbatschows Leben geprägt zu haben? – Wie ist die zeitweise „Gorbi"-Begeisterung in der Bundesrepublik zu erklären?	U'gespräch	Fragen: – Von welchen Motiven könnten sich die jeweiligen Gruppen in ihrer Einstellung zur Perestroika leiten lassen?
U'schritt 6: Pro und Contra Perestroika			Mögliche Ergebnisse: – Erfolg für den einzelnen selbst – Chance für Eigenverantwortung – Furcht vor Eigenverantwortung – Sicherung der vorhandenen Privilegien – mangelnde Vermittlung der Ziele, Wege und Etappen der Perestroika
Lehrervortrag	Grundlage: Vorschlag für ein Arbeitsblatt Probleme der Perestroika: – Größe des Landes		

Tafelbild

Wandel der sowjetischen Außenpolitik

Alter Ansatz bis Breschnew	Perestroika und „Neues Denken"
Ziel: Sieg des Sozialismus nach den Vorstellungen des Marxismus-Leninismus	Ziel: „Gemeinsames Haus Europa unabhängig von der Gesellschaftsordnung"
Ideologischer Klassenkampf als Bedingung für den Sieg des ökonomischen und politischen Kampfes	Ideologischer Streit zwischen gleichberechtigten Partnern Kritik als Strukturmerkmal
Zweiteilung der Welt: Sozialismus und Imperialismus	Einheit der Welt, Überwindung der Teilung
„Friedliche Koexistenz" als eine Form des Klassenkampfes. Abgrenzung als Strukturmerkmal	Versuch, Kriege gemeinsam zu verhindern, konsultativ-konstruktiver Umgang miteinander. Bewußtsein der gemeinsamen Sicherheit – der Gegner wird zum Partner – „Demokratisierung internationaler Beziehungen"
„Breschnew-Doktrin" der begrenzten Souveränität der sozialistischen Staaten	„Freiheit der Wahl" der Staats- und Gesellschaftsform
Stärke des Sozialismus äußert sich vorwiegend militärisch	Noch kein grundsätzliches Abrücken von voriger Position: Militärs ein innenpolitischer Faktor! „Gemeinsame Sicherheit" wird überdacht

Michail Gorbatschow: Die Notwendigkeit der Perestroika

Zu einem bestimmten Zeitpunkt – es wurde in der zweiten Hälfte der siebziger Jahre besonders deutlich – geschah etwas, was auf den ersten Blick unerklärlich schien: Die Antriebskraft, der Schwung im Land ließen nach. Ökonomische Mißerfolge nahmen zu. Schwierigkeiten häuften und verschlimmerten sich, ungelöste Probleme zeigten sich allenthalben.

Etwas seltsames ging vor sich: Das riesige Schwungrad einer gewaltigen Maschine drehte sich, doch die Treibriemen zu den Arbeitsplätzen rutschten ab oder griffen nicht mehr.

Als wir die Situation analysierten, entdeckten wir als erstes ein rückläufiges ökonomisches Wachstum. In den letzten 15 Jahren war die Wachstumsrate des Nationaleinkommens um mehr als die Hälfte zurückgegangen, und seit Beginn der achtziger Jahre verharrte sie auf einem fast stagnierenden Niveau. Ein Land, das einst rasch zu den modernen Nationen der Welt aufgeschlossen hatte, begann gegenüber den anderen an Boden zu verlieren.

Die Dynamik des Bruttowachstums war, vor allem in der Schwerindustrie, zum Selbstzweck geworden. Eine typische Haltung bei vielen Verantwortlichen in der Wirtschaft: Sie dachten nicht mehr darüber nach, wie das nationale Vermögen vermehrt werden konnte, sondern wie man mehr Material, Arbeitskräfte und Arbeitszeit einem Produkt zurechnete, um es zu einem höheren Preis zu verkaufen.

Eine Folge davon war Güterverknappung. Wir verbrauchten und verbrauchen in der Tat noch immer mehr Material und Energie für eine Produktionseinheit als andere entwickelte Länder. Der Reichtum unseres Landes an Rohstoffen und Arbeitskräften hat uns verdorben, manche sagen sogar, er hat uns korrumpiert.

Daran gewöhnt, dem quantitativen Wachstum in der Produktion Vorrang einzuräumen, versuchten wir, die sinkenden Wachstumsraten aufzuhalten, taten das aber hauptsächlich durch ständig wachsende Aufwendungen. Wir bauten die Treibstoff- und Energieindustrie aus und steigerten den Verbrauch unserer natürlichen Ressourcen in der Produktion. Mit der Zeit wurde es immer aufwendiger und teurer, Rohstoffe zu gewinnen.

Die Wirtschaft geriet finanziell immer mehr in die Klemme. Der Verkauf großer Mengen von Öl und anderen Brennstoffen, von weiteren Energieträgern und Rohstoffen auf dem Weltmarkt brachte keine Hilfe. Devisengewinne, die auf diese Weise erwirtschaftet wurden, verwandte man vornehmlich dazu, die Probleme des Augenblicks anzugehen; selten jedoch wurden sie dafür eingesetzt, die Wirtschaft zu modernisieren und die technologischen Lücken zu schließen.

Mit verblüffter Genauigkeit finden unsere Raketen den Halleyschen Kometen oder fliegen zur Venus, aber neben diesen wissenschaftlichen und technologischen Triumphen verzeichnen wir einen offenkundigen Mangel an Effizienz, wenn es gilt, diese wissenschaftlichen Errungenschaften für den wirtschaftlichen Bedarf nutzbar zu machen. Viele sowjetische Haushaltsgeräte sind von armseliger Qualität.

Allmählich wurden überdies die ideologischen und moralischen Werte unseres ausgehöhlt. Lobhudelei und Kriecherei breiteten sich aus; die Bedürfnisse und Meinungen der einfachen Werktätigen, überhaupt der Öffentlichkeit, wurden ignoriert, Diskussionen verwässert, die für die Entwicklung des Denkens und für kreative Bestrebungen unverzichtbar sind. Ähnliche negative Tendenzen erfaßten auch die Kultur, die Künste und den Journalismus, ebenso den Ausbildungsbereich und die Medizin.

Das Vorgaukeln einer „problemfreien Realität" rächte sich: Die Diskrepanz zwischen Worten und Taten erzeugte in der Öffentlichkeit Passivität und Skepsis gegenüber verkündeten Parolen. Es war nur folgerichtig, daß diesem Zustand ein Verlust an Glaubwürdigkeit folgte. Alles, was von Rednertribünen verkündet und in Zeitungen und Broschüren gedruckt wurde, stellte man in Frage.

Es kam zu einem Zerfall der öffentlichen Moral: Das erhabene Gefühl der Solidarität aus den heroischen Zeiten der Revolution, der ersten Fünfjahrespläne, des Großen Vaterländischen Krieges und des Wiederaufbaus nach dem Krieg verlor an Bedeutung. Alkoholismus, Drogenmißbrauch und Kriminalität stiegen.

Die Parteiführung ließ die Zügel schleifen. Bei einigen zentralen sozialen Prozessen ging ihr gar die Initiative verloren. Jedermann bemerkte die Stagnation in der Führung, das Behindern und Bremsen des natürlichen Veränderungsprozesses. Es kam der Zeitpunkt, da dies die Handlungsfähigkeit des Politbüros und des ZK-Sekretariats, des Zentralkomitees der KPdSU und des Parteiapparats insgesamt sowie der Regierung erheblich schwächte.

Die Probleme mehrten sich schneller, als sie gelöst werden konnten. Die Gesellschaft als Ganzes geriet immer mehr außer Kontrolle. Wir dachten, wir hätten alles im Griff, während in Wirklichkeit eine Lage entstanden war, vor der schon Lenin gewarnt hatte: Das Auto fuhr gar nicht dorthin, wo der Mann am Steuer es hinlenken wollte.

Das unvoreingenommene und ehrliche Herangehen an diese Probleme führte uns zu dem einzig logischen Schluß: Unser Land driftet in die Krise. Diese Schlußfolgerung wurde im April 1985 auf der Plenarsitzung vom Zentralkomitee verkündet, das damit die neue Strategie der Perestroika einleitete und deren Grundprinzipien formulierte.

Ich möchte betonen, daß diese Analyse schon lange vor dem April-Plenum einsetzte und ihre Schlüsse deshalb gut durchdacht waren. Sie kamen nicht aus heiterem Himmel, sondern beruhten auf einer eingehenden Ursachenforschung. Es wäre ein Fehler, anzunehmen, daß einen Monat nach der März-Vollversammlung des ZK im Jahr 1985, auf der ich zum Generalsekretär gewählt wurde, plötzlich eine Gruppe von Leuten die Bühne betrat, die alles verstanden, alles wußten und auf alle Fragen klare Antworten hatten.

(Der Spiegel, Heft 45, 1987)

Aufgabe:

Welches Bild der politischen und sozialen Verhältnisse zeichnet Gorbatschow?

Thema: Perestroika

Schüler über Perestroika, Erwachsene und das Jahr 2000

Welches sind die Schlüsselprobleme, die in der Sowjetunion bis zum Jahr 2000 gelöst werden müssen?
Alle befragten Schüler verbringen ihre Hoffnungen auf eine bessere Zukunft mit der Perestroika und kritisieren zugleich ihr „Schneckentempo". „Man muß die Schlangen nach Mangelwaren beseitigen und die angeblich perspektivlosen Dörfer neu beleben. Dabei müssen Erfahrungen anderer Länder – sozialistischer und kapitalistischer – berücksichtigt werden. Presse, Rundfunk und Fernsehen sollten völlig unabhängig sein", schreibt Marina Politanskaja. Ihre Meinung teilen die meisten Befragten.
Einen ziemlich extremen Standpunkt äußerte Alexej Matistschenko: „In den verbleibenden elf Jahren bis zum Ende des Jahrhunderts muß unser Land das Problem von Demokratie und Glasnost lösen. Wenn dies nicht gelingt, könnte es bei uns einen neuen Bürgerkrieg geben. Möglicherweise würde sich alles wiederholen: die dreißiger Jahre, die Stagnation usw."
Als wesentliche Voraussetzung für die Lösung aller Probleme betrachten die Schüler den Sieg über den bürokratischen Apparat, der, so Irina Dejanowa, „alles erdrücken kann".
Natascha Muraschowa und Irina Dejanowa nannten als wichtigstes Problem die Wiederherstellung des Wertes jedes einzelnen Menschen nach den langen Jahren des Personenkults und der Stagnation.
Aufschlußreich ist auch die Meinung von Ludmilla Antonowa: „Den Kommunismus werden wir in diesem Jahrhundert nicht erreichen. Die Umgestaltung aber ist notwendig. Einstweilen leben wir schlecht, und ich glaube, viel besser wird es bis zum Jahr 2000 nicht werden. Wir haben uns schon so in unsere Probleme verstrickt, daß wir nicht einmal mehr das simpelste Problem lösen können."

Was würdest Du in der UdSSR verändern, wenn Du über große Macht verfügen könntest?
„Wenn ich etwas zu sagen hätte, würde ich die Politik von Gorbatschow fortsetzen", schrieb Jelena Gubanowa.
„Ich würde die Genossenschaften schließen, da sie die einfachen Menschen nur ausnehmen, und die Strafen für Schwarzhändler erhöhen", erklärte Andrej Kukuschkin. Ludmilla Antonowa würde zunächst „Erwachsene und Kinder rechtlich gleichstellen, sich ernsthaft mit der Perestroika befassen und alle Vorschläge des Volkes berücksichtigen". Fünfzig Prozent der Befragten möchten vor allem den Bürokratismus ausmerzen. Maria Freger hat einen ganz konkreten Wunsch: „Ich würde die Grenzen öffnen und alle Beschränkungen für sowjetische Bürger bei Auslandsreisen aufheben. Ich möchte einen freien Umgang zwischen den Menschen." Sergej Simonow plädierte für die radikalsten Veränderungen: „Wenn ich Macht hätte, würde ich Privateigentum und private Unternehmen genehmigen, die Industrie- und Landwirtschaftsministerien abschaffen und sie durch Agenturen mit beschränkten Befugnissen ersetzen." Alle Befragten wollten die Macht vor allem nutzen, um Perestroika, Demokratie und Glasnost schneller zu entwickeln.
Eine Ausnahme bildete die Antwort von Maxim Russakow: „Wenn ich Macht hätte, würde ich auf sie verzichten. Ich möchte nicht, daß jemand von mir abhängig ist."

(Sowjetunion heute, Heft 5, 1989)

Für welche Bereiche im Leben Jugendlicher haben Erwachsene kein Verständnis?
Rock, Breakdance, Punkfrisuren, Teenagerliebe, der Drang nach Neuem und Unerforschtem sowie der Wunsch, sich zu bewähren und durchzusetzen, sind nach Ansicht der Schüler Dinge, die Erwachsene nur schwer verstehen.

Fragen:
1. Welche Probleme sind für die russischen Jugendlichen wesentlich?
2. Wie stehen Sie selbst zu diesen Fragen?

Beilage zu 927849

Chruschtschows „Geheimrede" auf dem XX. Parteitag der KPdSU

Ziel dieses Berichts ist nicht eine umfassende Wertbestimmung von Stalins Leben und Handeln. [...]. Es geht uns darum festzustellen, wie der Kult um Stalin allmählich heranwuchs [...], der [...] die Ursache für eine ganze Serie von außerordentlich ernsthaften und schweren Verfälschungen der Parteiprinzipien, Parteidemokratie und der revolutionären Gesetzlichkeit wurde. [...].

Stalin hielt sich nicht damit auf, die Menschen zu überzeugen, [...] mit ihnen zusammenzuarbeiten, sondern er zwang anderen seine Meinung auf und verlangte absolute Unterwerfung unter seine Meinung. Wer sich seiner Konzeption widersetzte oder einen eigenen Standpunkt zu vertreten [...] suchte, wurde unweigerlich aus dem Führungskollektiv ausgeschlossen und anschließend sowohl moralisch als auch physisch vernichtet. [...]. In [...] der Periode von 1935 und 1938 begann die Massenunterdrückung durch den Regierungsapparat. Sie richtete sich zunächst gegen die Feinde des Leninismus – die Trotzkisten, Sinowjewisten und Bucharinisten –, nachdem diese von der Partei längst besiegt worden waren. In der Folge griff sie aber auch auf zahlreiche aufrechte Kommunisten über, auf diejenigen Parteikader, die die schwere Last des Bürgerkrieges, der ersten und schwierigsten Jahre der Industrialisierung und Kollektivierung getragen, auf Männer, die aktiv gegen die Trotzkisten und die Rechten für die leninistische Parteilinie gekämpft hatten.

Von Stalin stammt der Begriff des „Volksfeines". Dieser Terminus machte es von vornherein überflüssig, einer Person oder Personengruppe, die sich mit ihm in Widerspruch befand, ideologische Irrtümer nachzuweisen. Dieser Terminus ermöglichte die Anwendung grausamster Unterdrückung, die Verletzung aller Normen der revolutionären Gesetzlichkeit [...]. Der Begriff „Volksfeind" machte jede Form des ideologischen Kampfes bzw. jede freie Meinungsäußerung [...] unmöglich. In der Regel genügte als einziger Schuldbeweis, im Widerspruch zu allen Normen der Rechtswissenschaft, das „Geständnis" des Angeklagten selbst; wie sich später herausstellte, wurden diese „Geständnisse" durch physischen Druck von den Angeklagten erpreßt. [...].

Genossen! Wenn wir heute den Persönlichkeitskult, der zu Stalins Lebzeiten so verbreitet war, scharf kritisieren und wenn wir über die vielen negativen Erscheinungen sprechen, die durch diesen Kult, der dem Geist des Marxismus-Leninismus so fremd ist, hervorgerufen wurden, mag mancher fragen: „Wie konnte das geschehen?" Stalin stand 30 Jahre lang an der Spitze der Partei und des Landes, und viele Siege wurden zu seinen Lebzeiten errungen. [...] Stalin hat in der Vergangenheit der Partei, der Arbeiterklasse und der internationalen Arbeiterbewegung große Dienste erwiesen. [...]. Stalin war überzeugt, daß es notwendig war für die Verteidigung der Interessen der Arbeiterklasse gegen die Verschwörung der Feinde und gegen die Angriffe des imperialistischen Lagers. [...]. Können wir dies abstreiten? Meiner Meinung nach können so nur Leute fragen, die durch den Persönlichkeitskult hoffnungslos verblendet und hypnotisiert sind, die das Wesen der Revolution und des Sowjetstaates nicht begreifen und die Rolle der Partei und der Nation bei der Entwicklung der sowjetischen Gesellschaft nicht im Sinne Lenins erfassen. [...]

(Th. Pirker [Hrsg.], Die Moskauer Schauprozesse 1936–1938, dtv-doc 146, München 1963, S. 261 f., D. Wolkogonow, Stalin. Triumph und Tragödie, Düsseldorf 1989, S. 777 ff.)

Aufgaben:
1. Nennen Sie die Vorwürfe, die Chruschtschow gegen Stalin erhebt.
2. Zeigen Sie, worauf er diese Vorkommnisse zurückführt.
3. Beurteilen Sie die Rede Chruschtschows.

Thema: Der XX. Parteitag der KPdSU 1956 und die „erste Entstalinisierung"

„Immer noch nicht! Wo steckt er bloß?"

(Stuttgarter Zeitung Nr. 62 vom 14.3.1953)

Unter den größten Feierlichkeiten, die je einem sowjetischen Führer zuteil geworden sind, wurde Josef W. Stalin (gestorben am 6. März 1953) beigesetzt. Die Staatstrauer erstreckte sich über drei Tage.

Tauwetter: „Iwan, ich glaube, der Wind hat umgeschlagen."

(Stuttgarter Zeitung Nr. 81 vom 8.4.1953)

Nach Stalins Tod lockerten sich etwas die Zügel in der Sowjetunion. Zur großen Überraschung der Weltöffentlichkeit wurden zum ersten Male Fehler Stalins zugegeben, unerlaubte Untersuchungsmethoden angeprangert, Verhaftete, die angeblich wegen Verschwörung zur Beseitigung hoher sowjetischer Persönlichkeiten und wegen Spionage, Sabotage und Terrorismus gefangengenommen waren, freigelassen.

(beide aus: J.Eberle [Hrsg.], Im Trüben gefischt. Karikaturen der Stuttgarter Zeitung aus zwei Jahrzehnten, Stuttgart 1970, S. 37 und S. 38.)

Aufgabe:
Wie beurteilen die Karikaturisten den Tod Stalins, und welche Erwartungen haben sie?

Beilage zu 927849